NOUVELLE BIBLIOTHÈQUE
D'UN HOMME DE GOÛT,

ENTIÈREMENT REFONDUE, CORRIGÉE ET AUGMENTÉE,

Contenant des jugemens tirés des Journaux les plus connus et des Critiques les plus estimés, sur les meilleurs ouvrages qui ont paru dans tous les genres, tant en France que chez l'Étranger jusqu'à ce jour;

Par A.-A. BARBIER,

BIBLIOTHÉCAIRE DE S. M. IMPÉRIALE ET ROYALE, ET DE SON CONSEIL D'ÉTAT;

Et N. L. M. DESESSARTS,

Membre de plusieurs Académies.

TOME QUATRIÈME.

A PARIS,

Chez DUMINIL-LESUEUR, Imprimeur-Libraire, rue de la Harpe, N°. 78.

M. DCCC. VIII.

NOUVELLE
BIBLIOTHÈQUE
D'UN
HOMME DE GOÛT.

Se trouve à Paris,

Chez
- ARTHUS-BERTRAND, Libraire, rue Haute-Feuille, N°. 23;
- BARROIS l'aîné, Libraire, rue de Savoye, près celle des Grands Augustins;
- FANTIN, Libraire, quai des Grands Augustins;
- TREUTELL et WURTZ, Libraires, rue de Lille;
- P. MONGIE l'aîné, Libraire, Cour des Fontaines;
- BRUNOT-LABBE, Libraire, quai des Augustins.

BIBLIOTHÈQUE
D'UN
HOMME DE GOÛT.

CHAPITRE PREMIER.

§ Ier. HISTOIRE DE LA RÉVOLUTION DE 1789 ET DES ASSEMBLÉES NATIONALES, JUSQU'A LA CRÉATION DE L'EMPIRE.

RABAUT-SAINT-ÉTIENNE.

On lui doit un Précis Historique de la Révolution Française jusqu'au moment où l'assemblée constituante se sépara. L'empressement qu'il mit à tracer l'histoire d'événemens importans dont il avoit été témoin, et où il avoit été acteur, fut justifié par un grand succès. Il sut écarter les détails qui ne pouvoient encore être suffisamment éclaircis ou racontés sans passion; il fit un tableau vrai et rapide du mouvement des esprits avant la révolution, et pendant ses premières années : il donna à cette analise philosophique tout l'intérêt d'une narration écrite avec élégance, avec clarté, et souvent avec profondeur.

M. LACRETELLE LE JEUNE.

Cet auteur, à qui l'on est redevable de la continuation de l'ouvrage de Rabaut-Saint-Etienne, et qui déjà a publié cinq volumes contenant la première Législature, la Convention Nationale et le Directoire Exécutif; cet auteur, dis-je, a fait preuve d'un véritable courage, en parcourant une carrière extrêmement difficile, par la nécessité où il s'étoit placé, de mettre sur la scène des personnages encore existans, d'autres qui avoient péri dans la tourmente, mais dont il n'avoit pas partagé les opinions. Heureux si, dans cette position délicate, il eut conservé l'impartialité qui convenoit à son caractère, et s'il n'eut pas altéré la vérité, qui est l'âme de l'histoire!

MADAME ROLAND.

On trouve dans les Œuvres de Jeanne-Marie Phlipon Roland, femme de l'ex-ministre de l'intérieur, Paris, 1800, 3 vol. in-8°., des Notices historiques sur la révolution, qui doivent satisfaire les personnes les plus curieuses d'en connoître les causes secrètes et les principaux agens. Madame Roland a marqué dans notre révolution par une force d'esprit rare et par des connoissances qui l'élèvent bien au-dessus de son sexe.

M. BEAUCHAMP.

Il y a lieu de s'étonner que M. Beauchamp, dans son Histoire de la Guerre de la Vendée et des Chouans, Paris, 1806, 3 vol. in-8°., ne considère cette guerre que comme une lutte de deux partis ; loin de donner jamais le nom de rebelles aux insurgés armés contre la république, il semble en adopter les chefs pour ses héros. Après avoir décrit leurs combats en poëte, il répand, comme orateur, des fleurs sur leur tombe : chacun d'eux est favorisé d'une Notice historique. D'obscurs aventuriers deviennent sous sa plume des Tancrède, des Renaud, etc.; et au milieu de tout cela, Hoche est à peu près le seul général de la république, sur lequel il daigne appeler l'intérêt de ses lecteurs.

On a remarqué le silence gardé par cet historien sur une pièce très-curieuse que l'on

peut regarder comme la première cause de
cette horrible guerre de la Vendée ; c'est
une lettre circulaire de l'ex-jésuite Beauregard, grand-vicaire de l'évêque de Luçon
(Merci), adressée le 30 mai 1791, à tous
les prêtres, curés, vicaires, habitués de paroisses *insermentées* du ci-devant Poitou, de
l'Aunis, de l'Anjou, d'une partie de la Bretagne et de la Basse-Normandie. Cette lettre
se trouve dans *le Conservateur Décadaire*,
N°. VIII, 30 messidor an II ; et dans la Revue
Philosophique du 11 décembre 1806.

M. DE VAUBAN.

Quoique l'ouvrage de M. de Vauban soit
intitulé, *Mémoires pour servir à l'Histoire
de la Vendée*, par M. le comte de***, 1806,
in-8°., il y est très-peu question des Vendéens. Ces Mémoires ne sont composés, en
grande partie, que du tableau des ridicules
intrigues qui agitoient la cour du prétendant, et des détails de l'affaire de Quiberon, où l'auteur s'est trouvé. M. de Vauban
parle avec enthousiasme de sa cause, et de
ses ennemis avec le plus grand mépris. Du
reste, ses Mémoires manquent d'ordre et de
clarté, et son style est plein d'anglicismes.

§ II. RÈGNE DE L'EMPEREUR NAPOLÉON.

La cupidité a déjà fait éclore des *Vies de Bonaparte*, des *Histoires de l'Empereur Napoléon*, en 4 vol. in-12; mais la médiocrité de ces productions nous fait désirer des ouvrages plus dignes du Héros qui tient le premier rang parmi les guerriers comme parmi les législateurs. Aussi répéterons-nous ici avec plaisir cette apostrophe qui termine le portrait de Sa Majesté l'Empereur et Roi, tracé dans une circonstance solennelle par un de nos orateurs les plus distingués : « Et vous orateurs, et vous poëtes, et vous écrivains célèbres, quelle tâche ce phénomène de grandeur impose à vos travaux ! quel plus digne objet de vos veilles, que de tracer à la postérité cette vie classique, destinée à devenir la leçon éternelle des Rois ! Oh ! qu'il sera doux, qu'il sera beau pour vous d'étudier et de peindre cet homme prodigieux, ajoutant de jour en jour à sa gloire toutes les espèces de gloire, faisant de son règne pour les lettres et pour les arts, une cinquième époque séculaire de l'esprit humain, élevant sa nation dans tous les genres, au même rang où il a placé son armée, et pour renfermer tous nos vœux dans un seul, mettant la moralité et le bonheur du Peuple Français de niveau avec la puissance et la renommée du Souverain qui la gouverne. »

§ III. VIES ET MÉMOIRES PARTICULIERS.

DU BELLAY.

Reprenons à présent la partie des Vies et des Mémoires particuliers. Ceux de du Bellay, imprimés à Paris en 1588, in-folio, 1570, in-8°., nous donnent tout le règne de François Ier. Cet auteur, quoique véridique, est presque toujours monté sur le ton de panégyriste. Il faut chercher des correctifs dans d'autres historiens, et prendre un juste milieu pour trouver la vérité. L'abbé Lambert a mis ces Mémoires en nouveau style, Paris, 1753, 7 vol. in-12.

GUYARD DE BERVILLE.

Il y a beaucoup d'intérêt dans *l'Histoire de Bertrand du Guesclin*, en deux vol. in-12, par Guyard de Berville, 1766 ou 1807 ; et malgré quelques longueurs, elle se fait lire avec plaisir. Le nombre et la singularité des faits attachent; on se croit transporté dans les siècles héroïques; et il est peu de héros de la fable, qui aient soutenu tant de combats particuliers, livré tant de batailles, formé tant de siéges, avec tant de bonheur. L'auteur a puisé dans les écrivains les moins éloignés du temps de du Guesclin, et n'a fait bien souvent que les traduire et les rendre en meilleur français. Un mérite particulier à cette production, c'est qu'elle nous donne une idée précise des mœurs et des usages du siècle de du Guesclin; elle nous fait connoître non-seulement ce grand homme, mais encore beaucoup de ses contemporains.

L'Histoire du Chevalier Bayard, par le même, un volume in-12, 1760, a le mérite singulier de l'intérêt; j'en connois peu qui attache autant, et qui porte davantage à la valeur, à la haute probité, à cette vertu qu'on peut appeler par excellence, la vertu française, à cet honneur, qui avoit sur l'âme de nos ancêtres, un empire pareil à celui de la patrie chez les Romains, et dont tous les jours le luxe et le raisonnement affoiblissent le pouvoir, par malheur pour la nation et pour sa gloire. On ne sauroit donc aujourd'hui présenter assez de ces images frappantes, que nous ont tracées nos aïeux; *l'Histoire de Pierre du Terrail, dit le Chevalier Bayard, sans peur, sans reproche*, ne pouvoit paroître plus à propos.

BOIVIN DE VILLARS.

Les Mémoires de François Boivin, baron de Villars, sur les guerres d'Italie, depuis 1550 jusqu'en 1559, in-8°., Paris, 1630, est un ouvrage estimé pour les anecdotes curieuses qu'il renferme, et qu'il ne faut pas négliger, quand on veut connoître l'Histoire de ce temps-là.

RABUTIN.

François de Rabutin a raconté des événemens arrivés à peu près vers le même temps, dans ses *Commentaires sur les dernières guerres de la Gaule Belgique,* depuis 1551 jusqu'en 1562, in-8°., Paris, 1574, bonne édition d'un livre estimé et peu commun.

LE PRÉSIDENT DE LA PLACE.

Consultez ensuite *les Commentaires de l'état de la Religion et de la République* sous Henri II, François II et Charles IX, en un volume in-8°. et in-12, 1565. Ces
Mémoires

Mémoires commencent en 1556 et finissent en 1561 : ils sont du président de la Place, qui fut tué à la Saint-Barthelemi ; magistrat intègre, vertueux, instruit, et digne d'un meilleur sort.

CONDÉ.

Les Mémoires de Condé, ou Recueil des Pièces pour servir à l'Histoire de France, sous les règnes de François II et Charles IX, nouvelle édition in-4°., Londres (Paris), 1743, six volumes in-4°.; ouvrage curieux et instructif, et qui est dans les bibliothèques où l'on rassemble les morceaux recherchés.

CASTELNAU.

Les Mémoires de Michel Castelnau, avec les Remarques de M. le Laboureur, depuis l'an 1559 jusqu'en 1570, in-folio, Bruxelles, 1731, trois volumes, sont exacts et impartiaux. Castelnau étoit un homme d'état distingué, dont on lit les Mémoires avec beaucoup d'utilité. On connoit le mérite de l'éditeur.

MONTLUC.

Les Commentaires de Blaise de Montluc,

sur les guerres d'Italie, depuis 1521 jusqu'en 1572, in-folio et in-8°., Bordeaux, 1592, sont des Mémoires curieux et utiles d'un habile officier : on les a réimprimés à Paris, en quatre volumes in-12, 1760.

CHARLES IX.

Les Mémoires de l'état de la France sous Charles IX, depuis l'édit de pacification en 1570, jusqu'au règne d'Henri III, in-8°., Middelbourg, 1578, trois volumes. Cet ouvrage, connu sous le nom de Mémoires de Charles IX, renferme des pièces essentielles qu'il ne faut pas laisser échapper, et des détails qui intéressent la curiosité.

DE L'ESTOILE.

Journal du Roi Henri III, avec des Remarques et un recueil des Pièces les plus curieuses et les plus rares de son règne, in-8°., la Haye (Paris), 1744, cinq volumes. Ce livre, assez connu, s'annonce par lui-même : il tient tout ce que le titre promet. Cette édition, qui est la meilleure, est due aux soins de l'abbé Lenglet Dufresnoy.

LE QUIEN DE LA NEUFVILLE.

L'Histoire des Dauphins de Viennois, d'Auvergne et de France, ouvrage posthume de feu le Quien de la Neufville, mis au jour par son petit-fils, et augmenté par un homme de lettres, de l'Histoire de Louis IX du nom, vingt-cinquième dauphin de France, en deux volumes in-12, 1760, est un livre curieux et nécessaire au plan général de notre Histoire. Il est rempli de recherches; et l'on trouve à la fin du second volume, quelques pièces justificatives. Le style est clair, net, facile. L'auteur aimoit l'éclat de la vérité, plus que celui des paroles. Sa méthode, dit l'éditeur, est d'enchaîner les matières les unes aux autres, sans aucune violence ni digression. Il laisse les réflexions au philosophe, les portraits au poëte, et les discours à l'orateur ; il ne veut être qu'historien.

BOUILLON.

Mémoires du Duc de Bouillon, depuis l'an 1560 jusqu'en 1586, in-12, Paris, 1666, ouvrage peu commun.

LA VIEILLEVILLE.

Dans les archives d'un château qui avoit appartenu au maréchal de la Vieilleville, on a trouvé un manuscrit qui y étoit demeuré enseveli pendant près de deux cents ans: Le célèbre Père Griffet l'a mis au jour, sous le titre de *Memoires de la Vie de François de Scepeaux, siré de Vieilleville*, et comte de Duretal, maréchal de France; contenant plusieurs anecdotes des règnes de François I, Henri II, François II et Charles IX, composées par Vincent Carloix, son secrétaire, cinq volumes in-12, 1757.

On n'a rien négligé dans l'édition de cet ouvrage, de ce qui peut satisfaire les lecteurs curieux et intelligens : ils y trouveront des faits propres à étendre et à perfectionner la connoissance de l'Histoire; ils y liront avec plaisir des exemples de valeur et de désintéressement, dignes d'être transmis à la postérité. Tous les objets y sont peints avec des couleurs si vives et si naturelles, que l'on croit, pour ainsi dire, les avoir sous les yeux. L'auteur rapporte presque toujours les propres paroles des principaux personnages de la cour de François I, de Henri II, de François II et de Charles IX, où l'on reconnoît le goût et le génie de leur siècle. Vincent Carloix savoit tous les secrets de son maître; il avoit en main les lettres qu'il recevoit de la cour; et celles qu'il y envoyoit. Il étoit même informé, par M. de la Vieilleville, de ce qui s'étoit passé dans les conseils où il avoit assisté. Il renvoie souvent aux historiens, le récit des événemens que personne n'ignore, pour ne s'étendre que sur des faits dont la connoissance est réservée aux témoins oculaires. Peut-être pourroit-on lui reprocher de paroître quelquefois trop zélé pour la gloire de son maître, de n'attribuer qu'à lui seul tous les événemens heureux, et de témoigner un peu trop de partialité contre ceux qui étoient ou les ennemis ou les concurrens du maréchal. C'est le reproche ordinaire des mémoires particuliers; ceux qui les laissent après eux, si on les en croit, ont toujours tout vu, tout dit, tout entendu, tout fait; à ce petit défaut près, les Mémoires du maréchal de la Vieilleville sont très-curieux et très-intéressans. Ils ont beaucoup de succès, et plaisent universellement par le nombre et la singularité des anecdotes. On n'a rien changé au style gaulois, qui, dans sa naïveté, a des grâces que le style moderne ne pourroit remplacer.

NEVERS.

Mémoires de M. le Duc de Nevers, par

M. de Gomberville, in-folio, Paris, 1665, deux volumes. Cet ouvrage, dont le style vaut mieux que celui de la plupart des livres qui sont du même temps, est encore très-estimé pour les faits.

SIMON GOULART.

On attribue à cet auteur *le Recueil de Choses mémorables* arrivées sous la Ligue, depuis 1576 jusqu'en 1598, in-8°., Genève, 1590, etc., six volumes ; c'est ce qu'on appelle les Mémoires de la Ligue ; Mémoires très-curieux et très-intéressans sur un des plus malheureux temps de la monarchie. La meilleure édition est celle qui contient des notes historiques et critiques, par l'abbé Goujet, Amsterdam (Paris), 1758, 6 vol. in-4°.

P. LE ROY.

Satire Ménippée de la vertu du Catholicon d'Espagne, ou la tenue des Etats de Paris en 1593, 3 vol. in-8°., Ratisbonne ou plutôt Bruxelles, 1709. C'est la bonne édition de ce recueil, publiée par Godefroy de Lille. Le principal auteur de la Satire Ménippée est Pierre le Roy, chanoine de Rouen. On y trouve des plaisanteries et de la gaieté ; et ces badinages satiriques ne servirent pas peu à ramener plusieurs ligueurs.

DE L'ESTOILE.

On estime beaucoup *le Journal du Règne d'Henri IV*, avec des Remarques historiques et politiques, par M. C. B. (le P. Bouges, augustin), in-8°., la Haye (Paris), 1741, quatre volumes; bonne édition, publiée par l'abbé Lenglet Dufresnoy, mais dans laquelle on n'a pas eu soin de distinguer ce qu'on avoit ajouté aux Mémoires de l'Estoile, auteur de ce Journal intéressant et véridique.

MM. DE POUILLI ET BERNARDI.

Avant que l'Académie Française proposât l'Eloge du Chancelier de l'Hôpital, M. de Pouilli avoit donné en un volume in-12, la Vie de ce grand magistrat, où il règne une noblesse qui met presque l'écrivain à côté de son héros : de l'énergie sans dureté, de l'élégance sans affectation, de la chaleur sans enthousiasme ; partout de la vie, de l'intérêt, et l'amour de la vérité : voilà ce qui m'a frappé dans cet ouvrage. J'aurois souhaité que l'auteur nous eût plus détaillé la retraite du chancelier, qu'il nous eût donné un léger précis de ses ouvrages ; cette partie manque entièrement : ce n'étoit que quelques coups de pinceau, qui auroient porté le degré de perfection à ce tableau si intéressant.

M. Bernardi, dans une nouvelle Vie du Chancelier de l'Hôpital, 1807, in-8°., présente des extraits fort étendus des ouvrages et des lois de ce grand homme : on les lit avec le plus grand intérêt.

CAYET.

Chronologie novennaire, ou Histoire de la Guerre sous le Règne d'Henri IV, depuis 1589 jusqu'en 1598, 3 vol. in-8°., Paris, 1608. Ce bon ouvrage, du docteur Cayet, avoit été précédé de la Chronologie septénaire depuis 1598 jusqu'en 1604, in-8°. C'est ce qu'on a de plus exact et de plus curieux sur ces temps mémorables.

VILLEROY.

Mémoires de M. de Villeroy, secrétaire d'état, in-8°., Paris, 1622, quatre volumes in-8°., très-bons.

SULLY.

Mémoires des sages et royales Economies d'Etat,

d'Etat, domestiques, politiques et militaires, par Maximilien de Béthune, duc de Sully, in-folio, à Amsterdam, deux volumes gros caractères; et la suite in-folio, Paris, 1662, deux volumes bons, mais ennuyeux avant que l'abbé de l'Ecluse les eût mis en un français plus élégant. Son édition est en 3 vol. in-4°., et en 8 vol. in-12, 1745.

Il faut joindre à cette édition, des Observations par les abbés Petit de Montempuis et Goujet, dans lesquelles on rectifie plusieurs faits concernant l'Histoire des Jésuites, altérés par le nouvel éditeur, 1762, in-12.

BRANTOME.

Mémoires des grands Capitaines Français, par M. de Bourdeille, sieur de Brantome, et autres ouvrages, in-12, la Haye, 1740, quinze volumes. Cet auteur, qui avoit le génie de la cour, s'est plu à peindre les hommes avec ces traits qui attachent l'esprit et remuent le cœur. Il assaisonne les faits les plus curieux du sel de son style, qui n'étoit fait que pour lui seul. Comme il avoit participé aux désordres qui régnoient alors parmi les courtisans, il faut être en garde contre certaines licences, auxquelles son imagination se livre trop aisément.

MORNAI, D'AUBIGNÉ.

Les Mémoires de du Plessis-Mornai, depuis 1572 jusqu'en 1623, in-4°., la Forest, 1624 et 1625, 2 vol., et Amsterdam, 1651 et 1652, deux vol., sont beaucoup moins emportés que *l'Histoire universelle de d'Aubigné*, depuis 1550 jusqu'en 1610, in-folio, Maillé, 1616, trois volumes in-folio, Amsterdam, 1626. Le parlement de Paris fit brûler cette dernière Histoire, comme une production où les rois, les reines, les princes et les princesses étoient non-seulement peu ménagés, mais quelquefois outragés. Henri III y joue un rôle qui inspire le mépris et l'horreur. Les affaires militaires sont contées avec assez d'exactitude; mais celles de la religion se ressentent de l'enthousiasme de l'auteur, dont le style est violent et gigantesque.

LE DUC D'ESTRÉES.

Les Mémoires de la Régence de Marie de Médicis, Paris, in-12, 1666, par le duc d'Estrées, mort en 1670, sont très-bons pour l'Histoire de ce temps. Ils ont été réimprimés avec ceux du duc d'Angoulesme, de Déageant et du duc d'Orléans, 1756, 4 vol. in-12, sous le titre de Mémoires particuliers pour servir à l'Histoire de France.

MÉZERAI.

L'Histoire de la Mère et du Fils, par François de Mézerai, in-4°. et in-12, Amsterdam, 1730, deux vol., est très-mal écrite, mais elle renferme des choses dignes d'être lues. On est persuadé aujourd'hui que cet ouvrage est du cardinal de Richelieu.

BASSOMPIERRE.

Mémoires du Maréchal de Bassompierre, contenant l'histoire de sa vie et des remarques sur la cour de France, in-12, quatre volumes, 1723. Nous avons encore de lui une relation assez intéressante de ses ambassades, et des remarques sur l'Histoire de Louis XIII, composée par Dupleix. Son style est fort mauvais, quoique l'auteur passât pour avoir beaucoup d'esprit; mais ses Mémoires sont instructifs pour les courtisans et les philosophes. Ils doivent les désabuser de l'ambition, en faisant connoître tout ce qu'il y a à souffrir auprès des grands.

ROHAN.

Les Mémoires et Lettres de Henri de Rohan, sur la guerre de la Valteline, publiés par de Zurlauben, in-12, trois volumes, 1758, mémoires importans pour cette partie de l'histoire, sont propres d'ailleurs à former de bons militaires. Nous avons encore de ce héros, son Parfait Capitaine : il y fait voir que la tactique des anciens peut fournir beaucoup de lumières pour la tactique des modernes.

Le savant éditeur à qui nous devons l'Histoire Militaire des Suisses, a trouvé trois manuscrits de ces Mémoires, deux dans la Bibliothèque du Roi, l'autre dans celle de Secousse; il les a collationnés, en a corrigé les fautes, en a marqué les variantes, s'est déterminé pour la version la plus exacte; y a ajouté des notes historiques, généalogiques, géographiques, et les lettres, les manifestes, les dépêches, tant du duc de Rohan que du roi et des ministres, touchant les affaires de la Valteline. Toutes ces additions facilitent la lecture d'un livre, qui, sans ce secours, paroîtroit souvent obscur. Il seroit bien à souhaiter que tous les Mémoires des grands hommes fussent éclaircis, avec autant de soin et de sagacité.

VITTORIO SIRI.

Les Anecdotes du Ministère du Cardinal de Richelieu, et du règne de Louis XIII, par M. de V..... (de Valdory), in-12, Amsterdam, Rouen, 1717, deux volumes, sont tirées du Mercure de Vittorio Siri, qui a été traduit en partie par M. Requier, en 1755, en trois volumes in-4°. Les faits rapportés par cet historien, sont appuyés sur les instructions secrètes de plusieurs ministres et de plusieurs princes; mais il faut beaucoup se méfier de la manière dont l'auteur les rend. Il étoit payé pour écrire; et il aimoit beaucoup mieux l'argent que la vérité.

HENRI DE CAMPION.

M. de Campion étoit un homme de beaucoup d'esprit, infiniment plus instruit que ne l'étoient, de son temps, ceux qui passoient pour l'être, d'une morale très-sévère, et qui avoit reçu de la nature une très-grande aptitude pour juger les hommes et les peindre. Son style est simple et généralement pur. L'authenticité de ses Mémoires, Paris, 1806, in-8°., est très-bien établie dans une lettre que leur éditeur (M. le général Grimoard) a adressée aux libraires. La lecture des Mémoires de Henri de Campion procure la connoissance de plusieurs faits inconnus jusqu'à ce jour sur cette partie du règne de Louis XIII, et sur les onze premières années de celui de Louis XIV.

LE CARDINAL DE RETZ.

Le cardinal de Retz composa les Mémoires que nous avons de lui, dans sa retraite de Commerci; il avoit eu la foiblesse d'y parler de ses aventures galantes. Quelque religieuse, à qui il confia son manuscrit original, retrancha, en le copiant, tous les traits qui déshonoroient les mœurs de ce cardinal; et c'est sur une de ces copies, que fut faite la première édition de ces Mémoires, où l'on trouve en effet plusieurs lacunes. Ils sont d'ailleurs écrits avec un air libre, une impétuosité de génie et une inégalité qui sont l'image du caractère et de la conduite de ce fameux intrigant. La meilleure édition de ces Mémoires est celle d'Amsterdam, 1731, 4 vol. in-12. On lit avec intérêt *les Recherches sur le Cardinal de Retz*, par M. Musset-Pathay, 1807, in-8°.

JOLY.

Les Mémoires de Joly, qu'on a joints à ceux du cardinal de Retz, sont à ceux de ce cardinal, dit Voltaire, ce qu'est le domestique au maître ; mais il y a des particularités curieuses, ainsi que dans ceux de la duchesse de Nemours, Amst., 1738, 2 vol. in-12.

MADEMOISELLE DE MONTPENSIER.

Les Mémoires de Mademoiselle de Montpensier, en huit volumes in-12, 1776, sont écrits avec une élégante simplicité, mais trop remplis de minuties et de bagatelles.

LA ROCHEFOUCAULD.

Les Mémoires de la minorité de Louis XIV, par le duc de la Rochefoucauld, in-12, deux volumes, 1754, offrent toute l'énergie de Tacite : c'est du moins ce que disent ceux qui pensent qu'ils sont du duc de la Rochefoucauld. En 1804, M. Renouard a publié une nouvelle édition de ces Mémoires, avec des augmentations considérables tirées du manuscrit autographe de leur illustre auteur.

LENET.

Les Mémoires de Lenet, 1729, 2 volumes

in-12, roulent sur la guerre civile de la Fronde. Tous les Mémoires de ce temps sont éclaircis et justifiés les uns par les autres : ils mettent la vérité de l'histoire dans le plus grand jour ; ceux de Lenet renferment plusieurs anecdotes très-remarquables.

MADAME DE MOTTEVILLE.

Dans *les Mémoires pour servir à l'Histoire de Louis XIII*, et à la régence d'Anne d'Autriche, par madame de Motteville, in-12, Amsterdam, 1723, cinq volumes; on trouve beaucoup de petits faits, avec un grand air de sincérité. Ils sont écrits avec assez de noblesse.

MM. DE RAMSAY ET DÉSORMEAUX.

Une partie des ouvrages précédens roulant sur les guerres de la Fronde, nous croyons devoir placer ici ce qui regarde Condé et Turenne, qui y jouèrent un rôle. Nous avons l'Histoire élégante du premier en quatre volumes in-12, par M. Désormeaux, et une du second, dans laquelle il y a de l'ordre et de la précision, par Ramsay 2 vol., in-4°, ou 4 vol. in-12.

On a une autre Vie de Turenne estimée ; elle

elle est de l'abbé Raguenet. Le libraire Barbou en a publié une nouvelle édition, revue avec soin, et enrichie d'augmentations, qui viennent de bonne main, 1806, in-12.

LA FARE.

Les Mémoires et Réflexions sur le Règne de Louis XIV, par de la Fare, in-12, 1740, lus avec avidité lorsqu'ils parurent, sont écrits avec une liberté qui va quelquefois jusqu'à la satire.

CHOISY.

On trouve dans *les Mémoires de l'Abbé de Choisy*, 1747, un vol. in-12, des choses vraies, quelques-unes de fausses, et beaucoup de hasardées; ils sont écrits dans un style trop familier. Il y avoit fait entrer les Mémoires de la Comtesse des Barres, qu'on a imprimés séparément. Cette prétendue comtesse étoit lui-même : il s'habilla et vécut en femme plusieurs années. Il acheta, sous le nom de la Comtesse des Barres, une terre auprès de Tours. Ces Mémoires racontent, avec une naïveté piquante, comment il eut impunément des maîtresses sous ce déguisement; mais il n'est pas vrai qu'il travaillât alors à son Histoire de l'Eglise. Le premier volume de cet ouvrage parut en 1703. L'abbé de Choisy avoit alors près de 60 ans : il auroit été difficile qu'à cet âge, il eût conservé les agrémens et la figure qu'il lui falloit pour jouer ce rôle.

Le libraire Léopold Collin a réimprimé, en 1807, in-18, *l'Histoire de la Comtesse des Barres.*

BORDEAUX.

Le grand nombre d'anecdotes répandues dans les Mémoires de Bordeaux, 4 volumes in-12, 1759, en rend la lecture très-intéressante ; elle attache, malgré les dégoûts d'un style diffus, lâche, inégal, et une grande négligence dans la partie typographique. L'indépendance avec laquelle l'auteur parle de plusieurs corps et de plusieurs familles respectables, marque trop de prévention de sa part. M. de Bordeaux avoue que des vues d'intérêt et d'ambition, jointes à quelques raisons de mécontentement, l'avoient indisposé contre le cardinal Mazarin ; mais quel motif l'animoit contre tant d'autres personnes qu'il maltraite ?

L'ABBÉ ARNAULD.

Il y a eu plusieurs abbés de ce nom ; le plus connu est le grand Arnauld, docteur de Sorbonne, auteur du livre fameux de la *Fréquente Communion* : il étoit frère d'Arnauld d'Andilly, et oncle d'un autre abbé Arnauld ; moins connu, mais que l'on connoîtra mieux par ses *Mémoires*, écrits par lui-même, et contenant quelques anecdotes de la cour de France, depuis 1634 jusqu'en 1675, 1756, trois parties in-12. Ils avoient été conservés précieusement depuis la mort de l'auteur, dans un dépôt authentique. On a jugé, avec raison, qu'ils pouvoient être utiles ; en effet, on y trouve des anecdotes curieuses ; qui contribueront à éclaircir plusieurs points importans de l'Histoire de France, et à faire connoître ceux qui étoient alors à la tête des affaires ; ils en contiennent d'autres plus amusantes qu'instructives, mais qui, par-là même, plairont davantage à un certain genre de lecteurs. Quant à la certitude des faits qui y sont rapportés, il seroit difficile de les révoquer en doute ; l'auteur parle toujours comme témoin oculaire ; quand il ne l'est pas, il cite ses garans dignes de foi : sa narration porte d'ailleurs toujours le sceau de la simplicité, de l'ingénuité, de la vérité. C'est, sans doute, pour ne point altérer ces caractères, que l'éditeur (le Père Pingré) a respecté jusqu'au style, qui pouvoit être susceptible de quelque réforme.

LE MARÉCHAL DE TESSÉ.

Les Mémoires et Lettres du Maréchal de Tessé, publiés par M. le général Grimoard en 1806, 2 vol. in-8°., offrent plusieurs anecdotes également piquantes, qu'on chercheroit vainement ailleurs; telles que la singulière correspondance du prince de Condé et de M. de Tessé, relativement au duc de Mantoue, qui avoit d'étranges fantaisies à l'égard des femmes, et un sérail, ou plutôt un harem, gardé par des eunuques, à l'imitation des Turcs ; la découverte faite par M. d'Argenson, d'une cargaison de femmes, que des eunuques conduisoient à Pavie ; à ce duc ; la découverte d'un autre genre que fait M. de Tessé lui-même ; du certificat du pape, et les reproches qu'il lui adresse à ce sujet. On lit, avec le même intérêt, ses anecdotes singulières sur Philippe V., sur la reine sa femme, et sur le jésuite Bermudez, confesseur du Monarque.

COURT DE GÉBELIN LE PERE.

Il paroît, qu'en général, la vérité a conduit la plume de Court de Gébelin, le père, auteur de l'Histoire des Troubles des Cévennes ou de la Guerre des Camisards, sous le règne de Louis-le-Grand, Villefranche, 1760, 3 vol. in-12. C'est un protestant éclairé, qui ne se laisse prévenir ni par la haine ni par le fanatisme : peut-être a-t-il trop appuyé sur la sévérité des catholiques ; mais le style est la partie qu'on est le plus en droit de blâmer dans cet ouvrage.

TOURVILLE.

Les Mémoires du Maréchal de Tourville, dont on a donné une nouvelle édition en trois tomes in-12, en 1758, ont paru, pour la première fois, dans le même nombre de volumes, et du même format, en 1742. Je n'ai pas besoin de prévenir que cet ouvrage, qui se fait lire avec plaisir, est aussi romanesque qu'historique. On voit, au premier coup d'œil, que c'est un mélange de quelques faits vrais, et de plusieurs amourettes qui peuvent être vraies aussi ; mais ce livre n'a jamais été adopté par la famille : c'est une production informe de l'abbé de Margon.

HAMILTON.

L'ouvrage qui a fait le plus d'honneur au comte Hamilton, et qu'on peut regarder comme son chef-d'œuvre, ce sont, à mon avis, *les Mémoires de Grammont*. Que de légèreté dans le style, de naturel dans les pensées, de finesse dans les réflexions, d'enjouement dans les récits, de variété dans les tableaux ! Tous les caractères sont exprimés par les traits qui leur sont propres ; et chaque trait est représenté sous la couleur qui lui convient. Rien de répété ou d'inutile. Les portraits mêmes qui offriroient des rapports trop ressemblans, sont nuancés d'une manière qui répand sur eux tous les charmes de la variété : le badinage crayonne les uns ; la raillerie trace les autres ; le sentiment, le respect, la reconnoissance, prennent le pinceau tour à tour ; mais c'est toujours des mains de la vérité qu'ils le reçoivent ; c'est toujours elle qui le conduit.

Je ne dissimulerai cependant pas quelques observations que j'ai faites en lisant ces Mémoires. La fin, d'abord, m'en a paru trop brusque et trop précipitée ; en second lieu, l'auteur perd trop souvent et trop long-temps de vue son héros ; et l'on n'y fait d'ailleurs presque aucune mention des événemens militaires auxquels M. de Grammont peut avoir eu quelque part ; enfin, ce qui forme les deux volumes de cet ouvrage, ce sont uniquement les aventures amoureuses du chevalier de Grammont dans les cours de France, d'Angleterre et de Savoie, ou plutôt les galanteries de ces trois cours du temps du chevalier de Grammont.

Il existe de belles éditions de ces Mémoires ; l'une imprimée par les soins d'Horace Walpole, dans sa maison de campagne, en 1772, a été réimprimée à Londres en 1783, avec trois portraits ; une autre, publiée aussi à Londres, à une époque postérieure, est enrichie de soixante-douze portraits.

Ces Mémoires forment le premier vol. des Œuvres complètes d'Hamilton, Paris, Colnet, 1805, 3 vol. in-8°. Le texte a été revu sur l'édition de 1772, dans laquelle les noms anglais, étrangement défigurés dans toutes les autres éditions, se trouvent écrits selon leur véritable orthographe. Les éditeurs se sont aussi servis des notes de cette belle édition.

BUSSY-RABUTIN ET GOURVILLE.

Les Mémoires de Bussy-Rabutin, imprimés en 1696, en deux volumes in-4°., sont purement écrits, mais moins intéressans que ceux de Gourville, que nous avons en deux volumes in-12, 1724. Il y a dans ceux-ci des anecdotes singulières.

PERRAULT.

Les âmes sublimes de Louis-le-Grand et du grand Colbert, n'ont peut-être jamais été représentées sous des traits plus frappans, qu'elles me paroissent l'être dans *les Mémoires de Charles Perrault*, de l'Académie Française, et premier commis des bâtimens du roi; contenant beaucoup de particularités et d'anecdotes intéressantes du ministère de Colbert, un volume in-12, 1759. Ce ne sont point ici des panégyriques dans les formes, des discours oratoires, des phrases ampoulées, de vieilles fleurs de rhétorique, rafraîchies par les eaux de l'Hélicon moderne : Louis XIV et le grand Colbert sont loués par leurs actions, par leurs paroles ; et ces actions et ces paroles sont mises sous nos yeux avec une simplicité qui ne permet pas de les révoquer en doute, et qui char-
mera

mera tout lecteur sensé. Charles Perrault, auteur de ces Mémoires, est le même qui fut si bafoué par Boileau, au sujet de ses mauvaises poésies, surtout de son poëme de Saint Paulin, et de ses quatre volumes des Parallèles des Anciens et des Modernes. Les deux derniers livres de ces Mémoires sont beaucoup moins piquans que le second; on y trouve néanmoins quelques anecdotes intéressantes. En tout, c'est un fort bon livre; on y apprend un grand nombre de particularités de l'administration de Colbert, ignorées ou peu connues. Personne n'étoit plus à portée de nous en instruire que l'auteur, qui étoit dans la confiance intime de ce ministre; il mérite d'ailleurs d'autant plus de créance, qu'il n'avoit composé cet ouvrage que pour l'instruction de ses enfans, auxquels il est adressé. C'est une espèce de testament, où il leur rend compte, avec naïveté, de la part qu'il a eue à différentes affaires pendant le règne de Louis XIV, et où il détaille les services qu'il a rendus aux bâtimens du roi en diverses occasions.

MADAME DE CAYLUS.

Les Souvenirs de cette dame ont paru en

1770, avec des notes de Voltaire. On voit par sa manière d'envisager les choses, qu'au temps dont elle nous parle, elle étoit une jeune femme aimable, bonne, spirituelle, insouciante et légère : tout n'est pour elle qu'une affaire de société. Louis XIV n'est pas un grand roi pour elle ; c'est un prince aimable, se brouillant, se raccommodant avec ses maîtresses. Elle ne parle point de ses victoires, elles appartiennent à l'Histoire : et d'ailleurs, dit-elle, une femme, et surtout de l'âge dont j'étois, tourne ses plus grandes attentions sur des bagatelles. Cette façon d'examiner une cour et des personnages qui nous sont connus, d'ailleurs, par de grandes choses, n'est pas sans intérêt.

Les anciennes éditions des *Souvenirs* étoient remplies de fautes typographiques : les libraires Colnet et Renouard en ont publié de beaucoup plus exactes en 1804. Ces éditions sont précédées d'une Notice sur Madame de Caylus, par M. Auger. On y donne, sur la vie de Madame de Caylus, quelques détails qui ne se trouvent pas dans *les Souvenirs*.

SAINT-SIMON.

Nous ne croyons pas qu'aucuns Mémoires

du temps puissent être lus avec autant de plaisir que ceux du duc de Saint-Simon : ayant autant d'agrément que ceux de l'abbé de Choisy, distingués par le ton de la plus aimable familiarité, ils les surpassent infiniment par la profondeur des vues, et on ne peut les taxer de flatterie comme ces derniers.

Le style de Saint-Simon, souvent incorrect, quelquefois un peu obscur, est toujours vif, piquant, énergique ; ses tournures sont neuves et hardies. S'il s'est permis de créer des mots, on doit lui en savoir gré, car il est rare qu'ils ne soient pas heureux : ce n'est jamais par affectation ; il obéit au besoin de rendre sa pensée d'une manière plus rapide. Il a quelquefois le ton dédaigneux, il montre même de l'humeur ; mais on se met à sa place, on sent qu'il ne pouvoit voir de sang froid les choses monstrueuses dont il nous trace l'histoire.

Son talent marqué, c'est celui des portraits : il les fait de main de maître. Habile à peindre, il l'est moins à raisonner ; la discussion ne lui va pas : des images vives, des traits brillans, de la franchise, mais âpre et brusque, voilà notre auteur. Un peu trop entiché des préjugés de son siècle sur la noblesse, il a su se défendre de ceux du fanatisme; il blâme, il déteste la révocation de l'édit de Nantes, et les dragonnades des Cévennes.

Il y a deux éditions de ces intéressans Mémoires : la première est composée de trois volumes, publiés en 1788, auxquels on joint quatre volumes de supplément, qui parurent en 1789. La seconde édition porte le titre d'*Œuvres du Duc de Saint-Simon*, Strasbourg, 1791, 13 vol. in-8°.

ANQUETIL.

L'ouvrage de cet auteur, intitulé, *Louis XIV, sa Cour et le Régent*, Paris, 1789, 4 vol. in-12, n'est, pour ainsi dire, qu'un extrait des manuscrits du duc de Saint-Simon. C'est un recueil d'anecdotes, plus fait pour être lu par des lecteurs oisifs, que pour être consulté par des personnes curieuses de s'instruire.

VILLARS.

On a des *Mémoires du Maréchal de Villars*, imprimés en 1758, en trois volumes in-12 : le premier est de lui; mais les deux autres sont de l'abbé de Margon, et lui sont par conséquent infiniment inférieurs. Le récit de ce qu'il fit contre les fanatiques des Cévennes, est digne d'être lu : il imita alors Fabius par sa prudente lenteur, comme il égala ensuite l'activité de Scipion.

Le maréchal de Castries et le marquis de Vogué, petit-neveu du maréchal de Villars, ont désiré que sa vie fût refaite, et ont remis à M. Anquetil les Mémoires manuscrits qu'ils ont pu recueillir. L'habile historien en a tiré une Vie du Maréchal de Villars, qu'il suppose écrite par lui-même, parce que ses lettres en forment la plus grande partie, et que les autres mémoires et matériaux paroissent être son ouvrage. Cette Vie du Maréchal de Villars parut en 1784, 4 vol. in-12 : on y reconnoît un homme bon, sensible, gai, plein de valeur et de probité.

LE CHEVALIER DE PIOSSENS.

Les Mémoires de la Régence, sous la minorité de Louis XV, in-12, 3 volumes, 1742, ne sont pas fort exacts ; mais ils peuvent servir pour les faits publics, sur lesquels les historiens se trompent rarement.

L'abbé Lenglet a revu cet ouvrage, et y

a ajouté des pièces essentielles, surtout la conspiration du Prince de *Cellamare*, et *l'Abrégé du fameux Système.* L'édition qu'il en a donnée en 1749, contient 5 vol. petit in-12.

CHARLOTTE-ÉLIZABETH DE BAVIÈRE.

La mère du régent, née Bavaroise, correspondoit dans sa langue maternelle avec un prince et une princesse de sa famille, et les archives de sa maison ont conservé ses lettres autographes : des passages en avoient été extraits, et s'étoient trouvés dans les papiers d'une dame de la plus haute naissance. Ce sont ces extraits ou fragmens qu'a traduits et publiés M. de Maimieux, auteur de *la Pasigraphie*, en 1788, 2 vol. in-12. On désireroit plus de correction et d'élégance dans la traduction, d'autant plus que c'est un des livres les plus piquans et les plus singuliers qui aient paru sur le règne de Louis XIV et sur la régence. Il a un rapport infini avec les Mémoires de Saint-Simon : c'est la même connoissance des personnes et des choses, la même manière de les envisager, produite par les mêmes intérêts et les mêmes passions;

c'est ce même mélange de partialité et de franchise, de rudesse et de grâce, d'invectives, quelquefois grossières, et de traits les plus délicatement louangeurs.

Ces fragmens ont été publiés de nouveau en 1807, in-8°., par le libraire Léopold Collin, sous le titre de *Mélanges historiques, anecdotiques et critiques sur la fin du règne de Louis XIV et le commencement de celui de Louis XV*.

MASSILLON.

L'ouvrage publié par M. Soulavie l'aîné, sous ce titre, *Mémoires de la minorité de Louis XV*, par J.-B. Massillon, évêque de Clermont, 1792, in-8°., fait voir non-seulement que Massillon avoit un très-bon esprit, ce qui étoit prouvé, puisqu'il étoit grand orateur, mais que cet esprit pouvoit s'appliquer avec succès à des objets fort éloignés de l'éloquence de la chaire, qui étoit son talent particulier; qu'il étoit très-instruit en matière de gouvernement, et avoit jeté un coup d'œil attentif et juste sur les événemens dont il fut témoin, et sur les acteurs qui occupoient alors la grande scène du monde.

Ce fut en 1730 que Louis XV engagea

Massillon à rédiger pour lui ce précis historique sur les affaires de la régence. Il est intéressant et instructif, dit Laharpe, par beaucoup de faits particuliers et de détails de l'intérieur de la cour, qu'on ne trouve pas ailleurs; par le ton de bonne foi et l'esprit de justice qu'on y voit dominer d'un bout à l'autre. Le style en est facile et simple, quelquefois même un peu négligé : c'est plutôt celui d'une correspondance que celui de l'histoire, et en cela l'auteur alloit à son but ; il devoit être plus occupé d'écrire pour le roi qui le consultoit, que pour le public et la postérité, qui, vraisemblablement, ne devoient pas lire ces Mémoires : ils ont été réimprimés pour la quatrième fois, en 1807, dans le format in-12.

L'ABBÉ MILLOT.

Les Mémoires qu'il a rédigés sur les pièces originales recueillies par le maréchal de Noailles, Paris, 1777, 6 vol. in-12, offrent de grands caractères; la Princesse des Ursins, Alberoni, Vendôme, Philippe d'Orléans, le roi de Prusse, Maurice de Saxe. On peut dire que c'est un monument élevé au génie trop peu connu du maréchal de Noailles ; mais

mais le style de l'abbé Millot réunit deux grands défauts, une froideur continue et une extrême diffusion. Cet auteur ne sait ni varier, ni animer sa manière d'écrire. On auroit pu réduire les Mémoires du Maréchal de Noailles, à la moitié moins d'étendue que leur en a donnée l'abbé Millot.

LE MARÉCHAL DE BERWICK.

Jusqu'à l'année 1778, le public n'avoit point encore les Mémoires du Maréchal de Berwick : ceux qui ont paru sous ce nom, immédiatement après la mort de ce grand homme, c'est-à-dire, en 1737, étoient un ouvrage sans caractère authentique et presque sans vérité. Les Mémoires publiés en 1778, 2 vol. in-12, sont les seuls véritables; ils ont été imprimés sur l'original, écrit de la propre main du Maréchal. On trouve à la tête de ces Mémoires un discours intitulé : *Portrait du Maréchal de Berwick*, et *un Éloge historique de ce grand Général*, composés, l'un par milord Bolingbroke, l'autre par Montesquieu. Ils sont terminés par des supplémens et des notes, aussi savantes que solides, ouvrage de l'éditeur, feu M. Hook, bibliothécaire de la Bibliothèque Mazarine.

Il cite souvent les Mémoires du roi Jacques, écrits de la main de ce prince ; ces divers morceaux sont d'autant plus précieux, qu'ils peuvent servir à changer, à quelques égards, les idées reçues, ou du moins à les modifier.

FORBIN.

Les Mémoires du Comte de Forbin, deux volumes in-12, rédigés par Reboulet, sont curieux et écrits avec facilité ; mais dans quelques endroits ils sont plus amusans que vrais.

DU GAY-TROUIN.

Les Mémoires de du Gay-Trouin, lieutenant-général des armées navales de Louis XIV, in-4°., 1740, ont été beaucoup lus, et le sont encore par ceux qui aiment le détail des combats et des expéditions maritimes : ils ont été publiés par de Beauchamps.

MADAME DE STAAL.

Les Mémoires de Madame de Staal, quatre volumes in-12, renferment des particularités curieuses sur la régence ; et nous avons peu d'ouvrages écrits avec autant d'agrément et de finesse. On prétend qu'elle n'a pas dit tout ce qui regardoit les passions de son cœur ;

elle disoit elle-même qu'elle ne s'étoit peinte qu'en buste. On lit dans ces Mémoires l'Histoire de la disgrace de M. le duc du Maine sous la régence de M. le duc d'Orléans, et les mouvemens qu'elle se donna auprès de la cour d'Espagne, pour la prévenir ou pour la terminer : le reste n'occupe pas tant la curiosité du lecteur, et se fait lire néanmoins avec intérêt. Un style léger, noble, naturel; une expression facile et féconde, qui peint tout et qui orne tout ; un tour d'imagination, qui, pour employer les termes de l'auteur, pénètre au fond de chaque objet, le fait sortir de lui-même, et donne du relief aux simples linéamens : voilà principalement ce qui caractérise les Mémoires de Madame de Staal.

On a publié en 1801, 2 vol. in-12, la Correspondance de cette dame avec le chevalier de Menil et autres.

BRET.

Les Mémoires de Ninon de Lenclos, par Bret, ressemblent à son héroïne ; ils réunissent l'agréable et le sérieux. Elle avoit quelques petits défauts ; ils en ont aussi quelques-uns. 1°. Le style en général est trop pénible, trop recherché ; il y a dans quelques endroits une affectation de laconisme bien opposée aux vraies grâces de la diction; 2°. on a trouvé quelques morceaux écrits trop romanesquement : l'histoire du fils de Ninon, qui se tua pour elle, est absolument dans ce cas; en la lisant, on croit assister à une scène de tragédie; 3°. l'auteur n'a pas assez ménagé les réflexions; leur abondance arrête la rapidité de la narration.

DOUXMENIL.

Vers le même temps il parut des *Mémoires et des Lettres* pour servir à l'Histoire de Mademoiselle de Lenclos, par Douxmenil. L'éditeur, pour grossir le volume, y a inséré les Lettres de Ninon et de Saint-Evremond, tant de fois imprimées dans les Œuvres de ce dernier. Il ne nous a pas fait grâce non plus du moindre petit bout de vers, où il est question de mademoiselle de Lenclos; en sorte que ces additions occupent les deux tiers de la brochure. A l'égard de l'historique, il est sans art, sans ordre et sans suite; les anecdotes sont jetées au hasard, et fréquemment coupées par de longues tirades de poésie ou de prose. Il n'y a que le style qui m'a paru plus naturel et plus facile que celui du premier biographe : malgré cet avantage, on a généralement donné la préférence aux Mémoires de Bret, parce qu'il y a plus de faits, et qu'ils sont mieux liés.

LA BEAUMELLE.

Mémoires pour servir à l'Histoire de Madame de Maintenon, et à celle du siècle passé, par M. de la Beaumelle, nouvelle édition, augmentée de remarques critiques de M. de V. (Voltaire), et d'un recueil de Lettres de cette Dame, in-12, 15 vol., 1757, et 1758. Il y a eu peu de livres aussi lus et aussi critiqués. La liberté que s'est permise l'auteur de tout écrire, contribua au succès de cet ouvrage, autant que son style saillant et énergique. Il y a sans doute des choses hasardées ; mais il y en a aussi de très-vraies et de très-curieuses. Les Lettres qu'on a jointes aux Mémoires, renferment beaucoup de particularités ; mais les connoissances qu'on peut puiser dans ce recueil, sont trop achetées par la quantité de Lettres inutiles qu'on y trouve.

Dans une Vie de Madame de Maintenon, placée en tête de la nouvelle édition de ses Lettres, Paris, 1806, 6 vol. in-12, M. Auger a très-bien saisi le caractère de cette femme célèbre ; c'est aussi cette édition qu'il faut se procurer, si l'on veut connoître les véritables Lettres de Madame de Maintenon, la Beaumelle ayant prêté à cette dame son bel esprit dans de courtes mais fréquentes additions.

CARACCIOLI.

Le public a fait un accueil favorable à la Vie de Madame de Maintenon, publiée en 1786, in-12, par Caraccioli, et réimprimée en deux volumes, 1788. L'auteur de la Vie de Madame de Maintenon est presque toujours d'accord avec l'auteur des Mémoires. Son style est moins brillant, moins vif, mais plus judicieux. Son ouvrage, à l'exception de quelques détails sur l'établissement de Saint-Cyr, est souvent un bon extrait du livre de la Beaumelle, et peut en tenir lieu pour tous ceux qui ne voudront que bien connoître madame de Maintenon.

RULHIÈRE ET LE BARON DE BRETEUIL.

La proscription des protestans en France sous Louis XIV, avoit fait la tache principale du règne le plus glorieux de la monar-

chie : leur restauration, commencée par
Louis XVI, et cimentée par le Concordat,
fera un des grands et heureux événemens
du règne de l'Empereur Napoléon. Tous les
grands écrivains du siècle de Louis XIV
avoient été complices de l'erreur du gouvernement par leurs vœux ou leurs louanges;
tous ceux du siècle dernier ont été, par leurs
réclamations, les promoteurs des principes
nouveaux qui ont été consacrés par le Concordat; mais le principal honneur de cette
révolution est dû à deux ouvrages, spécialement destinés à la préparer : l'un a été le
fruit de la retraite d'un ministre magistrat,
M. de Breteuil; l'autre est dû à un académicien, M. de Rulhière, qui a destiné ses travaux à expliquer les ressorts cachés de plusieurs grands événemens; c'est ce qu'il a
exécuté avec autant de talent que de succès
dans l'ouvrage intitulé : Éclaircissemens historiques sur les Causes de la Révocation de
l'Edit de Nantes, et sur l'état des Protestans
en France, depuis le commencement du règne
de Louis XIV jusqu'à nos jours, tirés des
différentes archives du gouvernement, Paris,
1788, 2 vol. in-8°.

Cet ouvrage est remarquable par une foule

de beaux morceaux, et par une sagacité prodigieuse à démêler tous les petits ressorts des grands événemens; en le lisant, on est frappé de voir Louis XIV, ce roi qui a passé pour le plus absolu et le plus grand de tous les souverains, suivre uniquement les impulsions du prodigue Colbert, les idées despotiques du cruel et impérieux Louvois, conduit habilement et sans qu'il s'en doutât, à être l'instrument des petites haines des jésuites et des jansénistes, et devenir tout à coup le jouet de la dévotion pointilleuse et rigide de madame de Maintenon, ou de la morale relâchée et commode du Père la Chaise, son confesseur.

Une des pièces essentielles de l'ouvrage, est le Mémoire présenté au roi par M. de Breteuil, et d'après lequel est intervenue la loi qui donna, en 1787, un état civil aux protestans. Ce Mémoire est remarquable par l'esprit d'équité qui l'a dicté, et une excellente logique.

M. D'ESPAGNAC.

Les deux volumes in-12 de *l'Histoire de Maurice, Comte de Saxe*, par M. le baron d'Espagnac, 1773, doivent intéresser tout bon Français, et les militaires de tous les pays.

pays. Qui est-ce qui ne connoît pas, du moins de renommée, les campagnes du maréchal de Saxe, son génie, ses exploits; et qui ne sera pas curieux, par conséquent, de lire une histoire suivie de ce grand capitaine? Quelle confiance cette histoire n'inspirera-t-elle pas, quand on saura que l'auteur est lui-même un militaire, distingué par sa naissance, par ses services, par son mérite personnel, et qu'il a été honoré de l'estime et de l'amitié du général illustre dont il écrit la vie ?

Cet ouvrage fait le plus grand honneur à M. le baron d'Espagnac. Il seroit à souhaiter qu'à son exemple, ceux qui ont vécu dans l'intimité des hommes célèbres, se donnassent toujours la peine d'écrire leur histoire. Celle-ci ne peut manquer d'avoir beaucoup de succès. On y voit de quoi le soldat français est capable, lorsqu'il est conduit par des hommes dignes de lui commander; les militaires y puiseront des leçons utiles : toutes les manœuvres, les marches, les opérations du maréchal de Saxe y sont exposées dans le plus grand détail; enfin, on y trouve d'excellens mémoires pour la partie de l'histoire du siècle dernier, que l'auteur a eu occasion d'y traiter.

LE MARÉCHAL DE RICHELIEU.

La singularité du caractère du maréchal de Richelieu et de sa destinée ; ses succès en différens genres, son courage ; l'agrément de son esprit, l'éclat de ses galanteries dans un temps où cette sorte de célébrité conduisoit quelquefois à des succès d'une espèce plus importante ; la réputation que lui donna, dès sa jeunesse, sa liaison avec le poëte le plus célèbre de son siècle, qui le chanta sur tous les tons ; ses ambassades, sa conduite à Fontenoi, à Gênes, la prise de Minorque ; la longue vie d'un homme qui a vu Louis XIV et le dauphin, fils de Louis XVI, c'est-à-dire, une succession de sept rois ou princes héréditaires ; ses trois mariages sous trois différens règnes ; la faveur et quelquefois la familiarité de Louis XV ; le rôle qu'il joua dans les affaires publiques et privées, étrangères et intérieures, dans les négociations et dans les intrigues ; ses places, ses emplois, sa moisson de faits curieux, d'anecdotes intéressantes, que promettoient ses liaisons et ses correspondances avec un grand nombre d'hommes célèbres, voilà ce qui a fait rechercher les Mémoires du maréchal de Richelieu, Paris, 1790, 4 v. in-8°;

indépendamment des circonstances au milieu desquelles ils furent publiés. Mais on sent combien ces circonstances ajoutèrent d'intérêt à leur lecture, par les idées que firent naître des changemens survenus, comme tout à coup, dans les opinions et dans les mœurs.

On peut néanmoins reprocher à l'éditeur, M. Soulavie l'aîné, d'avoir trop pesé sur les orgies nocturnes du duc d'Orléans, et sur les turpitudes du cardinal Dubois : on lui a reproché universellement d'avoir prêté au maréchal de Richelieu, dans la rédaction de ses Mémoires, un langage révolutionnaire qui forme le contraste le plus étrange avec le caractère et le tour d'esprit si connu de ce doyen des courtisans despotes.

Les Mémoires du Maréchal de Richelieu ne conduisent les lecteurs que jusqu'à l'année 1730. La Vie privée du même Maréchal, 1791, 3 vol. in-8°., fait connoître les divers rôles que cet homme célèbre a joués pendant plus de quatre-vingts ans. Ce livre présente, dans la vie d'un seul homme, le tableau de tous les abus, de tous les vices moraux et politiques qui, en conduisant la nation au dernier terme du malheur, l'ont placée dans l'alternative de périr ou de changer entièrement les bases de l'édifice social. On a vu des hommes affligés et même consternés de la révolution de 1789, convenir, après la lecture de cet ouvrage, qu'elle étoit inévitable et nécessaire. Il peut intéresser ceux qui aiment le récit des aventures galantes entassées les unes sur les autres ; mais nous nous garderons bien d'en recommander la lecture à la jeunesse qui connoîtra le prix de l'honnêteté des mœurs.

ANONIME.

L'auteur de la Galerie des Aristocrates militaires, et Mémoires secrets, Paris, 1790, in-8°., paroît avoir pris pour modèle Velleius Paterculus ; mais le Romain flatte l'affreux Tibère, et le Français ne ménage personne. Dans cet ouvrage, qui doit aller à la postérité, l'anonime peint, avec autant de force que d'exactitude, les officiers qui se sont le plus distingués dans la guerre de 1757, selon l'ordre successif de leurs campagnes, et des occasions où ils se sont signalés par une bonne ou mauvaise conduite. Toutes les fautes qui eurent lieu par les influences de la cour, par les rivalités des généraux, par le défaut des talens, par la funeste jalousie, qui exclut tout patriotisme, sont fortement développées dans les *Mémoires secrets*.

LE COMTE DE SAINT-GERMAIN, LE MARÉCHAL DE RICHELIEU, LE CARDINAL DE BERNIS, ET PARIS DU VERNEY.

On aimera toujours à voir les hommes qui ont eu quelque célébrité, se peindre eux-mêmes dans l'intimité du commerce épistolaire ; et tel est aussi le mérite de la Correspondance particulière du Comte de Saint-Germain, ministre et secrétaire d'état, de la guerre, etc., avec M. Paris du Verney, conseiller d'état, publiée par M. le général Grimoard, en 1789, 2 vol. in-8°. Une Vie du héros, composée par l'éditeur, marque assez bien la place que M. de Saint-Germain doit tenir dans l'histoire ; on remarque dans son biographe beaucoup d'impartialité, un jugement sain, et toutes les connoissances nécessaires pour écrire l'histoire d'un militaire et d'un ministre qui a fait dans son département presque autant de changemens qu'il en avoit subi lui-même dans sa vie.

On doit au même éditeur la Correspondance du Maréchal de Richelieu, et celle du

Cardinal de Bernis, avec le même Paris du Verney, chacune en deux volumes in-8°., comme la précédente...

Ces six volumes forment d'excellens matériaux pour l'histoire.

LE DUC DE CHOISEUL.

Les Mémoires publiés en 1790 par M. Soulavie l'aîné, sous le nom de cet ancien ministre de la marine, de la guerre et des affaires étrangères, 2 vol. in-8°., ne remplissent pas ce que leur titre semble annoncer. Ce ne sont point précisément les Mémoires de M. le duc de Choiseul, c'est-à-dire, ce ne sont pas les principales actions de ce ministre ; ce n'est point un abrégé, un sommaire, ni un recueil général qui contienne ses actions, ses traités, ni enfin ce qu'il y a de plus remarquable dans sa vie : ce sont plutôt des Mémoires par M. de Choiseul, que les Mémoires de M. de Choiseul. La collection est terminée par deux Contes de madame de Choiseul, écrits avec beaucoup de légèreté, et un peu satiriques.

LE DUC D'AIGUILLON.

L'auteur des Mémoires du Ministère du

Duc d'Aiguillon, Pair de France, Paris, 1792, in-8°., a de l'esprit et la connoissance des affaires ; il est au fait de la cour de ce temps-là ; et l'on ne trouvera nulle part un plus grand nombre d'anecdotes curieuses, puisées à la source ; il sait le fond des intrigues principales, et a suivi la marche des partis opposés ; mais son animosité contre les Choiseul le rend injuste, au point d'affirmer, sans preuve et sans honte, des atrocités, dont il ne donne pas même le plus léger indice. Il impute formellement au duc de Choiseul la mort du dauphin, de la dauphine et de la reine, qu'il assure avoir péri par le poison. Les éditeurs ont montré de l'impartialité, en protestant, dans des notes, contre ces atroces accusations.

Ces Mémoires ont été publiés par M. Soulavie l'aîné, et l'on croit que le comte de Mirabeau en a été le rédacteur.

LE COMTE DE MAUREPAS.

Le caractère du comte de Maurepas se trouve dans ses Mémoires, Paris, 1792, 4 vol. in-8°. Pour peu qu'on y porte un œil attentif, on y voit ce fond de frivolité, cette vanité jalouse, ce goût et cette habitude des petites choses qui étoient ses qualités distinctives ; ils offrent l'extrait de cinquante-deux volumes, rédigés entre lui et son secrétaire Salé, en partie pendant le cours de son ministère, et avec le plus grand soin. Qui croiroit que ces cinquante-deux volumes, composés par un homme qui devoit être occupé d'objets si importans, ne continssent guère, à en juger par l'extrait, que les petites anecdotes, les petites intrigues, les petites histoires de la cour et de la ville ?

COLLÉ.

Les liaisons de Collé avec plusieurs littérateurs distingués, tels que Crebillon, Saurin, Piron, Duclos, Pannard et autres, lui inspirèrent de devenir auteur, non pour se faire une réputation, mais pour contribuer à l'amusement des sociétés qu'il fréquentoit. Né avec un goût décidé pour le vaudeville et pour la poésie dramatique, avec un esprit fin et un grand fond de gaieté, il ne tarda pas à acquérir de la célébrité parmi les meilleurs chansonniers du siècle dernier. Peu d'ouvrages dramatiques ont eu plus de succès que sa Partie de Chasse d'Henri IV.

Le soir rentré chez lui, Collé écrivoit
tout

tout ce qu'il avoit vu, tout ce qu'il avoit appris pendant la journée ; et ne se bornant pas aux seules anecdotes dramatiques, il rassembloit encore des aventures de société, des bons mots, et des nouvelles publiques de tout genre ; il consignoit aussi sur son Journal les portraits et les caractères des principaux acteurs de son temps, ainsi que son jugement sur tous les ouvrages dramatiques qu'il voyoit représenter.

Collé a laissé onze volumes manuscrits de ce Journal : le premier commençant en 1748, et le dernier finissant en 1772. La plus grande partie de ce manuscrit est imprimée en 3 vol. in-8°.; le premier a paru en 1805, et les deux autres en 1807 : ils se vendent à l'Imprimerie Bibliographique, rue Git-le-Cœur. Cet ouvrage forme une lecture très-amusante : on a cependant lieu de s'étonner que Collé, lors de la révision générale qu'il a faite de ce Journal, en 1780, n'ait pas corrigé quelques incorrections de langage, et surtout adouci quelques jugemens trop sévères et trop irréfléchis sur des écrivains que nous sommes dans l'habitude d'admirer, et qui jouissent d'une considération justement et glorieusement acquise.

TOME IV. 8

Il reste à imprimer les années 1752, 1753, 1762 et 1763 du Journal historique de Collé; elles se trouvent dans deux volumes qui n'ont pas été rendus par les personnes qui les ont empruntés : on craint qu'ils n'aient été détruits pendant les troubles de la révolution.

COLLECTION DE MÉMOIRES PARTICULIERS.

Depuis long-temps on a reproché, avec raison, à nos historiens, de négliger ces faits particuliers, recueillis avec tant de complaisance par les historiens Latins, et qui jettent tant d'intérêt dans leurs narrations. Cet inconvénient est difficile, presque impossible à éviter, en écrivant l'histoire d'une monarchie.

La collection universelle des Mémoires particuliers relatifs à l'Histoire de France, 1785 et années suivantes, 67 volumes in-8°., y compris deux volumes de tables, étoit peut-être le seul moyen de nous donner un corps d'histoire nationale, exempt de ce défaut : elle ouvrira aux historiens une source de richesses, en offrant à leurs lecteurs un nouveau degré d'intérêt. C'est dans les Mémoires particuliers qu'il faut chercher ces détails intéressans, qui plaisent davantage à l'imagination, en dépouillant la vérité de ce qu'elle a quelquefois de trop imposant dans les grandes histoires; c'est là surtout qu'on peut voir de petits intérêts opérer les grandes révolutions.

Les éditeurs ont placé en tête de chaque ouvrage, une notice de la vie privée et publique de son auteur. En apprenant ce qu'il a été, on sait quel degré de croyance on doit accorder à son témoignage.

Ce n'est pas là la seule mesure que les éditeurs ont prise pour rendre ce recueil utile à ceux qui lisent l'histoire, et à ceux qui se proposent de l'écrire : ils ont confronté les Mémoires qu'ils imprimoient, avec les manuscrits qui se trouvent dans diverses bibliothèques; ils ont rectifié ce qui pouvoit avoir été altéré, et choisi les meilleures éditions : ils ont élagué, sans rien changer, quand la prolixité ou le défaut d'ordre nuisoit à l'intérêt des ouvrages qu'ils publioient; ils ont porté l'œil de la discussion et de la critique sur les morceaux qui accompagnent chaque Mémoire, et qui deviennent par là des pièces justificatives. Avec un plan aussi sagement conçu et aussi habilement exécuté, il n'est pas étonnant que cette collection ait excité le plus grand intérêt, et que son succès ait surpassé même l'espérance des éditeurs, ou plutôt de M. Duchesnay, beau-père de l'infortuné Roucher ; c'est à son érudition et à son goût, qu'on est redevable de cette importante collection.

Les quatre derniers volumes contiennent le commencement des Mémoires de Brantome. La reprise de ce recueil ayant été annoncée en 1806, M. Duchesnay a envoyé des matériaux pour terminer le Brantome : on est étonné que le nouvel éditeur, au lieu de suivre ce plan, se soit contenté de donner au public trois volumes de Brantome, pour réimprimer ensuite la Chronologie septénaire de Cayet.

Cette suite mérite cependant d'être favorablement accueillie.

DUCHESNE ET LES BÉNÉDICTINS.

André Duchesne fut chargé, en 1618, par le ministère de France, de rassembler les originaux des historiens contemporains de nos rois, depuis l'origine de la monarchie ; il publia, en 1636, les deux premiers volumes de cette collection, intitulée : *Recueil des Historiens des Gaules et de la France.* Après la mort de ce savant, qui fut écrasé par une voiture en 1640, François Duchesne, son fils, publia, en 1641, les tomes III et IV que son père avoit déjà fait imprimer en partie, et donna en 1649 le cinquième. Ce projet, long-temps interrompu, fut repris en 1676 par un ministre, que son zèle pour les lettres a immortalisé. Colbert fit acheter de François Duchesne, les Mémoires que son père et lui avoient ramassés ; mais sa mort laissa ce dessein sans exécution. Louvois en fut à son tour occupé ; et le Père Mabillon fut désigné pour ce travail qui, pourtant, resta sans effet jusqu'à la régence.

Enfin, en 1717, le duc d'Orléans, régent du royaume, en ayant commis le soin à M. d'Aguesseau, ce grand magistrat choisit deux bénédictins de la congrégation de Saint Maur, dom Bouquet et dom Maure d'Antine, pour les charger du même travail : ils commencèrent sur un nouveau plan. Le régent nomma Antoine-Urbain Coustellier pour imprimer leur ouvrage ; mais ce dernier étant mort avant que d'avoir pu le commencer, et sa vouve n'ayant pas voulu l'entreprendre, l'exécution en fut confiée, par M. d'Aguesseau, aux sieurs Martin, Mariette, Coignard et

Guerin. En 1738, les libraires associés présentèrent au roi le premier volume des Historiens de France ; en 1739, le second ; en 1741, les troisième et quatrième tomes ; le cinquième ; les sixième et septième, en 1749 ; en 1752, le huitième ; en 1757, le neuvième ; le dixième, en 1758 ; le onzième, en 1767 ; le douzième, en 1781 ; le treizième, en 1786 ; le quatorzième a été présenté, en 1807, à l'Empereur NAPOLÉON, par le rédacteur actuel, M. Brial, ex-bénédictin. *Voyez* le Dictionnaire des Anonimes. On ne sauroit posséder à fond l'Histoire de France, si l'on ne fait une étude solide et approfondie de ce recueil, dont le quinzième volume occupe actuellement le continuateur.

PERRAULT.

Nous avions à peu près tenté tous les genres de compositions ; et aucun modèle des anciens ne sembloit avoir échappé à l'activité de nos écrivains, quand Perrault, si vif, si zélé pour la gloire de la nation (sans songer peut-être à Plutarque), écrivit les vies de quelques grands hommes de la France. Son ouvrage, tout médiocre qu'il est, a fait naître l'idée de celui de d'Auvigny.

DU CASTRE D'AUVIGNY.

Cet auteur ayant remarqué que Perrault avoit mêlé confusément, et souvent sans observer l'ordre chronologique, les généraux d'armées avec les ministres d'état et les célèbres artistes, se fit un plan plus méthodique : il divisa son ouvrage en deux parties, dont la première fut destinée aux hommes d'état, et la seconde aux capitaines. Il avoit même conçu l'idée d'une troisième classe pour les hommes qui se sont illustrés par la littérature, les sciences et les arts : ce plan, qui par lui-même est fort beau, fut exécuté très-heureusement sous le titre de *Vies des Hommes illustres de la France*, 1739. D'Auvigny, écrivain facile, avoit publié, à sa mort, huit volumes de cet ouvrage : les six premiers contiennent les vies des ministres de nos rois, depuis le règne de Louis VII jusqu'au règne de Louis XIV inclusivement. Les vies des capitaines commencent au septième volume par Charles Martel, qui fut maire du palais sous le règne de Dagobert et sous les rois suivans. D'Auvigny avoit poussé son travail jusqu'au dixième tome, et préparé de quoi faire deux volumes. Un an après sa mort (en 1744), il parut deux nouveaux tomes, lesquels, avec les huit précédens, firent dix volumes qui lui appartiennent uniquement.

L'ABBÉ PÉRAU.

L'abbé Pérau, licencié de la maison et société de Sorbonne, ayant goûté ce projet, entreprit de le continuer ; on lui remit les matériaux très-informes, que d'Auvigny avoit laissés au libraire. Ce n'étoient guères que des ébauches qu'il fut obligé de refondre, et qui l'engagèrent dans de nouvelles recherches. Il en composa deux volumes, qui font les onzième et douzième ; quoiqu'il pût les revendiquer, il ne voulut pas les publier sous son nom ; il les fit mettre sous celui de son prédécesseur en 1745. C'est donc lui-même qui a fixé l'époque de sa continuation au treizième volume, et qui a marqué son début aux cinq premières vies qu'il contient. Il en a donné dix jusqu'en 1757, lesquels, joints aux douze précédens, font le nombre de vingt-deux volumes.

TURPIN.

Du Castre d'Auvigny, qui a commencé cet ouvrage, ne vouloit qu'être éloquent. Il peint

à

à grands traits tous les personnages qu'il présente. L'abbé Pérau, qui l'a continué, beaucoup plus simple dans sa marche, s'est attaché principalement à enrichir sa matière ; et ses Vies sont pleines de recherches. Celle de Gaspard de Coligni est, entr'autres, un des meilleurs morceaux d'histoire que nous connoissions. Turpin, leur successeur, n'a pris la manière d'aucun d'eux ; il a suivi l'impulsion de son génie. Cet écrivain, rempli de chaleur, peint tout, orne tout, et répand les fleurs en abondance. Cet éloge convient à la Vie du grand Condé, qui forme les tomes XXIV et XXV de cette colléction.

LE NÉCROLOGE DES HOMMES CÉLÈBRES DE FRANCE.

Cet ouvrage, qui a paru depuis 1766 jusqu'en 1782 inclusivement, forme 17 vol. in-12. Il est devenu un monument intéressant pour la littérature française : on y trouve des éloges très-bien écrits, d'une étendue considérable, et qui contiennent des faits que l'on ne trouve point ailleurs. Les principaux auteurs de ces éloges sont MM. Poinsinet de Sivry, Pallissot et François de Neufchâteau.

DREUX DU RADIER.

Les Vies des Reines et des Régentes de France, sont l'objet d'un ouvrage en six volumes in-12 de la seconde édition, imprimée en 1776, sous le titre de *Mémoires historiques, critiques et anecdotes de France.* Ces détails manquoient à notre histoire ; la plupart de nos écrivains les avoient tout-à-fait négligés, ou simplement effleurés. Dans les traits informes que nous présentent les légendes sur les princesses de la première race, on ne découvre rien de certain, si ce n'est que ces Princesses ont fait des dons considérables aux moines, et qu'en reconnoissance ces derniers en ont fait des saintes. Les autres historiens qui ont recueilli les vies des reines de la troisième race, ne nous ont présenté que des éloges; plusieurs n'ont rassemblé que des anecdotes fausses et sans choix; personne surtout ne nous en avoit donné une histoire suivie : on la trouvera complète dans cet ouvrage ; la plupart des détails dont il est rempli, jettent de grandes lumières sur les mœurs et l'esprit de nos ancêtres. L'auteur suit l'ordre chronologique de nos rois.

DE MAUBUY.

L'auteur des *Vies des Femmes illustres de la France*, en six volumes in-12, 1762 et années suivantes, sous ce nom de *Femmes illustres*, comprend les femmes savantes, vertueuses et scélérates. L'idée de cette collection est très-bonne : je voudrois seulement qu'elle fût faite avec plus de goût, avec plus de choix ; que le compilateur eût pris la peine d'arranger les matières et de les refondre ; que son style fût plus soigné, plus égal ; en un mot, qu'il eût parlé français.

LE PERE LE LONG ET SES CONTINUATEURS.

Ce n'est point pour les lecteurs frivoles que nous citerons *la Bibliothèque historique de la France*, contenant le catalogue des ouvrages, tant imprimés que manuscrits, qui traitent de l'histoire de ce royaume, ou qui y ont rapport, avec des notes critiques et historiques, par Jacques le Long, prêtre de l'Oratoire, bibliothécaire de la Maison de Paris ; nouvelle édition revue, corrigée et considérablement augmentée, par Fevret de Fontette, conseiller au parlement de Dijon, en cinq volumes in-folio, 1768-1778 : les trois derniers volumes ont été publiés par M. Barbeau de la Bruyère.

La première édition de ce savant ouvrage parut en 1719, en un seul volume in-folio ; et tout exact qu'on le crût alors, il y avoit bien des fautes à corriger. Une nomenclature aussi nécessaire pour toutes les parties de notre histoire, ne devoit pas rester imparfaite. Le Père le Long, qui tous les jours trouvoit quelque chose à y ajouter, avoit laissé, après sa mort, un exemplaire de cet ouvrage chargé de notes, de corrections et d'additions écrites de sa main. C'étoit en indiquer clairement une nouvelle édition: aussi Fevret de Fontette a-t-il pris, pour base de son travail, cet exemplaire posthume qu'il a heureusement recouvré; les augmentations qu'il y a faites, excèdent deux ou trois fois le fonds sur lequel il a travaillé. Le livre du Père le Long contient environ dix-huit mille articles; et dans la nouvelle édition on en trouve plus de trente mille ajoutés aux anciens.

Fontette a eu pour principaux collaborateurs, MM. Louis-Théodore Hérissant, Antoine-Prosper Hérissant, Camus, Coquereau. La table des auteurs est de Rondet.

§ IV. HISTOIRE D'ESPAGNE.

LE PERE D'ORLÉANS.

Depuis que l'Espagne est, pour ainsi dire, française par le testament de Charles II en faveur des Bourbons, il n'est pas permis d'ignorer l'histoire de ce pays. Nous conseillons de commencer cette lecture, par *l'Histoire des Révolutions d'Espagne*, depuis la destruction de l'Empire des Goths, jusqu'à l'entière et parfaite réunion des royaumes de Castille et d'Arragon en une seule monarchie, par les Pères d'Orléans, Rouillé et Brumoy, in-12, en cinq volumes, 1737. Ce livre donnera du goût pour l'histoire de cette monarchie ; les faits principaux y sont ramassés avec beaucoup de goût et d'exactitude, présentés avec adresse, et racontés avec chaleur.

MARIANA.

On pourra ensuite entreprendre les grandes histoires. Je citerai d'abord celle de Mariana ; nous en avons une traduction française par le Père Charenton, jésuite, imprimée à Paris en 1725, en six volumes in-4°., sous ce titre : *Histoire générale d'Espagne, du Père Mariana, jésuite*, traduite en français, augmentée des sommaires du même auteur, et des fastes jusqu'à nos jours, avec des notes historiques, géographiques et critiques, des médailles et des cartes géographiques.

Mariana tient le premier rang parmi les historiens de sa nation. Il naquit à Talavara dans la nouvelle Castille, fit ses études à Alcala, et enseigna à Rome, en Sicile, à Paris et en Espagne, avec une réputation distinguée. Il composa un livre sur l'institution des rois, qui fut censuré à Paris par la Sorbonne, et condamné au feu par le parlement. On y soutient qu'il est permis de se défaire d'un tyran ; et l'on y admire l'action détestable du régicide Clément. Mariana écrivit en latin un autre ouvrage sur les monnoies, pour lequel il fut mis en prison par ordre du ministère. C'est durant sa captivité qu'il travailla à cette célèbre Histoire d'Espagne, que je ne balancerois pas de comparer aux meilleurs ouvrages de l'antiquité, par la grandeur du dessein, la noblesse du style, la majesté des réflexions, si l'auteur avoit su se garantir de la superstition de son siècle, et de la crédulité de son pays. Cette Histoire fut d'abord écrite en latin, et ensuite en espagnol; mais la première est bien supérieure à la seconde; la latinité est digne du siècle d'Auguste. L'édition la plus recherchée est la première, imprimée à Tolède en 1592, in-folio. Mariana n'osa pas aller au delà du règne de Ferdinand et d'Isabelle; car il ne faut compter pour rien Salcedo, Soto et Miniana, ses continuateurs, qui s'étendent successivement jusqu'à la fin du dix-septième siècle.

FERRERAS.

Plusieurs critiques préfèrent à Mariana l'Histoire de Ferreras, traduite en français en dix volumes in-4°., 1751, par M. d'Hermilly, qui est inférieur à Mariana pour la noblesse du style; mais il paroît qu'il a fait des recherches plus profondes, et qu'en général il est beaucoup plus exact. On choisira l'un ou l'autre; ou, pour mieux dire, on les lira tous les deux en les comparant.

DESORMEAUX.

Veut-on ensuite se rappeler les principaux faits? On lira *l'Abrégé chronologique de l'Histoire d'Espagne,* depuis sa fondation jusqu'au règne de Charles III, par Desormeaux, in-12, cinq volumes, 1759. On ne trouve dans ce livre ni la sécheresse ordinaire des abrégés, ni les détails ennuyeux des grandes histoires : les événemens y sont liés les uns aux autres, et toujours accompagnés de leurs principales circonstances, toujours dénués de ce qui leur est étranger. La narration est douce, aisée, sans être néanmoins ni molle, ni languissante. Elle n'est pas trop chargée de réflexions ; et les portraits, placés à propos, lui servent d'ornement sans en interrompre le fil.

Desormeaux ne s'est pas beaucoup étendu sur les premiers règnes de la monarchie espagnole ; mais quand les objets commencent à devenir plus intéressans, il semble oublier le titre modeste de son livre, qui, depuis le règne de Ferdinand et d'Isabelle, ne doit plus être regardé comme un simple abrégé. Le style en est vif et rapide. On y trouve beaucoup de réflexions ; mais elles sont courtes, quelquefois hardies, et toujours judicieuses. Lorsqu'il est question de guerres et de combats, l'auteur ne rapporte précisément que ce qu'on est curieux de savoir, et n'entre point dans tous ces détails arbitraires, qui ne
servent

servent qu'à multiplier les volumes, sans augmenter nos connoissances : mais s'agit-il de peindre les mœurs, d'exposer les usages, les coutumes et les lois de la nation espagnole, il s'arrête alors avec complaisance sur cette partie essentielle de l'histoire; et il traite toutes ces matières dans un article séparé, pour ne point interrompre trop souvent le cours de la narration : il trace le caractère des souverains à la fin de chaque règne. Le portrait de Charles-Quint n'est pas celui que l'on verra avec moins de plaisir. On peut reprocher à Desormeaux des expressions peu correctes, et quelquefois un langage précieux. Dans l'Histoire du Règne de Philippe V, il n'a pas su se renfermer dans son sujet : il y est plus question de la France que de l'Espagne. Le mérite d'un Abrégé consiste dans l'exactitude, et en une certaine précision qui ne se fait point assez remarquer dans celui-ci.

MACQUER.

Macquer a donné, depuis, un autre *Abrégé chronologique* en deux volumes in-8°., 1765, écrit avec plus de simplicité, et plus utile pour ceux qui veulent se satisfaire tout d'un coup.

Le président Henault a eu part à ce dernier Abrégé ; et c'est, aux yeux de plusieurs lecteurs, un préjugé très-favorable.

L'ABBÉ BERTOUD.

Cet auteur a tenté pour l'Espagne et le Portugal, ce qu'il avoit exécuté si heureusement dans ses *Anecdotes Françaises;* mais les Anecdotes Portugaises et Espagnoles, en deux volumes in-8°., ne se font pas lire avec le même intérêt ; et l'on se plaint que l'abbé Bertoud se soit trop étendu sur des matières trop arides.

FLÉCHIER ET MARSOLLIER.

Si l'on est curieux de lire quelques Histoires particulières, on a *la Vie du Cardinal Ximenès,* par Fléchier, 1693, in-4°. Il est vrai que c'est plutôt un panégyrique qu'une histoire ; il ne montre son héros que par les beaux côtés ; il l'excuse en tout ; et il en fait presque un saint.

L'abbé Marsollier publia en même temps que lui, une *Vie de Ximenès,* moins élégante, et d'un style moins pur et moins harmonieux, mais bien plus exacte et plus impartiale : celle-ci est en deux volumes in-12, 1739.

ROBERTSON.

Les six volumes de *l'Histoire du Règne de l'Empereur Charles-Quint*, traduits de l'anglais, de Robertson, par M. Suard, 1771, 2 vol. in-4°., ou six vol. in-12, contiennent deux ouvrages très-distincts et très-indépendans l'un de l'autre : le premier, c'est-à-dire, le Tableau des Progrès de la Société, etc., qui, avec les preuves, occupe deux volumes entiers, pourroit également servir d'introduction à toute autre histoire de la même époque.

Je ne connois point d'ouvrage, même dans l'antiquité, qu'on puisse opposer à ce grand tableau de la civilisation chez les peuples modernes. Cette production me paroît un chef-d'œuvre, tant pour l'ordonnance que pour la sagacité des vues qu'elle présente, et la profondeur de l'érudition. On trouve dans un seul volume bien plus à s'instruire, que dans le recueil immense des compilations qui portent le titre *d'Histoire*, depuis douze ou quinze siècles. En quelques heures de lecture, on a la clef de tout ce qu'on a lu dans le genre historique pendant toute sa vie : c'est pour ainsi dire un faisceau de lumière, jeté soudainement dans l'obscurité des annales de tous les peuples de l'Europe.

Le second volume contient les preuves et les éclaircissemens de cette belle introduction. On doit être étonné des recherches prodigieuses de l'auteur ; et ceux qui aiment à marcher d'un pas sûr au milieu de ces discussions, lui tiendront compte de l'exactitude avec laquelle il cite les écrivains dont il adopte les autorités. Parmi ces éclaircissemens, il en est plusieurs très-curieux par la singularité des faits.

L'Histoire de Charles-Quint, qui fait la matière des quatre autres volumes, ne me paroît pas, à beaucoup près, aussi supérieure dans son genre, que le tableau qui la précède. Il y a beaucoup de morceaux bien traités séparément : mais, en général, l'historien n'est pas assez adroit dans l'art de disposer sa matière, de glisser légèrement sur les époques les moins importantes, de ne présenter en détail que les faits les plus intéressans. La partie politique est peu approfondie. Après une introduction telle que celle de M. Robertson, le lecteur devient difficile ; il s'accoutume à ne rien lire que d'excellent ; et la dernière partie de cet ouvrage ne s'élève guère au-dessus des histoires ordinaires.

LÉTI.

L'Histoire de Philippe II, roi d'Espagne, 1756, 6 vol. in-12, a été traitée par plusieurs historiens : celle de Léti est curieuse ; mais on ne peut pas toujours compter sur sa véracité ; et il accable son lecteur de réflexions maussades et de digressions insipides.

WATSON.

Le style de Watson, dans son Histoire du Règne du même Philippe, roi d'Espagne, est simple, fort et nerveux : ce sont là les trois caractères distinctifs des grands historiens. Celui-ci a le pinceau de Robertson ; son coloris a de l'éclat, et cet éclat ne nuit point à la vérité; le portrait de Philippe II est supérieurement fait, et la conduite des Anglais envers les Hollandais exposée avec impartialité. On estime la traduction française de cet ouvrage, par le comte de Mirabeau et Durival ; elle a été imprimée à Amsterdam, en 1777, 4 vol. in-12.

LACLEDE.

On unit ordinairement l'Histoire de Portugal à celle d'Espagne. Nous avons une Histoire générale de ce royaume par de la Clede, in-12, huit volumes, 1735. Quoique les portraits de cet historien soient sans couleur, et que son style n'ait pas une élégance marquée, son pinceau a le mérite de la vérité : les faits y sont rapportés avec beaucoup de fidélité et d'exactitude.

VERTOT.

Vous trouverez des traits plus animés dans *l'Histoire des Révolutions de Portugal*, par l'abbé de Vertot, in-12. Ce morceau, plusieurs fois réimprimé, est assez superficiel; l'éloquence de l'historien en fait tout le mérite.

Il y a plus de recherches dans *l'Histoire du Détrônement d'Alphonse VI*, roi de Portugal, traduite de l'anglais de Rob. Southwel, par l'abbé Desfontaines, deux volumes in-12, 1742; histoire curieuse, mais sèchement et prolixement écrite.

LE CHEVALIER D'OLIVEYRA.

On lit avec intérêt les Mémoires historiques, politiques et littéraires concernant le Portugal, par le chevalier d'Oliveyra, la Haye, 1743, 2 vol. in-12. L'article relatif à cet auteur, dans la nouvelle édition du Dictionnaire historique, par M. Delandine, est aussi inexact qu'insignifiant.

François-Xavier d'Oliveyra, chevalier de l'ordre Militaire du Christ, et gentilhomme de la maison de sa majesté très-fidèle le roi de Portugal, naquit à Lisbonne le 21 mai 1702. A la mort de son père, qui arriva à Vienne en 1732, il fut nommé pour lui succéder comme secrétaire d'ambassade, à la demande particulière du comte de Taronca, alors ministre plénipotentiaire de la cour de Lisbonne à celle de Vienne. Ce fut dans cette dernière ville qu'il crut trouver des absurdités dans la religion romaine. Quelques malheureuses disputes, qui s'élevèrent entre lui et le comte de Taronca, venant enfin à éclater par une rupture ouverte, il se démit de son poste de secrétaire ; mais il resta à Vienne pendant quelque temps, sollicitant en vain sa cour de lui rendre justice.

En 1740, il vint en Hollande, où il montra un grand attachement aux principes du protestantisme, ce qui fit proscrire par l'Inquisition de Lisbonne les ouvrages qu'il publia alors en portugais.

Après quatre années de séjour en Hollande, il alla à Londres, pour intéresser en sa faveur l'envoyé de Portugal, très-connu depuis sous le titre du marquis de Pombal. Dans le mois de juin 1746, il osa abjurer publiquement la religion catholique romaine, pour embrasser celle de l'Eglise d'Angleterre. Il avoit bien prévu que cet acte feroit confisquer ses biens en Portugal; mais par la douceur de ses mœurs, et la bonté de son cœur, il se concilia l'estime et l'amitié de plusieurs Anglais de mérite et de distinction.

Le prince de Galles, père du roi actuel d'Angleterre, lui fit une pension, qui fut continuée par la princesse douairière. Après le décès de celle-ci, cette pension fut augmentée par la reine d'Angleterre.

Lorsqu'il apprit la nouvelle du terrible tremblement de terre arrivé à Lisbonne en 1755, quoique jouissant d'une foible santé, il fut excité par l'amour de son pays natal à composer son *Discours Pathétique*, qu'il publia au commencement de 1756, l'adressant à ses compatriotes, et particulièrement au roi de Portugal : le débit rapide de plusieurs éditions de cet ouvrage, de l'original français et de la traduction anglaise, dans le cours de peu de semaines, est une preuve évidente de son mérite; mais il lui attira le ressentiment

ment de quelques Portugais, et surtout de l'Inquisition, qui, le 20 septembre 1762, le condamna à être brûlé en effigie. Aussitôt qu'il eût appris cette nouvelle, il publia un petit livre intitulé : *le Chevalier d'Oliveyra brûlé en effigie, comme héritique ; comment et pourquoi.* Anecdotes et réflexions sur ce sujet, données au public par lui-même, Londres, 1762.

Le chevalier d'Oliveyra est mort le 18 octobre 1783, âgé de 81 ans : il fut marié trois fois. Les manuscrits qu'il a laissés sont très-nombreux, et les sujets dont ils traitent, fort variés. Le plus important est l'Oliveyrana, ou Mémoires Historiques, Littéraires, etc., qui, en 27 volumes in-4°., contiennent, comme il le disoit souvent, le fruit de ses lectures et observations pendant l'espace de 25 ans.

LE MARQUIS DE POMBAL.

La vie de ce célèbre ministre de Portugal a été présentée sous des couleurs bien noires dans des Mémoires qui parurent en 1783, 4 vol. in-12, et dans les Anecdotes de son ministère, publiées l'année précédente, aussi in-12. Ces ouvrages ont été rédigés par des jésuites qui avoient été renvoyés de Portugal par ce ministre. On prendra une plus juste idée de son caractère et de ses talens dans l'ouvrage intitulé : *l'Administration du Marquis de Pombal*, 1788, 4 vol. in-8°.

§ V. HISTOIRE DE HOLLANDE.

Les Pays-Bas et la Hollande, théâtre d'une guerre sanglante à la fin du seizième siècle, essuyèrent beaucoup de révolutions. Les combats de la liberté contre le despotisme de Philippe II, et les suites de ces combats, ont été décrits par plusieurs historiens, parmi lesquels il faut distinguer Grotius, Strada et Bentivoglio.

GROTIUS.

Grotius est digne d'être comparé à Tacite. La petite obscurité dont il est couvert, dit l'abbé Lenglet, le rend énergique et concis. Il a parfaitement bien développé toutes les intrigues, tous les ressorts et tous les motifs de la guerre. Jamais homme ne pratiqua moins la politique ; et cependant jamais homme n'en écrivit mieux. Ses Annales *de Rebus Belgicis* vont jusqu'en 1609 : on en a une traduction française, par Nic. l'Héritier, Amsterdam, 1662, in-fol.

STRADA.

Si Strada a de grandes beautés, il a aussi de grands défauts. Ses réflexions politiques lui ont fait donner le nom de Tacite de la Flandre ; et ses ennuyeuses leçons de morale l'ont fait nommer par d'autres le Sénèque moderne. Il n'est jamais permis à un historien de prendre un ton dogmatique ; et il doit être extrêmement retenu dans ses réflexions : celles de Strada ont du brillant ; mais tout l'éclat par lequel il prétend éblouir ses lecteurs, n'empêche pas les gens sensés de trouver que cet écrivain manque de jugement. Quoiqu'il eût promis une relation fidèle de la guerre de Flandre, il se contente de coudre ensemble les éloges de quelques particuliers, et renvoie son principal sujet à la fin de l'ouvrage. Il n'est pas même exempt de partialité ; et il met tout en œuvre pour élever jusqu'aux nues son héros, Alexandre Farnèse. Strada n'a point de style qui lui soit propre ; c'est un composé de plusieurs styles, fruit de ses grandes lectures. Ce défaut est celui de presque tous les latinistes modernes. Ajoutez à cela que quand il se mêle de parler de guerre, il ne fait que begayer ; et c'est ce qui a fait dire à Bentivoglio, que l'Histoire de ce jésuite étoit plus à l'usage du collége, qu'à celui de la cour : elle va jusqu'en 1590. Du Ryer a traduit cette Histoire en français, 1652, 2 vol. in-8°.

BENTIVOGLIO.

Ce savant cardinal a traité le même sujet; mais il a trop pensé à plaire ; et il a rabaissé la majesté de l'histoire par une pureté de style trop étudiée. Cependant son *Histoire des Guerres de Flandre* est généralement estimée ; elle est plus détaillée que celle de Grotius, et plus complète que celle de Strada. Il la commence à l'origine des troubles qui causèrent les révolutions de la Flandre, et la termine au traité d'Anvers, où le roi d'Espagne reconnut les Provinces-Unies pour un Etat libre et indépendant. Le cardinal Bentivoglio a mis en général beaucoup de soin, de critique, et d'impartialité dans son Histoire ; son traducteur, l'abbé Loiseau, chanoine d'Orléans, a éclairci, corrigé ou étendu le texte, suivant les circonstances, par des notes intéressantes, que lui ont fournies tous les historiens qui ont parlé des troubles de la Flandre. Cette traduction a été publiée à Paris en 1769, 4 vol. in-12.

LE CLERC.

Il ne suffit pas de lire ces écrits sur les révolutions des Provinces-Unies, il faut consulter les grandes histoires. Le Clerc donna trois volumes in-fol. sous le titre *d'Histoire des Provinces-Unies des Pays-Bas*. C'est un ouvrage d'un grand travail et d'une lecture immense; mais on sait que l'auteur travailloit à la hâte, et qu'on ne peut pas louer beaucoup l'élégance et la politesse de son style.

BASNAGE.

On trouve les mêmes défauts dans les Annales des Provinces-Unies depuis la paix de Munster, par Basnage, 1719 et 1726, 2 vol. in-fol.

DU JARDIN ET SELLIUS.

Ce que nous avons de plus raisonnable et de mieux écrit en ce genre, est *l'Histoire générale des Provinces-Unies*, par du Jardin et Sellius, 1755 et années suivantes, 8 vol. in-4°. Le titre qu'ils ont adopté comprend la Gueldre, la Hollande, la Zélande, le pays d'Utrecht, la Frise, l'Over-Issel, Groningue et les Ommelandes; mais, pour l'ancien temps, et jusqu'à l'union des Provinces, ils s'attachent plus particulièrement à la Hollande, en ne touchant aux autres, que quand les circonstances l'exigent. L'Histoire des Provinces-Unies, d'après ce dessein, se range naturellement sous cinq périodes principales : la première renferme ce qui s'est passé avant l'entrée des Romains dans la Basse Germanie ; la seconde, le temps de la domination des empereurs ; la troisième, l'invasion des Francs, leur gouvernement et celui des rois de la branche germanique ; la quatrième commence avec les comtes ; et la cinquième, à l'établissement de la république. Les quatre premières époques composent l'Histoire ancienne ; et la dernière forme l'Histoire moderne.

L'ABBÉ RAYNAL.

Ce n'est qu'après cinq éditions, toujours différentes, que *l'Histoire du Stathouderat*, 1750, 2 vol. in-12, par l'abbé Raynal, est arrivée à cette perfection où nous la voyons. Pendant long-temps on lui a reproché de n'être qu'agréable ; mais aujourd'hui on n'y trouve pas moins de vérité que d'agrément ; et l'on ne voit guère de morceaux d'histoire qui se fassent lire avec plus de plaisir. Les faits y sont liés avec un agréable enchaînement. Les personnages sont amenés avec art : et l'auteur a su si bien peindre ses héros, que sur le portrait seul qu'il en fait, on devineroit presque toutes leurs actions; c'est ce qui rend la narration si intéressante; car on prend toujours beaucoup de part à des événemens, dont on connoît si parfaitement les acteurs.

§ VI. HISTOIRE D'ANGLETERRE.

RAPIN DE THOYRAS.

Les tableaux qu'offre cette Histoire sont uniques : ailleurs les princes, les grands occupent le théâtre entier; ici les hommes, les citoyens jouent un rôle qui intéresse davantage l'humanité. Plusieurs historiens avoient tracé les scènes aussi variées que piquantes, que fournit l'Histoire d'Angleterre. Rapin de Thoyras est le premier qui ait traité ce sujet en notre langue d'une manière distinguée; son ouvrage est en 16 vol. in-4°., 1749; et il y en a un bon Abrégé en 10 vol. in-12, par Falaiseau. Historien judicieux, exact, méthodique, Rapin a épuisé son sujet : il en a développé les moindres parties, mais en s'appesantissant peut-être trop sur ces mêmes détails, dont l'esprit est bientôt surchargé aux dépens de ce qu'il faudroit graver dans la mémoire. Un reproche plus essentiel qu'il mérite, c'est de se montrer prévenu contre sa patrie, que les rigueurs de Louis XIV avoient exposée à la haine des protestans, et de favoriser le parti des puritains, de ces dangereux enthousiastes, dont le système de religion n'est propre qu'à rendre les hommes farouches, et le système d'indépendance qu'à faire des factieux et des rebelles.

SMOLETT.

Deux plumes anglaises ont traité le même sujet, avec la supériorité de connoissances qu'ont en général les naturels d'un pays sur les étrangers, dans l'Histoire nationale. Leurs ouvrages ne se ressemblent que par le titre. M. Smolett expose sèchement les faits, en conte les circonstances d'une manière uniforme, donne très-peu à penser, ne remue ni l'imagination ni le cœur; et par un style lourd et foible, fatigue le lecteur en l'instruisant. M. Targe, qui a traduit son ouvrage en français, y a ajouté une suite jusqu'à nos jours. L'Histoire de Smolett forme 19 vol. de la traduction française; et la suite, jusqu'en 1763, 5 vol., en tout 24 vol. in-12.

HUME.

HUME.

L'Histoire des Plantagenet, des Tudor, des Stuart, en un mot, *l'Histoire d'Angleterre* par M. Hume, n'est point une de ces productions légères et superficielles, qui usurpent le titre d'Histoire ; encore moins une de ces compilations indigestes, qui en passent les bornes, sans les bien remplir. Partout on y reconnoît l'écrivain judicieux, qui expose les faits avec clarté ; le politique éclairé, qui remonte à leurs causes ; et le philosophe impartial, qui apprécie leurs effets. Tout y est à sa place, et rien n'y est superflu. Si l'auteur y fait entrer la plupart des événemens qui agitèrent l'Europe, c'est que les intérêts de l'Angleterre s'y trouvent mêlés : jamais ils ne lui font perdre le fil de son récit. Les portraits qu'il trace sont plus vrais que brillans ; il s'est plus attaché à saisir les rapports, qu'à imaginer des contrastes : il peint d'après les faits et le récit des contemporains. Au surplus, malgré l'impartialité que l'auteur conserve assez généralement dans cet ouvrage, il lui échappe de loin en loin quelques expressions qui décèlent l'esprit de parti, et surtout l'esprit national : mais peu d'historiens ont été exempts de ce foible ; et Hume en est moins atteint que beaucoup d'autres. Il est heureux pour les lettres, qu'une main aussi habile ait entrepris de dévoiler, aux yeux de la postérité, tant d'événemens extraordinaires, et dont quelques-uns sans doute lui paroîtront incroyables. A l'égard de la traduction faite par l'abbé Prevost et madame Belot, on ne peut en dire ni beaucoup de bien ni beaucoup de mal. L'Histoire de M. Hume, rendue en notre langue, forme 6 vol. in-4°., et 18 vol. in-12.

OLIVIER GOLDSMITH.

Les Anglais font beaucoup de cas de l'Histoire d'Angleterre dans une suite de lettres adressées par un gentilhomme à son fils, Londres, 1772, 2 vol. in-12 ; ouvrage qui a été attribué au lord Littleton, mais qui est généralement reconnu aujourd'hui pour une production du célèbre Goldsmith. Il a été traduit en français dès 1776, sous le titre de *Précis Philosophique et Politique de l'Histoire d'Angleterre*, 2 vol. in-12. On donne la préférence à la nouvelle traduction qui a été publiée en 1786, par madame Brissot, avec des notes de son mari ; elle est intitulée : *Let-*

tres Philosophiques et Politiques sur l'Histoire d'Angleterre, depuis son origine jusqu'à nos jours, 2 vol. in-8°. Brissot a ajouté plusieurs Lettres à cet ouvrage pour compléter le tableau de l'Histoire d'Angleterre.

LE DOCTEUR HENRY.

Il y a long-temps qu'on se plaignoit de ne trouver dans les Histoires que des siéges, des batailles, des négociations, des intrigues de cour. Quoique le nouveau plan sur lequel le docteur Henry se soit proposé d'écrire l'Histoire, mérite les plus grands éloges, il a cependant le défaut d'être beaucoup trop vaste. Le ministre d'Edimbourg veut qu'on divise l'Histoire d'une nation en un certain nombre d'époques, et qu'à chaque époque, on présente d'abord le tableau des faits et des événemens civils et militaires, qu'on a regardés jusqu'ici comme formant le district particulier du genre historique : à la suite de ce tableau, il exige que l'historien place six Traités ou Dissertations, où le lecteur trouve séparément tout ce qui concerne chaque époque : 1°. la religion ; 2°. le gouvernement, les lois et les tribunaux ; 3°. les sciences, les savans, les établissemens destinés aux progrès des sciences: 4°. les arts utiles et agréables; 5°. le commerce, la marine, les monnoies, le prix des denrées; 6°. les mœurs, les usages, les vertus, les vices, le langage et la vie privée de la nation dont on écrit l'histoire : il nous semble qu'il ne faudroit point ainsi confondre les genres et les entasser tous dans un seul. Cependant le docteur Henry a prouvé que l'exécution de son plan n'étoit pas impossible, puisqu'il a publié cinq volumes de son Histoire, où il a déployé la plus vaste érudition. Il joint une extrême exactitude dans les faits et les citations, à beaucoup de discernement et de sagacité; mais la mort le surprit en 1790, au milieu de son immense travail, qu'il n'a pu conduire que jusqu'au règne d'Henri VII.

On doit beaucoup d'éloges et de reconnoissance aux traducteurs de cette Histoire. Les trois premiers volumes ont été traduits par M. Boulard, notaire, qui consacre ses loisirs à enrichir notre littérature des ouvrages les plus solides et les plus estimés en Angleterre ; les trois volumes suivans ont été traduits par Cantwel; le premier a paru en 1788 ; le 6°. et dernier volume a paru en 1796.

MADAME MACAULAY.

Son Histoire d'Angleterre, depuis l'avénement des Stuart au trône, jusqu'à la révolution, c'est-à-dire, depuis l'avénement de Jacques Ier., en 1604, jusqu'à l'abdication de Jacques III, en 1688, est écrite avec une énergie qui saisit et transporte le lecteur familiarisé avec les beaux siècles de la Grèce et de Rome.

On a reproché à cette historienne une partialité trop marquée pour le républicanisme ; mais pouvoit-elle s'en défendre, quand elle avoit à peindre les excès tyranniques qui signalèrent les ministères des Buckingam, des Strafford, des Laud ? La partialité pour ce système, fait l'éloge de son âme et de sa tête ; la partialité pour les personnages déshonore seule l'historien ; mais madame Macaulay n'en est point coupable. Voyez les portraits qu'elle fait des ennemis du bien public, des défenseurs de la prérogative : ne donne-t-elle pas quelques larmes à la mémoire du fanatique Laud ? ne parle-t-elle pas avec éloge des vertus domestiques de Jacques II ? ne convient-elle pas que les défenseurs de la liberté ne furent pas toujours animés par les vues les plus pures ; que jamais on n'entendit dans son vrai sens le mot de *Liberté ;* que les droits de l'homme furent plus d'une fois méconnus et violés par ceux même qui s'affichoient pour les partisans du droit des Anglais ? Madame Macaulay a eu le courage de fouiller dans les nombreux monumens de l'Histoire d'Angleterre, de comparer tant d'écrivains fanatiques, ennuyeux ou prolixes, que les temps de parti ont fait éclore ; elle a eu le courage de s'écarter de la route des autres historiens, de s'en frayer une nouvelle, de censurer les principes de Hume. Elle a eu ce courage, gloire lui en soit rendue ! Elle a découvert, elle a dit des vérités, elle les a dites avec énergie. Nous avons en français une médiocre traduction des cinq premiers volumes de cette importante Histoire, par le comte de Mirabeau et feu M. Guiraudet, Paris, 1791-1792, 5 vol. in-8°. On assure que le reste du manuscrit est entre les mains d'un libraire de Paris.

L'ABBÉ MILLOT.

Il règne beaucoup d'exactitude et d'impartialité dans *les Elémens de l'Histoire d'Angleterre,* depuis son origine sous les Romains jusqu'au règne de Georges II, par l'abbé Millot, en 3 vol. in-12, 1769. Cet écrivain a profité des beautés des auteurs Anglais, évité leurs défauts, et tient un juste milieu entre l'extrême concision, qui laisse toujours quelques nuages, et la prolixité qui énerve tout en voulant tout éclaircir.

M. Millon a publié, en 1800, une nouvelle édition de ces Elémens, augmentée des règnes de Georges II et Georges III.

DU TERTRE.

Pour rendre son *Abrégé de l'Histoire d'Angleterre* en 3 vol. in-12, plus intéressant, du Tertre s'est étendu davantage sur les derniers règnes des rois d'Angleterre. Les événemens des siècles reculés nous touchent moins, que ceux qui sont arrivés de notre temps. Aussi, de trois vol. qui composent cet Abrégé chronologique, il n'en a employé qu'un à écrire ce qui s'est passé depuis l'invasion des Romains dans la Grande Bretagne jusqu'au règne d'Elisabeth; ce qui est arrivé depuis cette princesse jusqu'à Georges II, fait la matière des deux autres. On a mis à la fin de chaque tome des choses curieuses et instructives : dans l'un, ce sont des anecdotes qu'on n'auroit pas pu faire entrer dans le corps de l'ouvrage sans interrompre la suite des événemens, mais qu'on ne lit pas avec moins de plaisir que les événemens mêmes qui y ont donné lieu; dans l'autre, c'est la description des principales villes d'Angleterre, d'Ecosse et d'Irlande, avec des remarques sur la religion, les mœurs et le gouvernement des habitans. Il y a aussi pour le parlement d'Angleterre un article séparé, qui mérite d'être lu. Ce sont là de ces petites additions, qui ne peuvent manquer d'être très-agréables aux lecteurs, et qui rendent cet Abrégé aussi amusant qu'il est utile.

M. GAILLARD.

C'est pour montrer aux deux nations l'intérêt qu'elles ont d'être amies, que M. Gaillard a publié l'Histoire de la rivalité de la France et de l'Angleterre, 1771-1777, 11 vol. in-12. Il y trace l'histoire de leurs haines et des erreurs de leurs pères; il fait voir en même temps aux Anglais, qu'ils ont dû leurs succès passagers à nos divisions et à nos fautes; aux Français, qu'ils ont dû leurs succès définitifs à des vertus trop passagères chez
eux,

eux; et qu'on devroit y fixer. Il s'étend sur tous les objets de rivalité entre les deux nations; rivalité qui porte surtout sur la philosophie et les arts, sur différentes parties de l'administration, comme sur la gloire des armes. Plus attaché à dévoiler les causes des guerres qu'à en suivre les opérations; il ne s'arrête aux détails militaires que lorsqu'ils font tableau, qu'ils annoncent quelque progrès ou quelque révolution dans l'art de la guerre, ou qu'ils deviennent intéressans par quelque particularité remarquable. Les objets sont présentés dans cette Histoire sous le point de vue le plus frappant, les faits bien vus et détaillés avec ordre : les causes en sont développées avec sagacité et précision, les suites prévues d'avance ou rapprochées de leurs principes, ou liées avec art à l'ensemble des événemens. Des réflexions philosophiques, critiques, morales et politiques, font honneur à l'esprit et au cœur de l'habile académicien. Quand la censure croiroit pouvoir s'exercer sur la forme, la marche, le ton de l'ouvrage, comme peu assortis au caractère de l'histoire, elle n'en contestera certainement pas l'utilité; elle ne pourra s'empêcher d'applaudir aux vues sages, à l'amour de l'ordre, du bien et de l'intérêt public qui s'y font partout remarquer.

L'ABBÉ RAYNAL.

Quel feu dans son Histoire du Parlement d'Angleterre ! Quelle foule de portraits, quelles légions d'antithèses, quel prodigieux amas de réflexions, quel enthousiasme même en plusieurs endroits ! Son intention n'a pu être de composer une Histoire, mais un discours d'éloquence, une harangue sur l'origine, les progrès et l'état actuel du parlement de la Grande Bretagne. Le style oratoire, qu'il a préféré à une narration simple, garantit ce que j'avance. Il n'est pas possible de le lire, sans être frappé de la fécondité de son imagination, de la chaleur de ses images, de la variété de ses descriptions, et du choc brillant de ses idées. Les faits sont extrêmement pressés dans cette Histoire ; ils n'y occupent qu'un très-petit espace, et semblent n'être là que pour servir de cadre à des maximes ou à des tableaux. Cet ouvrage peut être comparé à ces comédies sans nœud et sans dénoûment, qu'on appelle des pièces à tiroir.

LE PÈRE D'ORLÉANS.

Les Révolutions d'Angleterre du Père d'Orléans ne sauroient entrer en comparaison avec l'Histoire de Rapin, ni avec celle de Hume. C'est un livre moins solide que brillant, moins instructif qu'agréable, où l'on ne trouve que des idées imparfaites du gouvernement, de la législation et des mœurs. Ce qui concerne les Stuart est écrit avec une partialité trop évidente. Le jésuite Français règle la plupart de ses jugemens, tantôt sur les intérêts de la cour romaine, tantôt sur les principes de la monarchie française. L'auteur avoit été prédicateur avant que d'être historien; et l'on s'en aperçoit en le lisant. On fait peu de cas de la suite de l'ouvrage de ce jésuite, donnée par Turpin, en 1786, 2 vol. in-12.

CLARENDON.

Milord Clarendon a fait *l'Histoire des Guerres civiles d'Angleterre*, auxquelles il a eu tant de part. Cet ouvrage, qui a été traduit en français en 6 vol. in-12, est écrit avec beaucoup de force et de dignité. Les portraits de tout ce que cette région a produit de caractères singuliers, de grands hommes ou d'esprits factieux, y sont tracés de main de maitre. L'écrivain a eu l'avantage de vivre avec tous les gens dont il parle; et il avoit trop de pénétration, pour ne les pas bien connoitre. De tous les historiens Anglais, Clarendon et Hume sont les moins partiaux.

MM. BOULAY DE LA MEURTHE ET B.' CONSTANT.

L'Histoire d'Angleterre présente les leçons les plus frappantes aux nations qui ont éprouvé de violentes secousses : l'étude approfondie de cette Histoire a fait éclore à différentes époques de notre révolution des brochures qui ont paru dictées par l'amour d'une sage liberté. On a distingué parmi elles l'Essai sur les causes qui, en 1649, amenèrent en Angleterre, l'établissement de la république, sur celles qui devoient l'y consolider, et sur celles qui l'y firent périr, par M. Boulay de la Meurthe, 1799, in-8°.; et les suites de la contre-révolution de 1660 en Angleterre, par M. Benjamin Constant. Ces deux morceaux, aussi fortement pensés que bien écrits, doivent survivre aux temps orageux qui les virent naître.

BACON.

Le chancelier Bacon a donné *l'Histoire de Henri VII*, en latin, qui a passé pour un chef-d'œuvre ; mais on ne la regarde pas de même aujourd'hui. Comment se peut-il faire, dit Voltaire, que quelques personnes osent comparer un si petit ouvrage avec l'Histoire de notre illustre de Thou ? En parlant de ce fameux imposteur Perkin, fils d'un juif converti, qui prit si hardiment le nom de Richard IV, roi d'Angleterre, et qui, encouragé par la duchesse de Bourgogne, disputa la couronne à Henri VII, voici comme le chancelier Bacon s'exprime : « Environ ce » temps, le roi Henri fut obsédé d'esprits ma- » lins par la magie de la duchesse de Bour- » gogne, qui évoqua des enfers l'ombre d'E- » douard IV, pour venir tourmenter le roi » Henri. Quand la duchesse de Bourgogne » eut instruit Perkin, elle commença à déli- » bérer par quelle région du ciel elle feroit » paroître cette comète ; et elle résolut qu'elle » éclateroit d'abord sur l'horizon de l'Irlan- » de. » M. de Thou ne donne point dans ce Phœbus, qu'on prenoit autrefois pour du sublime, mais qu'à présent on nomme galimatias

L'Histoire d'Henri VII a été traduite en français par Latour Hotman, 1627, in-8°.

MARSOLLIER.

L'abbé Marsollier, qui a traité le même sujet que Bacon, a écrit avec plus de simplicité. Son *Histoire de Henri VII*, roi d'Angleterre, réimprimée en 1727, en deux volumes in-12, est le meilleur ouvrage de cet auteur.

FRÉRON ET MARSY.

Vous lirez encore avec plaisir l'Histoire de Marie Stuart, par Fréron et l'abbé de Marsy, 1742, trois volumes in-12; ouvrage écrit d'un style pur et coulant, et avec assez d'impartialité.

LETI.

Leti, qui nous a donné la Vie d'Olivier Cromwel, en deux volumes in-12, et celle d'Elizabeth aussi en deux volumes, n'écrivoit pas avec cette élégance ; mais l'on trouve chez lui des faits curieux, qui amusent les lecteurs oisifs, lesquels se soucient peu de l'exacte vérité.

MADEMOISELLE DE KÉRALIO.

On ne peut lire l'Histoire d'Elizabeth, reine d'Angleterre, par mademoiselle de Kéralio, Paris, 1786 et 1788, 5 vol. in-8°., sans être émerveillé des recherches, des connoissances, de l'érudition, quelquefois du style de mademoiselle de Kéralio. Il est fâcheux que le personnage dont il y est le moins question, soit Elizabeth. Le règne de Henri VIII occupe d'abord plus de 300 pages du premier tome; les règnes d'Edouard VI et de Marie remplissent le reste; au commencement du second, Elizabeth monte sur le trône; mais presque aussitôt Marie Stuart, reine d'Ecosse, paroît sur la scène. Son Histoire, qui même n'est pas encore finie dans le tome II, et qui tient une bonne place dans le troisième, attire tout l'intérêt.

L'ABBÉ PRÉVOT.

Les couleurs romanesques que Leti a employées quelquefois, se font encore plus sentir dans *l'Histoire de Guillaume le Conquérant*, duc de Normandie et roi d'Angleterre, en deux volumes in-12, par l'abbé Prévot, et dans celle de Marguerite d'Anjou, par le même auteur. Cette simplicité noble, qui est le véritable ornement de l'Histoire, n'est point le caractère de ces deux ouvrages.

GENEST.

C'est aux Essais historiques sur Paris, par de Saint-Foix, qu'est due l'idée des *Essais historiques sur l'Angleterre*, volume in-12, par Genest. Le but de l'auteur est de faire connoître par les faits, l'Histoire des Anglais, leurs constitutions, les sources de leur puissance, les mœurs de ces peuples, leurs usages, et même, à quelques égards, leur littérature. Mais si ce plan est le même que celui de Saint-Foix, l'exécution en est bien différente. Vous ne trouverez ici, ni cette élégance de style, ni cette tournure également piquante et philosophique, que j'ai fait remarquer dans les Essais sur Paris. Les faits seuls rendent ce nouveau recueil intéressant, et ne doivent rien à la plume de l'auteur ; encore sont-ils moins curieux par eux-mêmes, que par une sorte de singularité étrangère à nos mœurs.

M. BAERT.

L'ouvrage intitulé, *Tableau de la Grande Bretagne*

Bretagne et de l'Irlande, et des possessions anglaises dans les quatre parties du monde, par M. Baert, ci-devant membre de l'assemblée législative, Paris, 1801, 4 vol. in-8°., est un des plus détaillés, des plus exacts et des plus complets qui existent sur la Grande Bretagne. Il comprend la description géographique de toutes les provinces, des curiosités d'histoire naturelle, et des monumens antiques qu'on y rencontre ; on y trouve des détails sur les établissemens d'industrie et les manufactures ; sur l'état de l'agriculture et du commerce ; sur le gouvernement, les lois, les usages et les mœurs ; sur les forces de terre et de mer, les finances, les revenus, la dette nationale, etc. L'auteur s'est étendu particulièrement sur l'Ecosse et l'Irlande ; moins connues que l'Angleterre proprement dite, et il a donné sur ces deux royaumes des renseignemens qu'on chercheroit vainement ailleurs. En général, il s'est principalement occupé de recherches de statistique et d'économie politique ; il a moins étudié la partie de la littérature, qui est traitée d'une manière beaucoup plus détaillée et plus satisfaisante dans l'ouvrage de M. Ferri de Saint-Constant, qui a pour titre, *Londres et les Anglais*, et dont nous parlerons à l'article des Voyages.

M. COLQUHOUN.

On peut compter entre les ouvrages utiles que possède l'Angleterre, le Traité sur la Police de Londres, par P. Colquhoun, dont M. le Coigneux de Belabre nous a procuré une bonne traduction en 1807, 2 vol. in-8°.; en voici quelques résultats.

Ce qui est volé annullement dans cette capitale, est estimé 2 millions de livres sterling.

La part des filous et des escrocs, dans la masse des richesses mobiliaires de Londres, est à peu près du centième de leur valeur.

Tous les matins vingt mille personnes se lèvent à Londres, sans savoir où elles coucheront le soir, comment elles vivront le jour.

On compte 5204 cabarets à bière, ou à eau-de-vie, qui servent de repaire aux filous.

On compte 3000 boutiques dans les quartiers éloignés, où l'on vend les effets volés, depuis les clous jusqu'aux diamans.

On compte 50,000 femmes publiques, et 2000 maisons de prostitution.

En quatre ans, il est sorti des prisons 12

mille personnes, qui toutes, dit-on, avoient mérité la potence, etc.

Si nous avions un état de Paris bien calculé et bien authentique, nous pourrions en tirer un grand avantage indépendamment de toute comparaison : ou nous ressentirions un salutaire effroi à son aspect, ou nous jouirions avec un orgueil tranquille du bonheur de vivre dans une cité où les jouissances sont sans mesure, et où la corruption n'est pas au dernier terme.

BUCHANAN.

L'Histoire d'Ecosse, par Buchanan, a de la réputation. La latinité est digne du siècle d'Auguste; mais la vérité y manque souvent. Un air de raillerie et beaucoup de partialité s'y font sentir aux lecteurs les moins pénétrans. Cet historien, trop servile imitateur des anciens, leur a dérobé leurs meilleures réflexions, et leurs plus beaux tours. Plusieurs critiques ont observé qu'il avoit peu d'élévation dans les sentimens, et qu'on devinoit, en lisant son Histoire, qu'il manquoit de mœurs.

ROBERTSON.

Dans son *Histoire d'Ecosse*, sous les règnes de Marie Stuart et de Jacques VI, jusqu'à l'avénement de ce prince à la couronne d'Angleterre, avec un Abrégé de l'Histoire d'Ecosse, dans les temps qui ont précédé ces époques, traduite en français par Besset de la Chapelle, trois volumes in-12, en 1764, Robertson a su distinguer en philosophe, le caractère des divers écrivains qui ont tracé les événemens du règne de Marie. Animés les uns contre les autres de la haine la plus forte, aigris par le zèle de religion ou par des intérêts de politique, ils ont donné naissance à deux partis, entre lesquels doit marcher un homme jaloux de dévoiler la vérité, et de l'exposer aux regards d'autrui : c'est ce qu'a fait Robertson.

Noblesse de style, profondeur de jugement, netteté dans le dessein et dans l'expression, voilà ce qui frappe le plus dans cet ouvrage : cependant il a beaucoup de critiques en Angleterre et en Ecosse ; mais le plus grand défaut de l'auteur est, sans doute, sa partialité, lorsqu'il s'agit de la France, de la religion romaine et de la protestante.

M. MA-GEOGHEGAN.

Il est à craindre qu'on ne reproche à cet auteur d'avoir fait plutôt un Panégyrique qu'une Histoire de sa nation. Son livre, en 3 vol. in-4°., est intitulé, *Histoire de l'Irlande, ancienne et moderne*, tirée des monumens les plus authentiques; et l'ouvrage est divisé en trois parties : la première embrasse les temps qui se sont écoulés depuis l'etablissement des Scoto-Milésiens en Irlande, jusqu'au cinquième siècle; la seconde commence à cette époque, c'est-à-dire, à la naissance du christianisme en Irlande, et finit au douzième siècle; l'auteur appelle cette seconde partie l'Irlande Chrétienne, et la première l'Irlande Païenne; la troisième traite des différentes irruptions que les Anglais ont faites en Irlande, de leurs établissemens dans ce pays, et de tout ce qui s'y est passé jusqu'à notre siècle. Vous trouverez dans la première partie, l'Histoire naturelle de cette île, un Essai critique sur les antiquités des Milésiens; l'Histoire fabuleuse des Gadéliens, la religion et les mœurs des Milésiens, leur gouvernement civil et politique, leurs guerres du dedans et du dehors, les différens noms sous

lesquels cette île a été connue des étrangers
et des naturels du pays ; enfin, ses divisions
générales et particulières, etc. La seconde
présente, outre les détails de l'Histoire profane, les progrès que la religion et les lettres ont faits depuis le cinquième siècle jusqu'au neuvième ; le désordre et la confusion
qui ont régné dans l'Etat et dans l'Eglise,
causés par les incursions des Danois ; la tranquillité rendue à cette île, et l'exercice de la
religion, rétabli après la défaite de ses ennemis ; enfin l'auteur parle dans la troisième,
de la manière dont quelques colonies anglaises s'établirent en Irlande dans le douzième
siècle ; des guerres qu'elles firent aux anciens
habitans, pendant quatre cents ans ; de la
réunion des deux peuples sous la domination
de Jacques VI, roi d'Ecosse et d'Angleterre,
et des révolutions qui, depuis ce temps, sont
arrivées dans cette île. Ce plan est vaste ;
mais M. Ma-Geoghegan n'a rien oublié pour
rassembler des matériaux ; il a puisé dans les
véritables sources, dans les manuscrits, et
n'a négligé aucun des auteurs qui ont pu lui
fournir des observations ou des faits : on est
fâché seulement des digressions continuelles
qui fatiguent tout lecteur qui n'est pas Irlan-

dais. Dès qu'il parle de quelqu'usage déraisonnable, il s'attache à le justifier, par l'exemple des Hébreux, des Egyptiens, des Grecs, des Romains, etc., etc. Il parcourt tout le martyrologe ; et s'il y trouve quelque saint qu'il soupçonne être Irlandais, il donne un précis de sa vie ; celle de Saint Patrice tient elle seule une partie du livre. Il marque l'époque de tous les établissemens des évêchés, des abbayes, des monastères, des prieurés. Il discute longuement l'origine des Ecossais ; et leur enlève une partie des grands hommes qu'ils s'attribuent, et des faits mémorables qu'ils revendiquent. Il paroît aussi trop animé contre les Anglais ; mais son ouvrage est rempli de recherches et d'érudition : le style en est diffus.

§ VII. HISTOIRE D'ALLEMAGNE ET DE HONGRIE.

Ce qu'on appeloit l'Empire, a été pendant long-temps, depuis Charlemagne, le plus grand théâtre de l'Europe. C'est en Allemagne que s'est formée cette religion qui a ôté tant d'Etats à l'église romaine. Ce même pays est devenu le rempart de la chrétienté contre les Ottomans. Il est donc intéressant d'en connoître l'Histoire ; et il faut commencer cette étude par la lecture du Tableau de l'Empire Germanique, dans lequel on traite du gouvernement de l'Allemagne, des électeurs, des princes de l'Empire, et de l'élection de l'empereur, in-12, 1741.

LE PÈRE BARRE.

On se procurera ensuite *l'Histoire générale de l'Allemagne*, par le Père Barre, chanoine régulier de Sainte Geneviève, et chancelier de l'université de Paris, 11 vol. in-4°. « Il falloit (dit Clément dans ses Nou-
» velles Littéraires) avoir une tête de fer
» et un c.ul de plomb, pour soutenir le tra-
» vail immense qu'a dû coûter un si vaste
» projet. Combien croyez-vous seulement
» qu'il ait fallu rechercher, lire, dévorer et
» comparer de dissertations, mémoires,
» compilations et autres pièces poudreuses
» de ce genre ? près de deux mille. Mais nous
» avions besoin d'une pareille entreprise;
» nous n'avions point de bonne Histoire d'Al-
» lemagne : vous savez combien la moins
» mauvaise, celle de Heiss, est imparfaite.
» Celle du Père Barre, qui est en même temps
                              » ecclésiastique,

» ecclésiastique, civile et militaire, finit par
» celle de l'empereur Charles VI, et com-
» mence au septième siècle de la fondation
» de Rome. Ce que j'en ai lu par-ci par-là,
» me donne l'idée d'un homme plus savant
» que judicieux, d'un écrivain médiocre et
» d'un foible peintre. »

VOLTAIRE.

Ce qui manque au Père Barre, on le trouvera quelquefois dans *les Annales de l'Empire*, par Voltaire, en 2 vol. in-12. « Il
» est important, dit cet auteur, pour toutes
» les nations de l'Europe, de s'instruire des
» révolutions de l'Empire. Les Histoires de
» France, d'Angleterre, d'Espagne, de Po-
» logne, se renferment dans leurs bornes.
» L'Empire est un théâtre plus vaste. Ses
» prééminences, ses droits sur Rome et sur
» l'Italie, tant de Rois, tant de souverains
» qu'il a créés, tant de dignités qu'il a confé-
» rées dans d'autres Etats, ses assemblées
» presque continuelles de tant de princes,
» tout cela forme une scène auguste, même
» dans les siècles les moins policés. Mais le
» détail en est immense; » et c'est dans cette
immensité que l'auteur s'est perdu. Son ou-

vrage est très-fautif; et quoiqu'on ait souvent réimprimé tout ce qui est sorti de la plume de Voltaire, on n'a point fait cet honneur à ses Annales.

FEU M. PFEFFEL.

Mais on l'a fait à *l'Abrégé Chronologique de l'Histoire et du Droit Public de l'Allemagne*, par M. Pfeffel; 1754, in-8°.; 1759, in-4°.; 1776, 2 vol. in-4°.; 1777, 2 vol. in-8°. Il n'est personne qui ne sente la supériorité de cet ouvrage sur le précédent. Faits militaires, traités politiques, lois civiles, règlemens ecclésiastiques, édits, déclarations, ordonnances, rien n'est oublié de tout ce qui peut rappeler des époques dans tous les genres, les vraies sources, les divers fondemens du droit public. L'auteur ayant été employé dans les affaires les plus importantes, est un homme consommé dans la connoissance de la matière qu'il a traitée; il n'a l'esprit plein que de son objet; et Voltaire, génie universel, partageoit le sien entre trop de genres.

L'ABBÉ BRENNER.

Les liens qui nous unissoient à la reine de Hongrie, doivent nous rendre chère la connoissance de ce pays : vous la puiserez dans l'Histoire des Révolutions de Hongrie, où l'on donne une idée juste de son légitime gouvernement, in-12, 6 vol., 1739. Cet ouvrage n'est pas supérieurement écrit ; mais il y a de la clarté ; et l'auteur (l'abbé Brenner) vous instruit suffisamment de tous les points importans de son Histoire. Ses réflexions sont judicieuses, mais communes ; et ses héros y sont peints foiblement.

M. DE MONTIGNY.

Les 6 vol. in-12 de *l'Histoire générale d'Allemagne*, par M. de Montigny, publiés en 1772 et en 1779, donnent une idée très-heureuse de ses talens et de son travail : il a du feu, de la vivacité, une grande connoissance de la Germanie, et des temps qui l'ont vu s'élever sur les débris du Capitole ; une précision et une rapidité rare, et surtout l'art d'envisager et de rendre les événemens d'une manière aussi noble qu'intéressante.

MALLET.

Cet habile historien du Danemarck, présente dans son ouvrage sur *la Ligue Hanséatique*, Genève, 1805, in-8°., de beaux et de grands résultats historiques au philosophe et au publiciste : il nous montre la puissance infinie à laquelle peut s'élever un peuple sans agriculture et sans territoire, lorsqu'il a pour lui, ce qui vaut mieux que tous les dons de la nature, le patriotisme avec la liberté. M. Mallet regrettoit cependant de n'avoir pas mis davantage des hommes en scène : il appeloit son livre de la Ligue Hanséatique, une Histoire Anonime; et il disoit que le principal personnage de cette Histoire, son premier héros, étoit la ville de Lubeck.

§ VIII. HISTOIRE DE PRUSSE.

La partie de l'Allemagne, qui forme aujourd'hui le royaume de Prusse, appartenoit autrefois à l'Ordre Teutonique, un de ces ordres militaires et religieux nés des croisades. Le prince Albert de Brandebourg, qui en étoit le grand maître, du temps de Luther, au seizième siècle, conçut, à soixante-neuf ans, le désir de se marier et de se faire une souveraineté héréditaire : il épousa la princesse Dorothée, fille du roi de Danemarck; il se fit luthérien, et il envahit la

Prusse, dont il dépouilla son ordre : il n'en prit pour lui qu'une partie ; il fut obligé d'abandonner l'autre à son oncle Sigismond, roi de Pologne, et de lui faire hommage de la sienne. La partie cédée à la Pologne se nomma *la Prusse Royale*, et la partie restée au prince de Brandebourg, *la Prusse Ducale* : celle-ci est devenue, en 1701, le royaume de Prusse.

FRÉDÉRIC II, ROI DE PRUSSE.

Les Mémoires de Brandebourg, par Frédéric II, roi de Prusse, sont écrits avec cette éloquence, avec cette mâle énergie qui caractérise le génie de Salluste. L'esprit n'y brille point aux dépens de cette simplicité précieuse qu'exige l'histoire ; partout le philosophe gouverne la plume et dicte ; le souvenir n'a fait qu'écrire ; le grand homme est toujours le personnage dominant du tableau. Le style est propre au sujet ; point de déclamations, ni de ces petites réflexions métaphysiques, qui détournent l'attention du lecteur, et le refroidissent ; point de ces portraits faits à plaisir dans le cabinet ; point enfin de ces exhalaisons, si je puis le dire, de causticité, qui dégradent une histoire et en font un libelle. La vérité est toujours la souveraine de l'écrivain ; il ne la perd point de vue ; et le merveilleux n'y laisse jamais échapper son ridicule enthousiasme ; en un mot, c'est un sage qui écrit pour les sages.

LE COMTE DE MIRABEAU.

L'ouvrage du comte de Mirabeau, intitulé, *de la Monarchie Prussienne sous Frédéric-le-Grand*, 4 vol. in-4°. et 8 vol. in-8°., avec atlas in-fol., a excité la plus vive curiosité. Il s'agissoit d'un des véritables titres de gloire d'un des plus grands monarques qui aient jamais régné, du monument éternel de son génie, de *la Monarchie Prussienne*; enfin, Etat du troisième ou quatrième ordre, quand Frédéric monta sur le trône, et qu'on a vu, pendant tout son règne, lutter avec avantage contre les premières puissances de l'Europe. Mirabeau développa la situation de cette monarchie dans tous ses rapports. Son ouvrage est divisé en huit livres : il est terminé par un *résumé* très-philosophique, où l'auteur rassemble, sous un seul point de vue, *les vérités de première importance, et cependant encore disputées, qu'on a voulu démontrer par les faits.*

M. DE SÉGUR.

Dans son Histoire des principaux événemens du règne de Frédéric Guillaume II, roi de Prusse; et Tableau politique de l'Europe, depuis 1786 jusqu'en 1796, contenant un Précis des Révolutions de Brabant, de Hollande, de Pologne et de France, Paris, 1800, 3 vol. in-8°., M. de Ségur l'aîné, ex-ambassadeur, nous a retracé des scènes, dans lesquelles il a joué lui-même, avec honneur, un rôle important. Cet historien a d'abord un grand mérite, et le premier de tous quand on écrit pour le public, celui de se faire lire. Sa marche est rapide, son style est d'une élégance soutenue, et souvent brillant sans affectation : il s'y glisse pourtant de petites incorrections. Ses opinions sont *libérales*, comme on dit depuis quelque temps; nous entendons par-là qu'il est un ami éclairé de la liberté, un partisan des lumières et de la philosophie; un esprit fort supérieur aux préjugés. Les hommes extrêmes des différens partis ne goûteront pas sa morale indulgente; l'homme sage et modéré sera le plus souvent de son avis.

Cependant nous aurions désiré qu'il eût

paru se moins complaire aux tristes récits des événemens de l'an II, et à la peinture du *régime*, dit *de la terreur*. Il n'y a pas un bon Français, pas un homme qui n'en déteste les déplorables excès. Si l'on observe que le devoir d'un historien est de conserver le souvenir des crimes, comme celui des bonnes actions, nous dirons qu'un historien ne doit pas faire des descriptions poétiques au lieu de récits exacts; qu'il ne doit pas, surtout, se plaire à exagérer des faits qui sont l'opprobre de son pays.

L'ouvrage de M. de Ségur a été réimprimé en 1803, avec des corrections.

M. THIÉBAULT.

Des Souvenirs de vingt ans, qui ont pour objet un roi tel que Frédéric II, et pour auteur un homme qui sait voir et une bonne mémoire, doivent être d'une abondance qui peut faire craindre le désordre et la confusion. M. Thiébault a remédié à cet inconvénient, par les divisions qu'il a établies dans des matériaux si riches. Son ouvrage, qui a paru en 1804, et qui a été réimprimé en 1805, avec des corrections et des additions, contient 5 vol. in-8°. le premier présente

sente l'homme dans Frédéric. On suit les premiers développemens de son caractère pendant sa jeunesse, dans ses voyages; on le voit dans ses entretiens ordinaires, dans ses études, ses opinions et ses compositions littéraires, dans sa vie intérieure et domestique; dans le déclin de l'âge, dans les infirmités qui assaillirent sa vieillesse, et enfin dans son lit de mort.

Le second volume a pour objet Frédéric et sa famille : l'auteur fait saisir, par des anecdotes piquantes, les rapports divers de ce prince, avec chacun des membres de cette famille. Frédéric et sa cour, ses ministres, les voyageurs illustres qui visitèrent Berlin pendant le long séjour de notre auteur, et les ambassadeurs et ministres étrangers qui y parurent, remplissent le troisième volume. Le quatrième roule sur deux objets bien importans, le gouvernement civil de Frédéric et son gouvernement militaire; enfin, dans le cinquième, ce roi paroît au milieu de son Académie des sciences et belles-lettres, de ses établissemens d'instruction publique, de ses amis littérateurs et philosophes.

Sous tous ces différens rapports, les anecdotes racontées par M. Thiébault montrent dans Frédéric un caractère de grandeur et de force, mêlé de quelques foiblesses; mais cependant soutenu dans toutes ses parties, et formant, par leur réunion, l'ensemble le plus étonnant qu'ait offert, jusqu'à nos jours, aucun prince et même aucun homme célèbre.

Le style de l'auteur n'est pas toujours pur et correct; on lui reproche aussi d'avoir défiguré beaucoup de noms propres : cela n'empêche pas qu'il ne justifie pleinement le choix que Frédéric avoit fait de lui pour la révision de la plupart de ses compositions littéraires.

§ IX. HISTOIRE D'ITALIE.
DE SAINT-MARC.

L'Italie, le berceau des arts par rapport à nous, a été pendant quelques siècles dans la plus profonde barbarie. Le temps de ténèbres où elle a été plongée, ne laisse pas de fournir des événemens intéressans, qui ont eu leurs historiens. Vous pourrez prendre une idée de l'histoire de ce temps-là dans *l'Abrégé chronologique de l'Histoire générale d'Italie*, depuis la chute de l'Empire Romain en Occident, c'est-à-dire, depuis l'an 476 de l'ère chrétienne, jusqu'au traité d'Aix-la-Chapelle en 1748, par le Fevre de Saint-Marc, de l'Académie de la Rochelle, en six volumes in-8°. : le dernier a été publié par le Fevre de Beauvray, qui a mis en tête l'éloge de son prédécesseur.

Le titre d'Abrégé chronologique, le plan général de l'ouvrage, et sa distribution par colonnes, sont empruntés du livre du président Hénault, sur lequel on a modelé tant d'autres Abrégés d'Histoires: Mais l'auteur, traitant un sujet neuf, embrasse un champ bien plus vaste, et donne plus de liaison aux matières, plus de développemens et plus de détails. Son dessein étant de faire entrer dans son Histoire d'Italie, celle de 1242 ans, ce fonds, déjà si considérable, semble s'accroître encore à mesure que l'on avance, à cause d'une multitude d'Etats, qui, depuis la chute de l'Empire Romain, s'élèvent et tombent successivement dans cette partie de l'Europe : aussi l'auteur n'a eu le temps de parcourir, avant sa mort, qu'environ la moitié de la carrière dans laquelle il étoit entré ; et l'on est fâché qu'un si bon ouvrage, exécuté par un écrivain si laborieux, n'ait pas été fini par lui-même.

SIGONIUS ET MURATORI.

Les sources où de Saint-Marc a principalement puisé, sont l'Histoire du Royaume d'Italie, par Sigonius, et les Annales d'Italie, par Muratori ; compilation immense, où brillent également le savoir et la critique. Il auroit eu, pour les temps postérieurs, des historiens contemporains qu'il est bon de faire connoître.

JOVE.

Paul Jove, évêque de Nocera, et conseiller de Côme, duc de Florence, donna au public l'Histoire de son temps, dans laquelle il a fait entrer pour beaucoup celle d'Italie. Cette Histoire seroit plus utile, si son auteur étoit moins passionné. La variété et l'abondance des matières y jettent un grand agrément. La scène est tour à tour en Europe, en Asie, en Afrique. Les principaux événemens de cinquante années, décrits avec beaucoup d'ordre et de clarté, et réunis par une liaison naturelle, forment un corps d'histoire qui seroit fort agréable, si la fidélité de l'historien égaloit la beauté de son génie. La haine et la flatterie conduisent sa plume ;

il fait paroître trop d'attachement pour sa nation et pour la maison de Médicis. Pensionnaire de Charles-Quint, il ne parle de ce prince qu'avec la plus basse adulation. Ce lâche écrivain ne faisoit pas difficulté d'avouer qu'il avoit une plume d'or et une de fer, pour traiter les princes selon les faveurs qu'il en recevoit. Paul Jove, dit Bodin, n'a pas voulu dire la vérité lorsqu'il a pu, quand il raconte ce qui s'est passé en Italie; et il n'a pu la dire lorsqu'il l'a voulu, quand il écrit les affaires étrangères. Cet historien mercenaire mourut à Florence, en 1552, dans la soixante-neuvième année de son âge.

L'ARÉTIN.

L'Arétin peut être mis à côté de Paul Jove par la vénalité de sa plume. Tous les princes de l'Europe, selon l'abbé Lenglet, « lui donnoient des pensions, non pas pour
» faire leur éloge, mais pour ne point
» parler d'eux; tant on étoit persuadé que
» ses satires n'épargnoient que ceux qui
» lui étoient inconnus. L'Arétin lui-même
» a soin de nous dire que quand il donne
» des louanges, il étoit bien payé pour le
» faire; et qu'il falloit, pour l'obliger à par-

» ler, que la récompense fût grande, puis-
» qu'on lui en donnoit déjà beaucoup pour
» garder le silence. »

M. TARGE.

De toutes les contrées de l'Europe, l'Italie est, sans contredit, une de celles qui offrent le champ le plus fertile pour l'histoire, parce qu'il en est peu qui aient été le théâtre d'autant de révolutions : cependant le travail de nos écrivains s'étoit borné à des abrégés ; la plupart assez informes, sur quelques-uns des Etats formés, dans cette région, des débris de l'Empire Romain; et jusqu'à de Saint-Marc, personne n'avoit encore entrepris de traiter en général une Histoire aussi intéressante. Cet auteur, marchant sur les traces de l'infatigable Muratori, a défriché le terrain; et son Abrégé chronologique présente un amas précieux de richesses : mais comme la forme même de son ouvrage ne le rend propre qu'à un petit nombre de lecteurs, on désiroit encore une Histoire générale, suivie et détaillée, de cette belle partie de l'Europe. M. Targe, en l'entreprenant (1774, 4 vol. in-12), s'est proposé de donner le pendant de l'Histoire du Bas-

Empire, par le Beau : il marche souvent de front avec ce célèbre académicien; et c'est particulièrement dans l'Histoire du règne des Ostrogoths en Italie, qu'il a été obligé de rapporter des événemens qui se trouvent aussi dans le Beau ; mais M. Targe entre dans des détails plus circonstanciés, surtout lorsqu'il parle des exarques de Ravenne, du gouvernement des rois Lombards, de l'origine et des progrès de la puissance temporelle des papes, de leurs fréquentes disputes avec les empereurs, de l'établissement de plusieurs souverainetés particulières; objets qui n'entroient qu'accidentellement dans le plan de l'historien du Bas-Empire. Ces deux ouvrages, au reste, deviennent totalement différens, et n'ont plus rien de commun dès qu'on arrive à l'époque de la puissance de Charlemagne en Italie.

M. Targe auroit dû resserrer davantage sa narration, et la semer avec moins de profusion, de harangues et de discours qui sont d'un intérêt médiocre, et qui ne font que retarder la marche du récit historique : son livre d'ailleurs est fait avec soin; il suppose un grand nombre de connoissances, qui me paroissent assez bien digérées.

GUICHARDIN.

Guichardin a écrit les Guerres d'Italie d'un style fort élevé, fort pur et fort naturel; c'est dommage qu'il soit si passionné contre la France. Cette Histoire a été traduite en français par Favre, et revue par Georgeon, 1738, 3 vol. in-4°. Les éditions multipliées de *l'Histoire d'Italie* par Guichardin, n'empêchent pas que la dernière, donnée en quatre volumes in-4°., en 1775 et 1776, ne doive être regardée comme la première et la seule conforme au manuscrit autographe. « J'ai publié cette Histoire, dit le libraire dans un avertissement, sur le manuscrit revu et corrigé par l'auteur, et qui est conservé dans la Bibliothèque de Magliabecchi, à Florence : le sénateur Ange Guichardin l'avoit sous ses yeux, lorsqu'il publia la première édition; mais les circonstances du temps et les vues politiques du gouvernement de Florence, ne permirent pas que cette Histoire fût imprimée telle que Guichardin l'avoit écrite. Messire Barthelemi Concini, secrétaire du grand duc Côme I, avoit pris un soin particulier de la mutiler; il la rendit en effet si différente du texte original,

ginal, qu'on peut assurer que cette histoire paroît pour la première fois après deux siècles. »

On trouve dans cet ouvrage une notice intéressante de la vie de l'auteur, son portrait, des sommaires, des tables et des notes qui rendent cette édition aussi commode, qu'elle est précieuse par l'épurement et la totalité du texte.

M. DENINA.

M. Denina, ancien professeur à Turin, publia, en 1769, dans cette ville, *l'Histoire des Révolutions d'Italie*, en 3 vol. in-4°., que M. l'abbé Jardin a traduits en français en 8 vol. in-12, 1770-1778. Ce titre de Révolutions n'exprime ici que la rapidité avec laquelle l'historien fait passer sous les yeux de son lecteur, tout ce qui peut l'intéresser. Les historiens des Révolutions d'Angleterre, d'Espagne, de Portugal, n'avoient à décrire que les vicissitudes du trône arrivées dans le même royaume. Quelque multipliés que soient ces événemens, l'ordre naturel des faits sert toujours de fil à celui qui les raconte; et l'utilité du sujet simplifie son plan et sa marche : rien de semblable dans les révolutions d'Italie.

Lorsque des débris du second Empire d'Occident, il se fut formé différens Etats dans cette contrée, les révolutions du royaume de Naples n'eurent aucun rapport avec le gouvernement de Venise : les discordes des Florentins et des Siénois, les révoltes des barons de la Romagne et de la Marche, ne produisoient pas la moindre secousse dans les Etats de Milan, de Montferrat et du Piémont; les Viscontis, les marquis de Montferrat, les comtes et les ducs de Savoie, y régnoient paisiblement, tandis que les factions populaires embrasoient la Toscane, et que le pape, fugitif dans ses propres Etats, n'y étoit en sûreté nulle part. Ce coup d'œil suffit pour faire sentir que M. Denina a dû choisir une marche toute différente de celle des Historiens que nous venons de citer. Son ouvrage est écrit d'un style vif, concis, animé; et le traducteur a cru, avec raison, devoir quelquefois sacrifier l'élégance de sa langue, pour mieux se rapprocher des termes variés et énergiques, employés par l'écrivain original; cependant le style des premiers volumes a paru plus sage et plus grave que celui des derniers.

MM. JUBÉ ET SERVAN.

L'Histoire des Guerres des Gaulois et des Français en Italie, par MM. Jubé et Servan, Paris, 1806, 7 vol. in-8°. et atlas in-fol., offre un grand intérêt ; car non-seulement elle embrasse une longue suite de siècles, mais on y trouve des observations très-judicieuses sur la conduite des affaires militaires, sur leur résultat et sur leur influence parmi les peuples vainqueurs ou vaincus.

Des vingt-quatre livres dont cette Histoire est composée, les six premiers sont le travail de M. Jubé : il y rapporte les guerres entreprises et soutenues depuis l'irruption de Bellovèse, chef des Gaulois, en Italie, jusqu'à la mort de Louis XII, arrivée le 1er. Janvier 1515. La manière dont l'auteur a disposé et rédigé son sujet, prouve un grand talent et une plume exercée.

Quant à M. Servan, qui ne connoît pas ses qualités brillantes, soit comme écrivain militaire, soit comme homme d'état. Son travail commence au règne de François Ier., et finit à la paix d'Amiens en 1802. Nos deux auteurs ont recueilli et fondu avec ordre et clarté, soit dans le texte, soit dans les notes savantes qui l'accompagnent, une foule de détails épars dans les écrivains de chaque siècle.

BEMBE.

Venons aux différens Etats qui divisent l'Italie, et commençons par Venise. Pierre Bembe donna l'Histoire de cette république, en douze livres : il y marque plus d'amour pour sa patrie que pour la vérité. Il se forma pour le style sur Cicéron : il ne pouvoit se proposer un meilleur modèle ; mais une imitation trop servile rétrécit l'esprit, et rend moins attentif au choix des faits historiques, qu'à la manière de les raconter.

DE LA HOUSSAYE.

L'Histoire du Gouvernement de Venise, par Amelot de la Houssaye, in-12, trois volumes, 1740, est écrite avec plus d'énergie et de liberté, mais sans élégance et presque sans exactitude.

L'ABBÉ LAUGIER.

On ne lit plus Amelot, après *l'Histoire de la République de Venise*, depuis sa fondation jusqu'à présent, par l'abbé Laugier, en douze volumes in-12. Les faits y sont bien circonstanciés et bien liés ensemble, et il y règne beaucoup de feu et d'esprit ; mais ses expressions ne sont pas toujours justes et propres : ce défaut est pourtant rare chez lui ; et en général son livre est bien fait et intéressant. On peut dire néanmoins qu'il n'offre pas partout des traits également importans : une infinité de petites guerres entreprises contre de petits États, entraîne nécessairement une foule de légers détails. Mais l'auteur a eu soin d'y répandre tout l'intérêt dont ces matières sont susceptibles ; et quelqu'indifférentes qu'elles nous paroissent, elles se font lire avec une sorte de curiosité et de satisfaction : ce n'est pas qu'il donne ni dans la satire ni dans l'épigramme ; son ouvrage n'est ni un recueil de bons mots, ni un libelle : on pourroit peut-être lui reprocher le défaut contraire, je veux dire, un certain penchant à la louange, et surtout une sorte d'affectation de justifier certains points du gouvernement vénitien, qu'un lecteur Français ne sauroit approuver.

M. DE BREQUIGNY.

Cet académicien, auquel on attribue *l'Histoire des Révolutions de Gênes*, en trois vol. in-12, imprimée en 1751, n'y a fait entrer aucun des ornemens dont l'histoire est susceptible : ses descriptions sont froides, ses tours uniformes, ses caractères croqués, ses expressions sans force, sans hardiesse, sans éclat. Quelquefois il fait paroître ses héros sur la scène, sans les faire connoître, sans qu'on s'aperçoive pourquoi ni comment ils disparoissent. Tout le mérite consiste dans la narration qui est simple, unie et coulante; mais l'imagination de l'auteur, trop froide pour le genre d'écrire dont il s'agit, laisse celle du lecteur dans un triste repos qui ralentit sa curiosité.

Peut-être que ce qui rend la lecture de ce livre peu intéressante, ce sont les événemens peu considérables qui y sont rapportés. Rien de plus ingrat pour un historien, que les premiers siècles de la république de Gênes : ils ne fournissent que des faits très-peu importans, et dénués de circonstances qui donnent jeu à l'imagination ; ce sont d'ailleurs toujours les mêmes : comment éviter la monotonie dans une si grande uniformité ? On s'aperçoit que quand la matière devient plus curieuse, l'auteur s'applique davantage à la mettre en œuvre ; c'est ce qu'on remarque surtout dans le troisième tome, qui n'est proprement que l'histoire de la dernière révolte des Corses, et dans la partie du second, qui renferme la conjuration du comte de Fiesque.

On ne trouve dans cette production, ni la partialité dont pouvoit être susceptible un Français en écrivant des événemens auxquels nos rois ont eu tant de part, ni ces conjectures hasardées, où un historien peint moins la politique de ceux dont il rapporte les actions, que celle qui le feroit agir lui-même dans de semblables circonstances.

M. L'ABBÉ GERMANES.

L'auteur d'une *Histoire des Révolutions de Corse*, 1771, deux vol. in-12, M. l'abbé Germanes, paroît n'avoir négligé aucune des sources où il a pu s'instruire de la vérité des faits, de ceux surtout qui concernent les dernières révolutions de l'île dont il décrit l'histoire. Il cite dans sa préface presque tous les généraux Français qui ont successivement commandé en Corse, et qui ont bien voulu lui faire part de leurs lumières, de leurs observations, de leurs journaux et de leurs mémoires.

M. DE POMMEREUIL.

Histoire de l'Ile de Corse par cet habile administrateur, Berne, Société Typographique, 1779, deux vol. in-8°., fut attribuée dans le temps à l'abbé Raynal. Ce mot suffit à son éloge.

MACHIAVEL.

Florence a eu pour historien le fameux Machiavel; on lui reproche d'aimer trop à faire des réflexions politiques. « Ses réflexions, » dit le Père Rapin, sont d'ailleurs trop » fines et trop étudiées; elles ont plus d'é-» clat que de solidité; elles approchent » moins du raisonnement d'un sage politi-» que, que du style d'un déclamateur. » Il est vrai que ce défaut est en quelque sorte couvert par l'exactitude, qualité qui caractérise Machiavel dans son histoire, et qu'il n'a pas dans ses autres ouvrages; où l'esprit l'emporte sur le jugement.

Nous avons plusieurs traductions françaises de l'histoire de Florence; la plus récente et la plus estimée, est celle que je trouve dans la nouvelle traduction des Œuvres de Machiavel, par MM. Guiraudet et Hochet, Paris, 1799, neuf vol. in-8°.

WILLIAM

WILILAM ROSCOE.

La Vie de Laurent de Médicis, surnommé *le Magnifique*, très-bien traduite de l'anglais de W. Roscoe, par M. Fr. Thurot, Paris, 1800, deux vol. in-8°., est un de ces ouvrages d'un mérite solide, dont le nombre paroît diminuer à mesure que s'accroît celui des futilités littéraires ; une de ces rares productions, fruit d'un long travail, de recherches immenses et pénibles, disposées par le goût, rédigées par le talent ; l'auteur l'a principalement destinée à peindre, sous le rapport de la littérature et des arts, le XVème. et le XVIème. siècles. Il a parfaitement rempli son but, et nul autre ouvrage connu n'en contient dans aussi peu d'espace un tableau si universel et si vrai.

DE BURIGNY ET D'EGLI.

Le royaume de Naples et de Sicile a produit des événemens si variés et si singuliers, que quelques-uns de nos historiens Français auroient bien dû nous en donner une histoire générale ; c'est ce qu'ont exécuté en partie de Burigny dans son *Histoire générale de Sicile*, 1745, deux volumes in-4°., ouvrage soigné et exact; et d'Egli dans son *Histoire des Rois des Deux-Siciles*, *de la Maison de France*, en quatre volumes in-12, 1741. Ce livre manquoit à notre littérature : on y voit trois Maisons d'Anjou, dont l'une a possédé le royaume de Naples ; l'autre a eu des droits sur ce trône, et la troisième y est assise aujourd'hui. Ce ne sont pas seulement ici des vies particulières de ces princes, mais une histoire suivie du royaume de Naples, qui renferme ce qu'il y a de plus important depuis la fondation de cette monarchie jusqu'à présent. Le grand nombre de citations qu'on lit aux marges, est un témoignage du travail de l'auteur, et de son attention à compiler soigneusement les faits : il développe, autant qu'il est possible, les causes des révolutions. Les princes, les ministres et les généraux qui entrent sur la scène, sont représentés avec des couleurs simples et naturelles ; l'auteur ne peint pas d'imagination. On ne lui reprochera point non plus une partialité nationale ; on pourroit même le prendre pour un historien étranger, qui n'épargne pas les peuples voisins. Son style pourroit être, quelquefois, plus pur et plus élégant.

GIANNONE.

On n'a pas ce souhait à faire pour *l'Histoire de Naples*, par Giannone, écrite avec autant de pureté que de liberté : elle est divisée en quarante livres, et imprimée à Naples, en quatre vol. in-4°., 1723. On l'a traduite en français dans le même nombre de volumes ; et elle a eu beaucoup de succès.

§ X. HISTOIRE DE SUISSE, DE GENÈVE ET DE SAVOIE.

TSCHARNER ET MALLET.

Le Dictionnaire historique, politique et géographique de la Suisse, par Tscharner, est un des ouvrages de ce genre les mieux faits ; il faut choisir l'édition de Genève, 1788, trois vol. in-8°. L'historien Mallet y a eu une grande part.

LE BARON DE ZURLAUBEN.

L'Histoire militaire des Suisses au service de France, par M. de Zurlauben, 1751, huit vol. in-12, ne comprend pas, à beaucoup près, toute l'Histoire Helvétique. L'ouvrage est plein de faits habilement discutés, de pièces importantes et de recherches curieuses ; mais le style n'ayant pas ces grâces qui plaisent à l'imagination, cet ouvrage a été plus acheté que lu.

D'ALT DE TIEFFENTHAL.

L'Histoire des Helvétiens, aujourd'hui connus sous le nom de Suisses, par le baron de Tieffenthal, en dix vol. in-12, imprimés à Fribourg en 1754, est pleine de recherches savantes ; non-seulement on y trouve l'histoire des Suisses bien approfondie, bien détaillée, mais encore un tableau général et abrégé de l'Europe, depuis l'origine des Helvétiens jusqu'à présent : quelques personnes en avoient fait un reproche à l'auteur, lorsqu'il publia les premiers volumes de cette Histoire ; mais « j'ai toujours résisté à leurs
» raisons, dit-il, parce que je suis charmé
» que l'on trouve dans mon ouvrage tout ce
» qui s'est passé de plus intéressant dans
» l'Europe : le livre en est plus chargé, je
» l'avoue ; mais il n'en est pas moins utile,
» ni moins à rechercher pour ceux qui ai-
» ment à savoir, sans avoir besoin de re-
» courir à tant de bibliothèques. »

On peut encore placer parmi les livres

qui ont été faits sur la Suisse, *l'Histoire des Révolutions de la Haute-Allemagne*, par Philibert, préteur à Landau, contenant les ligues et les guerres de la Suisse, avec une notice sur les lois, les mœurs et les différentes formes du gouvernement de chacun des Etats compris dans le corps Helvétique, deux vol. in-12, 1766. On y voit ce que peut l'esprit d'indépendance sur des hommes accoutumés aux fatigues, à la frugalité, dans un pays ingrat, mais que l'industrie a fécondé, et que la liberté leur rend cher. L'auteur, satisfait d'un fonds rempli d'intérêt, n'a pas songé aux grâces du style.

Un autre ouvrage du même genre, est le *Tableau* historique et politique de la Suisse, où sont décrits sa situation, son état ancien et moderne, sa division en cantons, les diètes et l'union helvétique, traduit de l'anglais, par Besset de la Chapelle, vol. in-12, 1766. Une résidence de huit années dans la Suisse, a procuré à l'auteur des lumières qu'il a rassemblées dans ce livre : c'est proprement un abrégé de l'histoire de ce pays, dont les principaux événemens sont rapprochés et présentés avec clarté.

MM. MULLER ET MALLET.

L'Histoire des Suisses a été entreprise par un homme que l'Allemagne a rangé au premier rang parmi ses écrivains. Jean de Muller réunit la plus inconcevable érudition historique, avec une force et une élévation de pensées, une vigueur, une concision et une harmonie de style qui l'ont fait comparer à Tacite. M. Mallet, soit par modestie, soit à cause de l'amitié qui le lioit à Muller, ne pensoit point à entrer en lutte avec lui ; mais le dernier, après avoir publié son troisième livre à Mayence, en mai 1788, avoit été appelé à Vienne. C'est une opinion généralement répandue en Allemagne, que la Maison d'Autriche ne donne des places aux historiens distingués, que pour les empêcher d'écrire ; on croyoit donc communément que Muller avoit renoncé à son Histoire de la Suisse ; et M. Mallet, après lui avoir écrit pour lui en demander la permission, essaya d'abord de continuer cette histoire, ensuite d'en faire une lui-même, qui se rapprochât plus du goût de la nation dont il empruntoit le langage. En effet, l'Histoire de Muller ne pouvoit avoir en France un succès aussi éclatant que celui qu'elle obtenoit en Allemagne. L'étendue seule de la traduction française inspiroit une espèce d'effroi : car les trois premiers tomes de Muller, qui conduisent l'Histoire de la Suisse jusqu'en 1443, s'étoient gonflés entre les mains des traducteurs, MM. Boileau et Griffet Labaume, de manière à former neuf gros volumes in-8°. Peu de gens avoient en France le courage d'entreprendre une lecture si longue pour n'arriver que jusqu'au milieu du quinzième siècle. M. Mallet, dans sa nouvelle Histoire des Suisses, se conforma au goût de la France ; profitant de l'immense travail de Muller, il abrégea ses trois livres en un seul; il retrancha tout ce qui lui parut moins digne d'intérêt ; il évita, autant qu'il put, la fatigue, et au lecteur et à lui-même; enfin, il publia à Genève, en 1803, 4 volumes in-8°., une Histoire des Suisses, qui embrasse jusqu'à ces derniers temps, et qui a paru suffisamment détaillée à un public difficile à fixer.

Après l'Introduction à l'Histoire du Danemarck, l'Histoire des Suisses est le meilleur ouvrage de M. Mallet, et celui qui a eu le succès le plus général ; c'est encore celui qu'il a écrit avec le plus de chaleur, parceque c'est le premier où il ait choisi librement son sujet.

SPON.

L'Histoire de Genève, par Spon, augmentée de notes et autres pièces servant de preuves, par Gautier, in-4°., deux vol., 1730, fait assez bien connoître les révolutions de cette république ; mais ce livre est plutôt la production d'un savant, que d'un historien qui sait écrire.

Un Anglais, M. George Keate, a fait dans sa langue un Abrégé de l'Histoire de la ville de Genève et de son Gouvernement, qu'un étranger, M. Lorovich, a traduit en français, et accompagné de quelques notes : les détails en sont curieux et précis ; mais on devineroit aisément par le style, que c'est la traduction d'un étranger.

FEU M. BÉRANGER.

Né dans la classe des Génevois, connus sous le nom de *natifs*, qui réclama avec force l'égalité des droits politiques, ce ne fut qu'à leurs pressantes sollicitations que M. Béranger se décida à les appuyer par quelques écrits. Mais quoique la modération et la décence s'y alliassent à la force des raisonnemens; quoiqu'il eût employé tout son ascendant pour contenir l'effervescence des réclamans, un édit du conseil souverain, du 10 février 1770, le comprit dans l'arrêt d'exil auquel il condamna quelques-uns des principaux chefs; mais l'exil de Beranger fut celui du juste; l'intérêt et l'estime de ceux mêmes qui l'avoient prononcé, l'y accompagnèrent. Lausanne lui fournit, pendant quelques années, une retraite paisible; aidé des matériaux qu'il s'étoit préparés avant sa disgrâce, il composa et publia, en 1773, une Histoire de Genève, en 6 vol. in-12, qui est un modèle d'impartialité et de philosophie: la crainte même de rouvrir des plaies encore mal fermées, ne lui permit pas de la conduire jusqu'aux dernières révolutions. Saisissant l'esprit et la manière de Vertot, c'est à exposer les causes et les progrès des agitations de son pays qu'il s'est surtout attaché; c'est le genre d'éloquence, imité de cet auteur, qu'il a prêté aux personnages qui s'y sont le plus distingués; c'est enfin le même intérêt pressant et rapide par lequel il entraîne ses lecteurs.

M. Beranger est mort à Genève en juillet 1807.

Je n'indiquerai qu'un petit nombre de livres sur la Savoie et le Piémont ; je commencerai par la méthode facile pour apprendre l'histoire de Savoie, avec une description historique de cet Etat, in-12, 1697. Cet ouvrage est assez superficiel ; mais tel qu'il est, il peut vous servir.

L'ouvrage intitulé, Etat moral, physique et politique de la Maison de Savoie, Paris, 1791, in-8°., est une censure très-sévère du gouvernement du dernier roi de Sardaigne : on lit dans ce livre des détails fort curieux ; mais le ton que l'auteur prend, avertit les lecteurs de se prémunir d'une sage défiance, et de se souvenir que l'esprit de parti défigure jusqu'à la vérité.

On attribue cet ouvrage à un émigré Français, membre de la ci-devant noblessse.

§ XI. HISTOIRE DU NORD.

M. LACOMBE.

Vous verrez ce que je comprends sous ce titre, en vous donnant celui de *l'Abrégé chronologique de l'Histoire du Nord*, ou des Etats de Danemarck, de Russie, de Suède, de Pologne, de Prusse, de Courlande, etc., avec des remarques particulières sur le génie, les mœurs, les usages de ces nations, sur la nature et les productions de leurs climats, ensemble un Précis historique concernant la Laponie, les Tartares, les Cosaques, les ordres militaires des chevaliers teutoniques et Livoniens; la notice des savans et illustres, des métropolitains et des patriarches de Russie, des archevêchés et duchés de Pologne, des princes contemporains, etc., etc.; par M. Lacombe, avocat, 2 volumes in-8°., 1762.

L'Abrégé de l'Histoire de France du président Hénault, a donné l'idée de cet Abrégé chronologique et de plusieurs autres. L'avantage qu'ont ces sortes d'ouvrages, dit M. Lacombe, est de concentrer les faits avec leurs circonstances; de donner à la narration la rapidité, la précision nécessaires; de n'admettre que l'essentiel, en bannissant ce qui est superflu; en un mot, d'offrir un tableau continuel, où l'œil et l'esprit embrassent facilement l'objet principal et tous les objets accessoires.

Ces Abrégés sont cependant susceptibles de la plus grande érudition : c'est ce qu'a prouvé M. Lacombe dans cet ouvrage, où il a fallu rapprocher laborieusement toutes les branches ; ce qui suppose bien des recherches : aussi l'auteur ne craint-il pas d'avancer que son Histoire du Nord est plus étendue, plus complète, que toutes celles qui ont été écrites, et que c'est la seule qui offre l'ensemble de cette partie de l'Europe. Quant à l'intérêt de l'ouvrage, il résulte et des circonstances actuelles, et de la multiplicité, de l'importance, de la singularité même, et de la variété des événemens.

Cette Histoire est divisée en quatre parties, en sorte qu'on peut lire de suite ce qui concerne une même nation. L'Histoire de Danemarck et celle de Russie, remplissent le premier tome ; le second est composé de l'Histoire de Suède et de celle de Pologne. Ces Histoires particulières partagent presque également les deux volumes. Au commencement de chacune, les objets relatifs à cette branche, sont présentés dans des colonnes, qui forment autant de tableaux séparés. Cet abrégé est agréable par l'art de l'écrivain à répandre quelques fleurs sans affectation, par son talent à esquisser légèrement les traits qui caractérisent les principaux personnages, par son exactitude à saisir tout ce qui peut faire connoître le génie, les mœurs et les usages des peuples, ainsi que les productions et les singularités des divers climats.

M. MALLET.

Le Danemarck a deux Histoires particulières: la première composée par des Roches de Parthenay, 1733, neuf volumes in-12; la seconde par M. Mallet, dans un pareil nombre de volumes et postérieure à la précédente : celle-ci est la plus estimée. L'auteur remonte aux siècles les plus reculés, et répand le jour sur les temps les plus obscurs. Ses recherches sont approfondies et son érudition agréablement ménagée. L'ouvrage est tout à la fois historique, moral et politique ; et dans chacune de ces parties, l'auteur emploie toujours l'esprit propre du genre qu'il traite. S'il retrace des événemens, sa narration est nette, exacte et précise; s'il raisonne sur les faits, il joint la justesse à la sagacité ; s'il décrit les usages, il en recherche et en développe les causes avec esprit ; et ses conjectures ont presque toujours l'air de la vérité. La préface de ce livre mérite spécialement qu'on s'y arrête : c'est un grand tableau, où l'on voit d'un coup d'œil les divers états, par lesquels l'Europe a passé successivement durant la longue suite d'âges qu'embrasse son Histoire, et la part qu'ont eue les peuples du Nord à ces différentes révolutions.

Une seconde partie non moins importante et non moins célèbre de cette préface ou introduction, est la traduction, accompagnée d'un commentaire, des poésies qui pouvoient le mieux peindre la religion et les mœurs des peuples septentrionaux. La plus renommée de ces poésies est l'Edda, ouvrage de Snorro Sturleson, qui fut deux fois juge suprême de l'Islande, au commencement du treizième siècle. Ce poëme, en forme de dialogue, contient la cosmogonie complète des Scandinaves ; on y trouve l'Histoire de la création du monde, de la génération et des conquêtes des Dieux, comme aussi les effrayantes prédictions de la ruine de ce même Univers ; prédictions qui complétoient le système religieux de tous ces peuples.

L'Edda avoit déjà paru en latin à Copenhague, en 1665, in-4°., et plus tard il a été aussi imprimé en Suède ; mais ce livre, qui donne la clef de toute la mythologie du Nord, étoit à peine connu dans le reste de l'Europe, avant la traduction de M. Mallet.

La troisième édition de l'Histoire de Danemarck, parut à Genève en 1788, 9 vol. in-12 ; elle vaut mieux que les précédentes.

M. LEVESQUE.

L'inconvénient inséparable de presque toutes les histoires, se fait surtout sentir dans celle de Russie : ce sont d'épaisses ténèbres qu'il n'est guère possible d'éclaircir ; on ne marche qu'à tâtons, à travers une foule de fables et d'absurdités plus grossières les unes que les autres. Voilà pourtant l'entreprise courageuse qu'a osé concevoir M. Levesque, dans un âge où le travail doit effrayer : son Histoire de Russie est divisée en cinq volumes in-12, 1782. Les plus grands éloges sont donc dus au zèle et à la passion, si on peut le dire, qui a emporté M. Levesque jusque dans ces climats lointains, dont quelques-uns peuvent être appelés le tombeau de la nature. C'est ainsi que les premiers historiens Grecs parcoururent l'Asie, et même l'Afrique, pour étudier par eux-mêmes les usages, les mœurs, les caractères dont ils voulurent tracer le tableau. M. Levesque a mis lui-même à la tête de son ouvrage, les noms d'une foule de souscripteurs Russes ; c'est annoncer qu'il se gardera bien d'être l'interprète de vérités désagréables. Le style de notre historien est noble, sans prétention ; peut-être y désireroit-on plus de chaleur, moins de réflexions, qui sont presque toujours préjudiciables au récit. On a du même auteur une *Histoire des différens peuples soumis à la domination des Russes*, ou *suite de l'Histoire de Russie*, 1783, 2 vol. in-12 : ces deux ouvrages ont été réimprimés en 1800, 8 vol. in-8°., avec une suite jusqu'à la mort de Catherine II.

LECLERC.

Malgré les taches que l'on peut remarquer dans l'Histoire physique, morale, civile et politique de la Russie ancienne et moderne, par Leclerc, Paris, 1783-1785, 6 vol. in-4°.; malgré les longueurs, les digressions inutiles, et l'emploi trop fréquent des réflexions

réflexions et des parallèles, cette Histoire n'en est pas moins un monument très-précieux, recommandable par les recherches les plus profondes et l'exactitude la plus scrupuleuse. Pour qui veut s'instruire à fond du gouvernement, des mœurs et des révolutions de ce vaste empire, le livre de M. Leclerc est le plus utile qu'on puisse se procurer : plus étendu et plus instructif que celui de M. Levesque, il a encore le mérite d'être beaucoup plus exact. M. Levesque ne se défend pas lui-même de ce reproche; en vain il voudroit prouver que M. Leclerc l'a copié quelquefois; il est beaucoup plus certain que M. Leclerc n'a que trop relevé et démontré ses erreurs.

MASSON.

On a de cet auteur, enlevé depuis peu à la république des lettres, un ouvrage qui a fait sensation, intitulé, *Mémoires Secrets sur la Russie, et particulièrement sur la fin du règne de Catherine II et le commencement de celui de Paul Ier*, 1800-1803, 4 vol. in-8°. : ils contiennent beaucoup de détails intéressans. M. de Fortia de Pilles

les a attaqués avec assez de vivacité dans le volume qui a pour titre, *Examen de trois ouvrages sur la Russie*, 1801, in-12.

M. LACOMBE.

Un peuple sauvage et grossier, sorti tout à coup de la barbarie, par les soins d'un monarque éclairé; les divers changemens que ce peuple avoit éprouvés; les guerres longues et sanglantes qui l'ont divisé au dedans, ou qu'il a soutenues au dehors contre d'autres nations, étonnées de sa nouvelle puissance; voilà ce qu'offre *l'Histoire des Révolutions de l'Empire de Russie*, par M. Lacombe, petit in-8°., 1760.

Toutes les circonstances de la vie du Czar Pierre-le-Grand, y sont peintes avec des traits qui le caractérisent si parfaitement, que l'historien n'est jamais au-dessous de l'idée que toute l'Europe s'étoit formée du génie de ce grand homme; joignez à ce talent particulier, l'élégance et la noblesse du style, le choix et la richesse des expressions : peut-être l'auteur s'élève-t-il trop souvent au-dessus de cette simplicité majestueuse qu'exige le style historique ; mais dans une histoire de révolutions, cette espèce d'emphase vous paroîtra plus excusable. Si les réflexions répandues dans le cours de la narration, sont pour la plupart assez communes, elles ont du moins l'avantage d'y être placées à propos, et de grandes vérités ne peuvent être trop répétées. Quant au fonds même de l'ouvrage, c'est un vaste tableau qui doit nécessairement intéresser par son importance, sa nouveauté, le merveilleux de son sujet, le caractère et le contraste des personnages.

VOLTAIRE.

Les derniers volumes de l'Histoire moderne, ouvrage que je ferai connoître ailleurs, retracent les traits principaux de l'Histoire de Russie. Nous avons sur les derniers temps de ce vaste Empire, *l'Histoire du Czar Pierre premier*, par Voltaire. On s'est plaint que l'auteur avoit employé dans cet ouvrage les principaux faits de son Histoire de Charles XII. On l'accuse d'avoir altéré un peu la vérité par amour pour l'antithèse et le merveilleux. On lui reproche que la plupart de ses anecdotes renferment tout ce qui devoit être banni de ses ouvrages, suivant le système qu'il s'étoit sagement proposé. On trouve très-souvent de petits détails domestiques, qui amusent seulement la curiosité, et des foiblesses qui ne plaisent qu'à la malignité. Il a oublié d'écarter le frivole, de réduire l'exagéré, et de combattre la satire, comme il avoit promis. Son introduction a paru fort sèche; la division par chapitres a déplu, et quelques plaisans ont appelé le czar Pierre, le Roi chapitré. Mais les agrémens que l'imagination de l'auteur répand sur tout ce qu'il traite, ont affoibli la plupart de ces critiques dans l'esprit du plus grand nombre des lecteurs.

RULHIÈRE.

Rulhière se trouvant en Russie en 1762, à la suite du ministre plénipotentiaire Breteuil, fut témoin de la révolution et des crimes qui placèrent Catherine II sur le trône. A son retour il en fit l'histoire, et la lut dans plusieurs sociétés. L'impératrice sut que cet ouvrage existoit; elle essaya plusieurs moyens pour le faire supprimer. L'auteur se trouva placé entre une somme de trente mille francs et la Bastille, et il sut échapper à la séduction de l'une et à la crainte de l'autre. Ne pouvant anéantir cette Histoire, on lui fit de nouvelles offres pour l'engager à en adoucir au moins quelques traits. Il refusa tout, mais promit de ne jamais l'imprimer du vivant de l'impératrice. A la mort de Rulhière, arrivée en 1791, son frère devint l'héritier de ses manuscrits; et fidèle à la promesse de l'auteur, il attendit l'année 1797 pour publier son livre, sous le titre d'*Histoire ou Anecdotes sur la Révolution de Russie en* 1762, in-8°. C'est le récit d'un témoin oculaire, écrit par un homme de beaucoup d'esprit. On l'a réimprimé en 1807, à la suite de l'Histoire de l'Anarchie de Pologne.

M. CASTERA.

M. Castera fit paroître, en 1797, 2 vol. in-8°., une Vie de Catherine II; mais la forme singulière que l'auteur avoit prise, la supposition, peut-être un peu forcée, qu'il ne faisoit que donner des mémoires écrits ou dérobés par un prétendu juif, firent regretter qu'au lieu de ce cadre rétréci, l'auteur n'en eut pas pris un plus grand, plus digne de son talent, celui d'une histoire. M. Castera s'est rendu à ce vœu des critiques éclairés, et il a fait paroître, en 1800, l'Histoire de Catherine II, en trois gros volumes in-8°. Ce n'est plus seulement la Vie privée de Catherine, ni l'Histoire de ses amours, de ses crimes, et de la révolution qui la mit sur le trône ; c'est une Histoire abrégée de la Russie, et un Tableau complet de la statistique de ce vaste Empire ; c'est non-seulement l'Histoire de la Russie pendant le règne de Catherine II, mais c'est presque, pendant le même espace de temps, celle de tout le Nord de l'Europe, sur lequel Catherine a eu tant d'influence. Cette Histoire est, à coup sûr, une des meilleures comme des plus importantes productions littéraires qui aient paru dans ces derniers temps. C'est une véritable et excellente Histoire ; rien n'y ressent la prévention ni la passion ; tout y respire la sincérité, l'impartialité et les nobles sentimens d'une âme libre.

L'ABBÉ DE VERTOT.

La noblesse Suédoise, peu unie entr'elle, et presque indépendante de son souverain, jalouse surtout de la puissance des évêques, et envieuse de leurs richesses ; ces prélats usurpant les droits du prince, profanant souvent la sainteté de leur caractère, parmi la sédition et les armes ; tout le royaume partagé entre ces deux partis, et les Danois profitant de leurs divisions pour les accabler ; le sénat et la noblesse massacrés ; le peuple réduit à une extrême misère ; enfin, cette monarchie ébranlée jusqu'aux fondemens, sans roi, sans sénat, sans généraux et sans armées, prête à devenir une malheureuse province du Danemarck, lorsqu'il paroît un prince fameux par ses exploits, qui, par sa conduite et sa valeur, chasse les Danois de la Suède, et a l'habileté de reprendre peu à peu toute l'autorité que le clergé et la noblesse avoit usurpée ; enfin, un royaume électif qui devient héréditaire ; voilà les grands objets que présentent les deux volumes in-12 de *l'Histoire des Révolutions de Suède*, par l'abbé de Vertot, dont la meilleure édition parut en 1768. On ne sauroit mieux peindre que le fait cet auteur dans cette histoire ; mais on se plaint que ses portraits et ses couleurs tiennent du roman.

CELSIUS.

M. Genet le fils a publié à Paris, en 1777, 2 vol. in-12, une continuation de l'Histoire des Révolutions de Suède de l'abbé de Vertot. C'est l'Histoire d'Eric XIV, roi de Suède, traduite du suédois de M. Olof Celsius, premier pasteur, et président du consistoire métropolitain de la ville de Stockholm : l'auteur de cette Histoire se pique d'impartialité : il écrit d'après les actes publics, et il les rapporte. Il résulte de ses recherches et de ses travaux, non une apologie d'Eric, mais un tableau fidèle de ses qualités bonnes et mauvaises, et de ses actions dignes, tantôt de louange, et tantôt de blâme.

Eric XIV étoit le fils aîné, et fut le successeur du fameux Gustave Vasa. Son règne fut agité, sa fin fut malheureuse; il fut déposé, enfermé, puis empoisonné.

VOLTAIRE.

Nous n'avons d'excellent sur l'histoire de la Suède, que ce que cet auteur nous a donné sur *l'Histoire de Charles XII* : c'est son chef-d'œuvre dans le genre historique. Cette production est lue et goûtée de tout le monde, dit l'abbé des Fontaines, soit pour les faits qu'elle contient, soit pour la manière agréable dont ils sont racontés. On a reproché à Quinte-Curce d'avoir donné un air de roman à son Histoire d'Alexandre, d'avoir fait plusieurs fautes contre la vérité historique, et contre la géographie. Charles XII a fait des choses si singulières, et a parcouru tant de
vastes

vastes pays ; qu'il ne seroit pas surprenant que la même accusation se renouvelât contre l'historien de ce héros.

M. NORBERG.

L'Histoire du Monarque Suédois a été traitée depuis Voltaire, par M. Norberg, chapelain de ce monarque, qui a fait deux gros volumes in-4°., maussadement écrits. C'est un ouvrage mal digéré, dans lequel on trouve trop de petits faits étrangers à son sujet, et où les grands événemens deviennent petits, tant ils sont mal rapportés. C'est un tissu de rescrits, de déclarations et d'autres pièces, qui se font d'ordinaire au nom des rois quand ils sont en guerre ; elles ne servent jamais à faire connoître le fond des événemens : elles sont inutiles aux militaires et aux politiques, et ennuyeuses pour le lecteur. « Un écrivain peut seulement, dit
» M. de Voltaire, les consulter quelquefois
» dans le besoin pour en tirer quelque lu-
» mière, ainsi qu'un architecte emploie des
» décombres dans un édifice. Norberg n'avoit
» ni lumières, ni esprit, ni connoissance des
» affaires du monde ; et c'est peut-être ce qui
» détermina Charles XII à le choisir pour son

» confesseur. Je ne sais, ajoute-t-il, s'il a fait
» de ce prince un bon chrétien ; mais assu-
» rément il n'en a pas fait un héros ; et Charles
» XII seroit ignoré, s'il n'étoit connu que
» par Norberg. »

D'ALEMBERT.

Charles XII est le héros de la Suède ; mais Christine en est l'héroïne. Nous avons sur cette princesse quatre énormes volumes in-4°., dont un savant Allemand a surchargé la littérature. Si l'auteur de ce livre a eu pour but de faire connoître cette princesse, dit d'Alembert, je doute qu'il y soit parvenu. Je connois plusieurs savans, assez aguerris aux lectures rebutantes, qui n'ont pu soutenir celle de son ouvrage, ni dévorer paisiblement ce fatras d'érudition et de citations, où l'Histoire de Christine se trouve absorbée. C'est un portrait assez mal dessiné, déchiré par lambeaux, et dispersé sous un monceau de décombres. D'Alembert a bien voulu faire un extrait de la production ennuyeuse qu'il censure ; cet extrait fait partie de ses Mélanges de littérature, d'histoire et de philosophie. Ce n'est pas une Histoire de Christine, mais c'est un recueil d'anecdotes piquantes et de réflexions philosophiques sur les principaux traits de sa vie.

M. LACOMBE.

D'Alembert traite cette princesse avec beaucoup de sévérité ; M. Lacombe en parle d'une manière plus favorable dans son *Histoire de Christine, reine de Suède*, 1762, in-12. Cet ouvrage offre un récit suivi et détaillé ; il est bien fait ; et la diction est soignée, exacte, soutenue.

SOLIGNAC.

Nous n'avions encore, dans notre langue, aucune Histoire exacte et détaillée d'un royaume, qui, par son étendue immense, par la singularité de sa police, par ses anciennes et nouvelles liaisons avec la France, par la gloire d'être l'un des plus fermes boulevarts de la chrétienté contre la puissance ottomane, méritoit bien d'être connu parmi nous. Ce n'est pas que quelques auteurs n'eussent déjà tâché de nous en donner une idée ; mais leurs écrits ne sont que des compilations informes de faits faux ou altérés. Je n'excepte point de ce jugement *les Révolutions de Pologne*, qui parurent en 1735, et que l'abbé des Fontaines voulut bien mettre sous son nom, pour faire plaisir à l'auteur médiocre qui les avoit composées à la hâte. Il ne suffisoit pas de compiler et de présenter sans art une longue suite d'événemens ; il falloit détailler les actions d'un peuple célèbre, développer ses vues et ses desseins, marquer ses vertus et ses vices, apprécier les qualités de ses chefs, remonter jusqu'aux sources du malheur ou de la félicité des humains, fixer l'idée du véritable héroïsme : voilà ce qu'on appelle, à proprement parler, l'âme de l'histoire ; et c'est dans cette partie qu'a singulièrement réussi Solignac, dans son *Histoire générale de Pologne*, en cinq volumes in-12, qui se termine en 1586.

Il existe un sixième volume imprimé en Hollande, et tiré de l'Histoire universelle, traduite de l'anglais.

M. MOUNIER.

Si l'histoire de la Pologne, depuis son origine jusqu'en 1795, époque du partage définitif de ce royaume entre la Russie, la Prusse et l'Autriche, par F. M. M *** (Mounier), 1807, 2 vol. in-8°., n'est pas ce qu'on peut écrire de plus savant et de plus profond sur un pareil sujet, c'est au moins un extrait raisonnable et bien fait de ce qui a été publié de mieux concernant ce pays. L'auteur a fait un choix heureux des événemens les plus propres à inspirer de l'intérêt. En général ses observations sont justes, sa narration naturelle, son style facile et pur : il lui est néanmoins échappé quelques expressions que rejettent les écrivains qui se piquent de goût.

On est bien aise de rencontrer dans cet ouvrage des pièces justificatives, telles que déclarations, manifestes, traités, etc., lesquelles manquent totalement à l'Histoire de Rulhière.

RULHIÈRE.

Le manuscrit sur lequel a été imprimée l'Histoire de l'Anarchie de Pologne et du démembrement de cette république, 1807, 4 vol. in-8°., est celui que possédoient les héritiers de l'auteur. Il est en douze livres ; et n'auroit exigé que peu de soins de qui auroit voulu le publier tel qu'il étoit. Mais quelqu'un qui en étoit dépositaire en 1806, s'y étoit donné beaucoup de peine : il l'avoit couvert d'un si grand nombre de ratures et de corrections, que c'étoit presque, en certaines parties, un autre ouvrage ; c'étoient d'autres opinions ; c'étoit même un autre style : l'éditeur en cite des exemples démonstratifs, et par lesquels on peut juger de l'opération entière.

On avoit commencé d'imprimer l'ouvrage avec des falsifications inouies, quand le Gouvernement, averti de cette frauduleuse entreprise, l'a fait suspendre ; il a réclamé, pour la plus parfaite sincérité de cette édition, les droits incontestables qu'il avoit sur un livre, jadis composé par ordre des ministres, et par un écrivain pensionné pour ce travail.

La notice mise par l'éditeur en tête de l'ouvrage de Rulhière, annonce dans toutes ses parties un esprit qui n'a pas moins de pénétration que de justesse, une plume très-exercée, ou plutôt un excellent écrivain.

L'Histoire présente dans la nature du gouvernement Russe, et dans les développemens de sa politique, les élémens de sa force et de sa puissance, et les progrès de son usurpation ; dans le germe anarchique que renfermoit de tout temps le gouvernement Polonais, et dans l'obstination à tenir à ce vice, ennemi de la liberté, autant qu'à la liberté même, l'élément de ses malheurs et de sa destination.

Du reste, le résultat de sa lecture est le même que celui de l'Histoire de tous les Peuples libres qui ont été dignes de la liberté. Lors même que cette liberté est détruite, c'est toujours à ses défenseurs et à ses martyrs, jamais à ses oppresseurs, que s'attachent l'intérêt et l'admiration.

Rulhière écrit purement ; son style a du nombre et de la force ; et s'il lui manque un certain degré d'élégance et de clarté, il est du moins en général très-français, et l'on n'y trouve en général rien qui blesse ni les règles, ni le génie de la langue : on y trouve néanmoins quelques expressions répréhensibles.

Il est à désirer que la seconde édition de cet ouvrage soit plus correcte que la première.

On pourra joindre à l'ouvrage de Rulhière, le Tableau de la Pologne, par M. Malte-Brun, 1807, in-8°.; on y trouvera, en effet, tout ce qui ne pouvoit pas se trouver dans l'Histoire de l'Anarchie de Pologne, des renseignemens géographiques aussi précis, aussi exacts qu'étendus, et des recherches sur l'ancienne histoire et l'origine des Polonais, que le genre de travail de Rulhière sembloit exclure.

L'ABBÉ COYER.

Des réflexions morales et philosophiques, des traits lumineux et pleins de force, quelquefois un peu hardis ; des vues qui embrassent la religion, la politique, les intérêts des rois, des grands et des peuples ; la guerre et la paix, les arts et les lettres ; la constitution des empires, les principes du gouvernement ; voilà ce qui est mêlé dans *l'Histoire de Jean Sobieski*, par l'abbé Coyer, trois volumes in-12, 1761, avec la narration historique, la rend neuve, agréable, piquante et instructive. Le commerce y tient son rang ; et l'auteur, exercé sur cette importante matière, examine en philosophe, les ressources que les Polonais trouveroient dans un royaume, où le commerce et la culture des terres ne demandent que le zèle et la bonne volonté de ses habitans : ami des sciences et des arts, il s'élève contre la barbarie où la Pologne étoit encore plongée au temps où il écrivoit : ami de l'humanité, il déplore le sort de tant d'hommes ensevelis dans une honteuse servitude, et gémit souvent sur un peuple, le seul dans l'univers, dont la plus grande partie n'étoit composée que d'esclaves. Cette Histoire, véritablement

ritablement intéressante, malgré une multitude de faits qui se ressemblent, est écrite avec toutes les grâces d'un style pur, élégant, vif, animé, concis, mais peu digne quelquefois de la majesté de l'histoire.

Le Héros de la France a fait cesser en Pologne une partie des abus qui ont excité la juste indignation de l'abbé Coyer.

DE GUIGNES.

Un peuple célèbre, qui a établi de puissantes monarchies dans l'Europe, dans l'Asie et dans l'Afrique; qui a eu des empires plus étendus que celui de Rome, des empereurs illustres, des législateurs et des conquérans; qui a contribué à la destruction de l'Empire Romain, ruiné celui des califes, ravagé la France, l'Italie, la Germanie, et tous les pays du nord de l'Europe; un peuple enfin qui a subsisté avec éclat pendant plus de deux mille ans, et dont nous n'avions eu jusqu'ici qu'une connoissance très-confuse : voilà les grands objets que nous présente un ouvrage en 5 vol. in-4°., par le célèbre de Guignes, de l'Académie des Inscriptions et Belles-Lettres, 1756, sous ce titre : *Histoire générale des Huns, des Turcs, des Mogols, et autres Tartares Occidentaux*, avant et depuis J.-C. jusqu'à présent, précédée d'une Introduction contenant des tables chronologiques et historiques des princes qui ont régné dans l'Asie ; ouvrage tiré des livres chinois et des manuscrits orientaux de la Bibliothèque du Roi.

Il est inutile de faire remarquer quelle étonnante érudition suppose une production de cette nature; quelles immenses recherches l'auteur a été obligé de faire pour remonter à l'origine de tant de peuples différens, dont il étoit si difficile de suivre les traces. Il ne seroit pas étonnant qu'il régnât dans cette histoire un peu de confusion ; elle naîtroit du fond même des matières. Quant à la diction, M. de Guignes n'a usé que très-modérément du droit qu'ont les savans, de s'abstenir d'une certaine élégance de style. Il ne manque donc à cet ouvrage, auquel on ne sauroit trop applaudir, qu'un peu plus de style, de goût, de critique et de philosophie. La langue n'y est pas assez respectée; ce défaut, joint à l'assemblage des noms barbares qu'on rencontre à chaque phrase, en rend la lecture très-pénible. Il n'y a pas de femme qui puisse en parcourir deux pages patiemment. On auroit pu souvent substituer les mots d'empereur, de roi, de prince, de général aux noms propres, qu'on auroit renvoyés dans les notes. Un peu plus de goût auroit rendu les tableaux plus serrés et plus frappans, les réponses plus vives et plus piquantes, certaines expressions orientales plus énergiques. Un peu plus de philosophie étoit nécessaire, pour tirer de ces grands événemens quelques réflexions profondes, pour rejeter des fables orientales, pour découvrir des motifs, et pour discuter certains faits importans, sur lesquels on passe trop légèrement. Enfin, la critique me paroît la partie que l'auteur a le plus négligée. Comme d'Herbelot, il a travaillé sur un grand nombre de manuscrits; et comme lui, il est tombé dans des répétitions fréquentes, et quelquefois dans des contradictions. Ce défaut, qui n'est pas même pardonnable dans un dictionnaire, l'est encore moins à un historien, qui doit comparer ensemble les différentes leçons, et en suivre une. Le même fait est rapporté dans plusieurs endroits séparés, et toujours avec des différentes considérations. Le même nom propre est altéré plusieurs fois. Les auteurs Orientaux, attachés aux diverses dynasties qui étoient en guerre les unes avec les autres, favorisent dans leurs écrits les princes auxquels ils sont soumis, et racontent le même événement d'une manière opposée. De Guignes adopte le récit de ces historiens l'un après l'autre, sans considérer qu'ils ne s'accordent point entr'eux. Il falloit balancer leur autorité, et s'en tenir à une narration uniforme. Cette négligence est encore plus sensible dans les endroits, où il a rapproché et fondu les traits qu'ils rapportent, pour caractériser les peuples dont il écrit l'histoire. On est encore fâché de voir celle des grands hommes morcelée en différentes parties. Lorsqu'on commence à s'intéresser aux événemens d'un prince célèbre, son histoire finit; l'on en commence une autre; on revient à la première deux cents pages après; on l'abandonne de nouveau, pour la reprendre dans la suite. Au reste, ces défauts n'empêchent pas que cette collection ne soit excellente pour la masse des faits, et qu'on ne doive la regarder comme une source féconde pour ceux qui voudront connoître ou écrire les révolutions de l'Orient.

§ XII. HISTOIRE DE TURQUIE, DE PERSE, DU MOGOL ET DE LA CHINE.

L'ABBÉ DE MARSY.

Cette partie de l'Histoire est ignorée de la plupart des lecteurs. Elle est pourtant bien plus importante que l'Histoire ancienne; car il est plus intéressant de connoître ceux qui vivent de notre temps, que ceux qui ont vécu deux mille ans avant nous. C'est pour remédier à notre ignorance à cet égard, que l'abbé de Marsy entreprit une Histoire moderne des Chinois, des Japonais, des Indiens, des Persans, des Turcs, des Russiens, etc. L'auteur de cet Ouvrage a suivi la méthode observée par Rollin dans les premières parties de son Histoire ancienne. Parlant des Egyptiens et des Babyloniens, il se borne au choix d'un petit nombre d'événemens mémorables. Les détails purement historiques l'arrêtent peu; des objets plus intéressans attirent son attention. Rassembler sous un seul point de vue, et comme dans un même tableau, ce que l'origine, les accroissemens, les prospérités et les disgrâces d'un peuple offrent de plus curieux ; développer le système de sa politique et de sa religion ; donner une idée de sa puissance et de son industrie ; ajouter à ces différentes notions le portrait de ses mœurs, la description de ses usages, le détail de ses occupations, et l'histoire de sa vie privée ; voilà, d'après Rollin, ce qu'a heureusement exécuté l'auteur de l'Histoire moderne. Il est malheureux que la mort l'ait prévenu, avant que de finir son ouvrage, que M. Richer n'a pas continué avec le même succès. On en a 30 vol. in-12.

L'ABBÉ MIGNOT.

L'Histoire de l'Empire ottoman, par l'abbé Mignot, 1771, 4 vol. in-12, est, sans contredit, la plus exacte et la plus intéressante qu'on nous ait donnée jusqu'ici dans notre langue. Elle présente un tableau fidèle et curieux de tout ce qui s'est passé de mémorable dans l'empire ottoman, depuis sa fondation en 1300, jusqu'en 1740 ; la suite des empereurs, l'origine et les causes de leur puissance, leurs guerres, leurs traités de paix, leur religion, leur commerce ; en un mot, tout ce qui regarde le gouvernement civil, politique, militaire et religieux de ce peuple, y est traité avec beaucoup d'ordre, de choix et de discernement. L'auteur a puisé dans les meilleures sources; son ouvrage est le résultat heureux d'une lecture immense et d'un travail pénible.

WILLIAM ÉTON.

Cet auteur a résidé long-temps à Constantinople, en qualité de consul anglais : son Tableau historique, politique et moderne de l'empire ottoman, qui a été traduit en français par M. Lefèvre, Paris, 1799, 2 vol. in-8°., contient un très-grand nombre de matériaux intéressans. L'impartiale vérité paroît avoir guidé la plume de l'auteur, partout où il n'est pas question de la France et de l'Angleterre. Il est des livres comme des hommes, il faut les connoître avec leurs bonnes qualités et avec leurs défauts; on tire parti des premières, et l'on passe sur les derniers. Il y a dans la traduction des incorrections, même des fautes graves contre la langue.

LE PÈRE DU HALDE.

Nous avons plusieurs ouvrages sur la Chine, et il faut commencer par celui du Père du

Halde, intitulé : Description historique, géographique et physique de l'empire de la Chine et de la Tartarie chinoise, en 4 vol. in-folio, 1735. Quoique ce jésuite ne fût point sorti de Paris, sa description n'en est pas moins exacte, et la meilleure qui ait été faite dans aucune langue du vaste empire de la Chine. L'auteur s'étoit appliqué pendant vingt-quatre ans à confronter toutes les différentes relations de ce vaste empire. Il s'étoit fait un principe de ne rien écrire ; qui ne fût expressément confirmé par le témoignage de plusieurs personnes éclairées, dont les unes étoient de retour en Europe, et les autres étoient à la Chine. Il consulta non-seulement des voyageurs et des négocians, mais des missionnaires d'un esprit solide, qui, ayant passé la plus grande partie de leur vie, soit dans la capitale, soit dans les différentes provinces de cet empire, étoient en état de donner des instructions sûres. Son style, simple et uni, est digne de la majesté de l'histoire.

LE PÈRE JOUVE.

Quoique le livre du Père du Halde contienne un grand nombre de détails curieux et intéressans, on peut dire néanmoins que sur plusieurs points la curiosité n'est pas pleinement satisfaite ; ainsi, on pourra se procurer quelques livres particuliers, tels que l'Histoire de la conquête de la Chine, par les Tartares Manchoux, à laquelle on a joint un accord chronologique des Annales chinoises, avec les époques de l'Histoire ancienne et de l'Histoire sacrée jusqu'à Jésus-Christ, par Vojeu de Brunem, in-12, deux volumes, 1744. Ce Vojeu est le Père Jouve, dont Vojeu est l'anagramme.

Il y avoit dans la bibliothèque des jésuites de Lyon, une Histoire manuscrite de la Chine, composée par le Père Mailla, missionnaire Français, qui avoit vécu quarante-cinq ans à Pékin. Cet ouvrage, qui formeroit quatre ou cinq volumes in-folio, n'est, à proprement parler, qu'une traduction de l'Histoire canonique des Chinois, excepté ce qui regarde les deux dernières dynasties, dont les annales n'ont point encore été publiées authentiquement. Pour suppléer à ce défaut, le Père Mailla avoit recueilli, d'un grand nombre de livres chinois et tartares, tout ce qui lui avoit paru de moins suspect pour les règnes de ces deux races ; et c'est de cette dernière partie du manuscrit, que le Père Jouve a tiré tout le fonds de sa nouvelle Histoire. Il n'a rien ajouté d'essentiel au récit du missionnaire jésuite ; son travail s'est borné à extraire les faits qui ont rapport à la conquête des Manchoux, à les arranger et à les éclaircir par des notes, toutes les fois qu'ils ont paru en avoir besoin. La lecture de ce livre n'attache pas moins par la manière dont il est écrit, que par la multitude des faits intéressans qu'il renferme.

C'est ici le lieu de parler du travail de l'abbé Grosier sur le manuscrit du Père Mailla, dont il est l'éditeur, et dont il a paru treize volumes in-4°., depuis 1777 jusqu'en 1785. La Description générale de la Chine, ou Tableau de l'état actuel de cet Empire, par l'abbé Grosier lui-même, 1785, in-4°., ou 1786, 2 vol. in-8°., doit précéder la lecture de l'Histoire. Si l'on ne se pénétroit en quelque sorte de ce Recueil préliminaire, on se trouveroit à chaque instant arrêté par l'ignorance de la géographie, des usages, des mœurs, des coutumes. L'abbé Grosier ne se donne que comme le rédacteur de cet ouvrage, composé de tout ce qui a paru de mieux jusqu'à présent sur la Chine. Ainsi, il..

a mis à contribution le P. le Comte, le P. du Halde, les Lettres curieuses et édifiantes, les Mémoires des missionnaires de Pékin; mais il faut avouer en même temps qu'il a su fondre, avec beaucoup d'art, tous ces matériaux épars dans des ouvrages volumineux, et qu'il en a formé un tout très-agréable par l'élégante simplicité du style, et très-intéressant par la multitude des objets qui y sont traités; et ce seul ouvrage doit suffire pour tous ceux qui ne veulent pas se jeter dans une érudition hérissée d'une quantité de mots insignifians pour nous, et auxquels même notre prononciation se refuse.

Les Mémoires concernant l'histoire, les sciences, les arts, les mœurs, les usages des Chinois, par les missionnaires de Pékin, et publiés à Paris, par les soins de MM. Batteux et de Bréquigny, depuis 1776 jusqu'en 1789, treize volumes in-4°., sont remplis d'une foule d'observations très-curieuses et très-importantes.

LE PÈRE CHARLEVOIX.

L'Histoire du Japon a été aussi-bien traitée que celle de la Chine; mais vous pouvez vous borner à l'Histoire générale du Japon, contenant les mœurs, caractères et coutumes de ses habitans, leur gouvernement, leur commerce, et les révolutions arrivées dans l'empire et dans la religion, avec l'examen des auteurs qui ont écrit sur le même sujet, par le Père Charlevoix, in-12, 6 vol. Le principal but de l'auteur est la religion, qu'il traite avec beaucoup de sagacité et d'exactitude.

KŒMPFER.

Le Père Charlevoix n'a pas manqué d'insérer dans son Ouvrage tout ce qu'il y a de vrai et d'intéressant dans l'Histoire du Japon, par Kœmpfer. Ainsi, on y trouve tout ce qui peut satisfaire également une curiosité religieuse et profane. Il faut avouer pourtant que ce dernier est cité plus souvent que Charlevoix. Il a été traduit en français en 1729, en 2 volumes in-folio, avec quantité de figures. Kœmpfer voit en savant; il écrit de même. Il est un peu sec, et quelquefois minutieux; mais il est si estimable à tant d'autres égards; il entre dans des détails si curieux; il les rend avec tant d'exactitude et de véracité, qu'il mérite bien qu'on lui pardonne quelques défauts.

L'ABBÉ RAYNAL.

L'Histoire des Etablissemens et du Commerce des Européens dans les deux Indes, par l'abbé Raynal, 6 vol. in-8°. et in-12, 1770, et ensuite dix vol. in-8°. et in-12, 1780, a eu un succès que le temps a confirmé. Il est vrai qu'elle n'a joui que tard de cette brillante réussite. On eut d'abord de bonnes raisons pour ne pas l'exposer publiquement en vente : tous les exemplaires furent vendus à un libraire connu, établi à Amsterdam ; mais celui-ci ne fut pas long-temps à s'apercevoir qu'il s'étoit flatté gratuitement d'un prompt débit ; et ce qui devoit naturellement précipiter cette production philosophique dans un oubli éternel, fut précisément ce qui la fit sortir tout à coup de l'obscurité à laquelle elle paroissoit condamnée. Le gouvernement français flétrit cette Histoire, dont les principes l'alarmèrent ; dès ce moment, le livre fut recherché avec un empressement incroyable ; et le public en épuisa l'édition.

J'ai lu cette Histoire politique, qu'on attribue, avec raison, à divers auteurs. Ces messieurs déclament plus qu'ils ne racontent ; et ce livre est moins une histoire, qu'une compilation hardie et irréligieuse de tout ce qu'ont dit les voyageurs.

ROBERTSON.

Est-il dans les Annales du monde, un objet plus frappant et d'un intérêt plus général, que la découverte de l'Amérique ? Une nouvelle terre, de nouveaux hommes, ce contraste de la nature simple et grossière avec la nature civilisée ; ce combat de l'homme policé contre l'homme sauvage ; la navigation et la géographie perfectionnées ; le commerce agrandi ; ces métaux précieux, jusqu'alors inutiles dans les mines du Mexique et du Pérou, devenus funestes aux ravisseurs, et qui ont corrompu plutôt qu'enrichi l'Europe ; ce fléau terrible qui a infecté les sources les plus pures de la génération, et qui seul peut contrebalancer les avantages que l'ancien Monde a retirés du nouveau : quelles sources abondantes de réflexions profondes et d'observations utiles à l'humanité !

Nous avions déjà plusieurs relations particulières des différentes découvertes des Espagnols dans l'Amérique, la plupart défigurées par l'amour du merveilleux et le fanatisme. M. Robertson, si avantageusement connu par son excellente Histoire de Charles-Quint, a rassemblé, avec une saine critique, ce qui lui a paru le plus digne de foi dans les écrivains qui l'avoient précédé ; il s'est procuré, par ses recherches, de nouvelles lumières sur plusieurs articles ; et son Histoire de l'Amérique, traduite de l'anglais par MM. Suard et Jansen, 1778, 2 vol. in-4°., ou 4 vol. in-12, renferme ce qu'il y a de plus exact et de plus certain sur cet événement mémorable. L'auteur entre en matière par une Dissertation sur la géographie des anciens et sur l'état de leur navigation, qui annonce l'érudition la plus vaste, guidée par un goût sûr et une critique judicieuse. On reconnoît, dans la manière de M. Robertson, cette noble simplicité du style grec qu'on admire dans les antiques ; et son art est d'autant plus parfait qu'il ne se montre point.

M. l'abbé Morellet a publié, en 1798, in-12, la Traduction des livres IX et X de l'Histoire de l'Amérique, par Robertson. Cet ouvrage posthume du célèbre principal de l'université d'Edimbourg, contient *l'Histoire de la Virginie jusqu'à l'année* 1688 ; et celle de la *Nouvelle Angleterre ; jusqu'à l'année* 1652.

HILLIARD D'AUBERTEUIL.

Quel grand et magnifique spectacle déploya aux yeux de l'univers étonné l'Amérique septentrionale, au moment où elle se détacha de la monarchie anglaise, où un peuple nouveau conquit la liberté par ses armes et par ses vertus ! Mais ce qui n'excite pas moins d'intérêt et de curiosité, c'est la formation de ces puissantes colonies, qui ont pris un rang honorable parmi les grands empires ; c'est l'origine des troubles de l'Amérique septentrionale et de son indépendance. M. Hilliard d'Auberteuil, dans ses Essais historiques et politiques sur les Anglo-Américains, 1782, 2 vol. in-4°. et in-8°., a traité d'une manière satisfaisante ces objets importans. Il fait très-bien connoître la constitution et les progrès des colonies ; et dans le tableau rapide qu'il nous retrace, et de leur établissement et de leurs entreprises, on voit les causes de cette révolution qui a changé le système politique de l'Europe. L'auteur mérite d'autant plus de confiance dans son récit, qu'il a étudié et connu sur les lieux, les mœurs et le caractère des Anglo-Américains, qu'il a vu et calculé leur commerce, et, pour ainsi dire,

se

se former leurs nouveaux Etats. Sa narration est, en général, simple, noble et nourrie d'excellentes réflexions. On lui a reproché un peu d'emphase et quelques incorrections de style.

L'ABBÉ DE LONGCHAMPS.

Trois éditions de l'Histoire des événemens militaires et politiques de la dernière guerre dans les quatre parties du Monde, 1787, 3 vol. in-12, par M. de Longchamps, faites dans l'espace de dix-huit mois, prouvent que cette histoire est très-bien faite, et que le public sait toujours rendre justice aux bons ouvrages.

BRISSOT DE WARVILLE et CLAVIÈRE.

Le nouveau Voyage dans les Etats-Unis de l'Amérique septentrionale, par Brissot, Paris, 1791, 3 vol. in-8°., se ressent du temps où il a été écrit. Les déclamations n'y sont pas épargnées. L'auteur a voyagé depuis New-Hampshire jusqu'à la Virginie et une partie du Maryland. On lit avec intérêt ce qu'il dit de Boston et de Philadelphie, de l'esprit et des mœurs des habitans, et ce qu'il rapporte aussi sous la forme épistolaire de

Benezet, Francklin et Ledyard. Le troisième volume contient un ouvrage fait, en 1787, de société avec Clavière, intitulé : *De la France et des États-Unis.*

RAMSAY.

On estime son Histoire de la Révolution d'Amérique, traduite par Lefort, en 1787, 2 vol. in-8°. L'auteur, né en Amérique et membre du congrès, expose, dans un ordre clair, l'origine et les progrès de cette révolution, et raconte les faits avec impartialité.

MM. MORSE ET PICTET-DIODATI.

Les principaux traits de la révolution des États-Unis, et de l'amélioration qui en est résultée, ont été tracés par Morse, célèbre géographe Américain, et recueillis par un savant Génevois, sous le titre de *Tableau de la situation actuelle des États-Unis d'Amérique*, 1795 et 1796, 2 vol. in-8°. Après un précis historique qui rappelle brièvement les principaux événemens de la guerre de l'indépendance, et qui contient aussi la constitution libre, fruit de cette guerre mémorable, l'auteur ou le rédacteur a rassemblé, sous le titre de vue générale, tout ce qui caractérise la position géographique, l'étendue, les productions de tout genre et ensuite le caractère national des colons, celui des peuples indigènes, l'agriculture, la navigation, le commerce, les manufactures, le militaire et les finances. Par cette méthode, on acquiert sur toutes les parties de cette grande et heureuse république, les connoissances les plus exactes; et, ni l'auteur primitif, ni le rédacteur, ne donnant rien à l'enthousiasme, ni à l'esprit de parti, il est peu d'ouvrages qui puissent aussi-bien remplir le but qu'on se propose dans des lectures de ce genre, et qui méritent autant de confiance.

M. JEFFERSON.

Jefferson, né en Virginie, après avoir rempli des postes importans dans sa patrie, fut gouverneur de cette province pendant deux ans, dans le temps où la flotte de Cornwallis ravagea ses côtes. Il continua à y demeurer, lorsqu'il eût embrassé le parti de la confédération américaine, y recueillit ses observations sur la Virginie en 1781, et les fit imprimer en 1782 pour l'usage de ses amis seulement. La traduction qui en fut faite en 1786, par M. Morellet, se trouvant incomplète et différente de l'original en plusieurs endroits, Jefferson en donna une nouvelle édition corrigée en 1789, in-8°., avec des augmentations sur l'étendue, la population, les productions, les lois, la constitution, le commerce, les manufactures, etc., de la Virginie.

On peut regarder comme authentiques toutes les observations de l'auteur, mais on les a trouvées trop courtes.

DE CHENIER LE PÈRE.

L'Histoire des Maures tient trop à celle de l'Europe, pour n'être pas un ouvrage intéressant, et d'autant plus utile pour nous, qu'il peut répandre du jour sur celle des principales îles de la Méditerranée, sur celles de l'Italie, de l'Espagne qu'ils ont possédée, et sur celles de France, où ils ont fait des incursions. M. de Chenier, père de l'infortuné André Chenier et de M. Marie-Joseph Chenier, auteur de Recherches historiques sur les Maures, et de l'Histoire de l'Empire de Maroc, Paris, 1787, 3 vol. in-8°., s'est proposé de suivre les Maures dans les différentes époques de leur origine, de leur élévation et de leur décadence. L'auteur ayant fait un long séjour à Maroc, où il étoit chargé des affaires du roi de France, personne ne pouvoit, mieux que lui, connoître les principes et les ressorts de ce gouvernement, ses variations, les mœurs du peuple ; mais nous regrettons qu'il n'ait pas puisé dans les livres de la nation les faits des siècles passés, qui auroient formé une chaîne plus exacte et plus suivie, et l'auroient dispensé de copier ou d'abréger ce que nous avons déjà en ce genre, et lui auroit fourni les moyens de répandre plus de jour, et même de rétablir beaucoup de noms corrompus dans nos écrivains.

Tout ce qui concerne la géographie de l'empire de Maroc et ses productions, est un morceau d'autant plus curieux, que ces contrées sont peu connues et peu fréquentées des Européens. Ici presque tout est nouveau pour nous, ou du moins plus instructif et plus certain que ce que d'autres auteurs ont écrit sur les Maures.

CHAPITRE II.

HISTOIRE LITTÉRAIRE.

Fixer à des époques certaines la naissance, l'accroissement, la perfection, la décadence et le renouvellement de chaque art et de chaque science; tracer avec netteté les principales actions et les traits les plus marqués du caractère de chaque auteur ou de chaque artiste; tel est le but de l'Histoire littéraire. Ce champ est vaste; il n'a pas manqué de cultivateurs : il y a pourtant quelques parties qui sont encore en friche. Nous connoissons très-peu l'histoire des arts dans la Perse, dans le Mogol, dans les Indes; mais en revanche on a, pour ainsi dire, épuisé ce qui regarde l'Europe.

LE PÈRE NICERON.

Les amateurs des faits littéraires ne peuvent guère se passer des Mémoires pour servir à l'Histoire des Hommes illustres dans la République des Lettres, par le Père Niceron, barnabite. Cet ouvrage est trop volumineux;

et l'auteur n'auroit pas compilé près de cinquante volumes, s'il s'étoit borné aux hommes véritablement illustres. Ses Mémoires auroient été bientôt épuisés. Il le sentoit ; et il a associé aux grands auteurs, des écrivains médiocres et presque inconnus. Ils figurent dans son livre, comme les captifs à la suite des triomphateurs de l'ancienne Rome. Cependant, malgré ce défaut, il faut avouer que les Mémoires du Père Niceron sont curieux : ils renferment les faits importans qui caractérisent le plus un écrivain, avec une liste de ses ouvrages et des éditions qu'on en a faites. L'auteur s'y montre un homme dégagé des préjugés de parti ou de corps ; il rend justice aux protestans comme aux catholiques ; aux jansénistes comme aux molinistes, et dit la vérité avec une liberté judicieuse. S'il n'y a pas de finesse dans ses éloges et dans ses critiques, il y a du moins de la simplicité et du naturel dans son style.

DOM RIVET ET DOM CLEMENCET.

Presque chaque pays a son Histoire littéraire ; mais cette carrière est trop vaste pour la parcourir. Il faut se borner dans ses lectures comme dans ses désirs. On peut d'abord choisir l'Histoire littéraire de la France ; depuis quelques années avant Jésus-Christ jusqu'au douzième siècle, par des bénédictins de la congrégation de Saint-Maur, en douze volumes in-4°., 1733-1763. Ce Recueil a coûté des recherches pénibles, et le style s'en ressent un peu ; mais on est dédommagé du peu d'élégance de la diction, par l'érudition qui règne dans tout l'ouvrage. Peut-être eût-il été à souhaiter, que les savans auteurs n'eussent pas fait entrer dans leur livre, les vies de tant d'écrivains inconnus, qui n'ont produit quelquefois qu'un mandement, ou qu'une lettre moins étendue, que l'article qu'on leur a donné dans l'Histoire littéraire. On veut bien connoître les généraux et les officiers d'une armée ; mais l'on se soucie fort peu d'être instruit du nom et des actions des subalternes, surtout si leurs prouesses sont aussi obscures que leur nom.

L'ABBÉ LAMBERT.

L'Histoire littéraire du règne de Louis XIV, par l'abbé Lambert ; 1751, 3 vol. in-4°., n'est point précisément le tableau de ce que la littérature a fourni de plus utile et de plus agréable sous le règne de Louis XIV ; c'est plutôt

plutôt un recueil d'éloges historiques des gens de lettres, des savans et des artistes du 17ème. siècle, avec un catalogue de leurs ouvrages. Ce titre étoit le seul convenable ; et l'auteur n'auroit pas dû mettre à son livre, un frontispice qui promet plus qu'il ne donne. Il a pourtant un avantage ; c'est de renfermer en un seul corps d'ouvrage, ce qui est dispersé dans plus de cent volumes.

TIRABOSCHI.

Les éloges et les honneurs dont a été comblé Tiraboschi par toutes les académies de l'Europe et par le duc de Modène, sont une preuve évidente du mérite qui distingue son Histoire de la Littérature Italienne moderne, 1787-1794, 16 vol. in-4°.; colléges, bibliothèques, musées, imprimeries, académies, voyages, princes amis des lettres, écrivains, artistes, et en général tout ce qui peut faire bien connoître la littérature italienne : tout a sa place convenable dans cette histoire ; tout y est traité avec une critique, une érudition et une éloquence rares. Le véritable état des lettres et des sciences à leurs diverses époques, est établi, avec beaucoup de clarté, de précision et d'impartialité. M. Landi a publié, en français, un assez bon abrégé de cet ouvrage, Venise, 1786, 5 vol. in-8°.

JUVENEL DE CARLENCAS.

L'Essai sur l'Histoire des Belles-Lettres, des Sciences et des Arts, par de Carlencas, en quatre volumes in-8°., 1751, est une histoire abrégée de l'esprit humain. Le plan que l'auteur s'est formé s'offre naturellement à l'esprit. Examiner, sans aucune exception, chaque science, chaque art en particulier; en donner d'abord une idée juste, claire et précise; fixer à des époques certaines leur origine, leurs progrès, leur perfection, leur décadence, leur renouvellement; les suivre chez tous les peuples qui les ont cultivés, et faire le caractère de tous ceux qui s'y sont distingués, ou par leurs découvertes, ou par leurs écrits; voilà de quelle manière de Carlencas a procédé à l'exécution de son ouvrage; et l'on voit que ce plan répond parfaitement à l'idée que fait naître dans l'esprit des lecteurs, le frontispice de son livre.

Je ne dissimulerai pas cependant, que l'auteur a oublié quelques arts et quelques parties des sciences qu'il détaille. On ne trouve rien, par exemple, sur l'art de la déclamation, sur celui de la danse et de l'escrime. Parmi les différens genres de poésie, il ne dit rien de l'épithalame, ni de la cantate; les détails qu'il s'est permis sur les arts gymnastiques et mécaniques, dans lesquels il n'omet ni l'art de nager, ni celui de lutter, ni la cuisine, ni la boulangerie; son attention à traiter les moindres petites pièces de poésie, comme l'énigme, l'épitaphe, l'acrostiche, etc., font remarquer son oubli à l'égard de quelques autres qui méritoient, du moins par comparaison, d'avoir également place dans son ouvrage. Ce livre est une preuve des connoissances de son auteur; mais il n'est pas propre peut-être à tirer le commun des lecteurs de leur ignorance. Pour qu'il eût produit cet effet, il auroit fallu traiter chaque article plus au long et avec plus de profondeur, connoître tous les bons auteurs sur chaque matière, en porter des jugemens réfléchis, et laisser dans l'oubli une foule d'écrivains qu'on ne peut pas lire. Le style est, en général, pur, net et précis; mais on y désireroit plus de finesse et d'énergie. Ces essais, tels qu'ils sont, doivent être regardés comme un répertoire utile;

mais tels qu'ils pourroient être, ils formeroient un livre excellent, qui manque à notre
littérature.

M. DENINA.

Le Tableau des Révolutions de la Littérature ancienne et moderne, traduit de l'italien de M. Denina, par le Père de Livoy,
1767, in-12, est un précis assez bien fait.
Il y a des vues et du style ; l'auteur indis-
posa Voltaire contre lui, en faisant sentir
qu'il avoit autant contribué à pervertir qu'à
éclairer son siècle.

M. Denina a refondu cet ouvrage, et l'a
publié de nouveau en 1785, sous le titre de
Vicissitudes de la Littérature. Cette nouvelle
édition a été aussi traduite en français en 2
vol. in-8°. M. par Castillon, de Berlin.

GOGUET.

L'Origine des Lois, des Arts et des Sciences chez les anciens Peuples, par feu M. Goguet, conseiller au parlement de Paris, en
trois volumes in-4°., 1758, et en six volumes
in-12, ne laisse rien à désirer sur cet objet ;
mais l'auteur n'a conduit son ouvrage que
jusqu'à Cyrus. S'il avoit continué dans le

même goût l'Histoire des connoissances humaines, nous pourrions nous flatter d'avoir un livre aussi intéressant qu'approfondi. M. Goguet, trop tôt enlevé à la république des lettres, avoit composé un grand Traité sur l'origine et les progrès des lois, des arts et des sciences en France, depuis le commencement de la monarchie jusqu'à nos jours. Sa première production, écrite avec beaucoup d'ordre, de lumières et de goût, avoit prévenu favorablement le public. On ne sauroit trop en recommander la lecture à ceux de nos écrivains, qui traitent superficiellement les matières qui demandent les recherches les plus profondes.

Les éloges qu'on prononce dans les différentes académies, à la mort de chaque académicien, sont de bons matériaux pour l'Histoire littéraire, pourvu qu'on réduise certaines louanges à leur juste valeur. Nous avons fait connoître la plupart de ces éloges dans le chapitre des Orateurs, à l'article des Discours académiques.

M. L'ABBÉ ANDRÈS.

L'ouvrage de M. Andrès, intitulé de *l'Origine, des progrès et de l'état actuel de tous les genres de littérature*, 7 vol. in-4°., écrit en italien, apprécié par les savans de tous les pays, et déjà traduit en espagnol, donne l'histoire la plus complète et en même temps la plus précise des sciences et de la littérature. Aucun auteur n'avoit osé rassembler tant de matières sous un seul point de vue. Le premier volume qui a paru en français, traduit par M. Ortolani, n'a pas eu un succès assez brillant pour faire croire que l'ouvrage sera traduit en entier.

LES ABBÉS D'HÉBRAIL ET DE LA PORTE.

Un livre qui peut servir de guide à quiconque voudra connoître l'état des sciences et de la littérature française pendant le dix-huitième siècle, est la France Littéraire. Cet ouvrage contient la liste des académies établies à Paris et dans les différentes villes de l'ancienne monarchie, et celle des auteurs vivans et des écrivains morts depuis 1751 inclusivement, avec le catalogue de leurs écrits. Les notices qu'on y donne sur les gens de lettres, sont quelquefois inexactes ; mais ce n'est presque jamais la faute du rédacteur : plusieurs auteurs n'ont pas voulu fournir leur article ; de là des omissions et des erreurs.

La France Littéraire, qui n'étoit d'abord qu'une esquisse, est devenu un livre considérable, dont il a paru, en différens temps, diverses éditions : la dernière, en 2 volumes in-8°., est du commencement de 1769. C'est un de ces livres nécessaires, dont ceux qui cultivent les lettres, ou qui les aiment, ne peuvent se passer.

La plupart des gens de lettres ont contribué à la perfection de ces mémoires, en envoyant au rédacteur la liste détaillée de leurs productions et quelquefois de leurs manuscrits. Combien ne seroit-il pas à souhaiter que cette heureuse idée de fixer les noms et les ouvrages, souvent fugitifs, eût été conçue et exécutée depuis la renaissance des lettres ! On auroit du moins le tableau des tentatives faites pour accroître les connoissances humaines ; et les amans de la gloire n'auroient pas perdu le prix de leurs veilles : nous pourrions parcourir les fastes de la république littéraire, non moins intéressans que ceux de l'Histoire politique. Des notices légères et incomplètes nous rendent précieuses les recherches des Lacroix-Dumaine, des Duverdier, des Sorel, etc. On prévient ici le travail des bibliographes; et la littérature moderne sera moins exposée à l'oubli que l'ancienne.

Il a été publié, en 1778 et en 1784, deux volumes, qui peuvent servir de supplément à ceux de 1769 ; mais ils n'ont pas été rédigés avec le même soin.

M. ERSCH.

On accueillit avec intérêt, en 1797, l'ouvrage d'un étranger, qui a voulu dresser le catalogue des ouvrages publiés en France depuis 1770 jusqu'à nos jours; mais il est fâcheux que cet estimable professeur n'ait pas connu les sources où il pouvoit puiser les titres exacts des ouvrages français et des notions certaines sur l'âge, les talens, et le genre d'occupation de nos compatriotes : cela l'eût empêché d'indiquer comme vivans des auteurs morts depuis long-temps ; d'attribuer des ouvrages frivoles à des hommes d'un caractère grave, et de placer sous des noms célèbres, des productions d'auteurs justement ignorés. Ces défauts se font surtout sentir dans les trois premiers volumes de la France Littéraire de M. Ersch ; le quatrième et le cinquième, publiés en 1802 et en 1806, sont beaucoup plus exacts.

M.

M. PALISSOT.

Les Mémoires Littéraires de M. Palissot sont écrits avec une grande pureté de style, et contiennent des jugemens sains sur les auteurs de ces derniers temps, lorsque cet auteur n'a pas été égaré par ses préventions. La dernière édition est de 1803, 2 vol. in-8°.

M. L'ABBÉ SABATIER DE CASTRES.

Peu d'ouvrages ont fait autant de sensation que les Trois Siècles de notre Littérature, dont on a publié plusieurs éditions : la meilleure est de 1781, 4 vol. in-12. Un ouvrage, où l'on entreprend de juger tous les écrivains qu'a produits la France depuis près de trois cents ans, devoit naturellement exciter la curiosité. On a voulu voir si les sentimens de l'auteur se rapportoient à ce que l'on pensoit soi-même : d'ailleurs, la variété que donne à cette nomenclature la multitude des articles dont elle est composée, la forme alphabétique, si favorable à la paresse, qui, dans cette collection, au lieu d'une seule lecture choisie, en trouve mille différentes et détachées; l'agrément de pouvoir prendre, quitter et reprendre ce recueil, avec l'assurance de n'en point perdre le fil, et de rencontrer toujours quelqu'objet nouveau chaque fois qu'on voudra le parcourir ; mais surtout les critiques hardies de M. l'abbé Sabatier ; la balance sévère dans laquelle il pèse les auteurs de nos jours ; son courage à attaquer la philosophie moderne ; voilà à quoi nous devons attribuer la vogue momentanée de cette production. Si l'on en excepte les articles des philosophes, ce livre n'est qu'une compilation ordinaire et souvent fautive. On voudroit y trouver, du moins, une liste exacte et complète de ce qu'a publié chaque écrivain : M. l'abbé Sabatier ne satisfait point à cet égard.

On lui reproche aussi beaucoup d'inexactitude ; puisqu'il s'étoit ouvert une si vaste carrière, il devoit du moins la fournir, et ne pas omettre un très-grand nombre d'écrivains, qu'on cherche inutilement à leur place dans ce répertoire.

M. DESESSARTS.

Les Siècles Littéraires de la France méritent d'être recherchés, pour une multitude d'articles relatifs à des hommes de lettres qui ont honoré le dix-huitième siècle. Il en est plusieurs dont la rédaction est due à des savans d'un mérite généralement reconnu. Cette intéressante collection, publiée de 1800 à 1803, forme aujourd'hui 7 volumes in-8°. L'auteur publiera incessamment un huitième volume, qui contiendra les articles des savans et hommes de lettres que la mort a moissonnés depuis 1803.

L'ABBÉ IRAILH.

Ce n'est pas d'aujourd'hui que la république des lettres est en proie aux divisions, aux intrigues, aux cabales, aux fureurs de parti. L'histoire de ces troubles est en partie celle de la littérature même : rien, d'ailleurs, de plus bizarrement varié, que le tableau de ces guerres intestines ; tantôt, ce sont des espèces de combats singuliers, ou d'homme à homme ; tantôt, c'est un corps ligué contre un autre ; tantôt, c'est ce même corps aux prises avec un seul champion : ici, le poëte comique attaque le philosophe ; là, l'orateur déclame contre un rival ; plus loin, on combat pour des mots, pour des usages de routine, ou pour la forme d'un capuchon : tel est à peu près le fonds des Querelles Littéraires, ou Mémoires pour servir à l'Histoire des Révolutions de la République des Lettres, depuis Homère jusqu'à nos jours, par l'abbé Irailh, 4 vol. in-12, 1761.

Si quelque chose pouvoit guérir les gens de lettres du penchant qu'on suppose qu'ils ont à se déchirer, ce seroit certainement la lecture de ces Mémoires. On y distingue au premier coup d'œil les fruits les plus ordinaires de leurs haines et de leurs divisions, c'est-à-dire, les disgrâces ou le ridicule ; et ce qui n'est pas moins fâcheux, c'est qu'il en résulte une sorte d'avilissement pour les lettres mêmes. D'un autre côté, il arrive quelquefois qu'elles y gagnent, surtout quand ces discussions littéraires ne dégénèrent point en personnalités outrageantes. Ce livre nous offre des exemples de l'une et de l'autre espèce ; il a donc un double objet d'utilité ; il est, d'ailleurs, écrit avec l'élégance et l'intérêt que la matière exige, et avec cette impartialité philosophique, aussi rare que nécessaire dans tout auteur qui fait la fonction d'historien.

§ Ier. HISTOIRE BIBLIOGRA-
PHIQUE, OU HISTOIRE
DES LIVRES.

M. PEIGNOT.

M. Peignot s'est restreint, dans son Dictionnaire raisonné de Bibliologie, 1802 et 1804, 3 vol. in-8°., à l'explication des principaux termes relatifs aux simples notions élémentaires de la science des livres, sans entrer dans les développemens que chaque matière pourroit exiger ; mais, malgré les bornes étroites que l'auteur s'est prescrites, il n'a rien omis d'essentiel. Dans la définition qu'il donne de la bibliologie, il présente un aperçu des principaux objets qui appartiennent à cette science, et qui font l'objet de son Dictionnaire. « La Bibliologie, dit-il, embrassant
» l'universalité des connoissances humaines,
» s'occupe particulièrement de leurs prin-
» cipes élémentaires, de leur origine, de
» leur histoire, de leur division, de leur
» classification, et de tout ce qui a rapport
» à l'art de les peindre aux yeux et d'en con-
» server les signes, soit hiéroglyphiques ou
» épistoliques, soit manuscrits ou imprimés. »

MM. BOULARD ET ACHARD.

Ces deux bibliographes, dont l'un est libraire à Paris, et l'autre bibliothécaire à Marseille, ont cherché à répandre dans toutes les classes de la société, et surtout parmi les jeunes gens, le goût de la science qu'ils cultivent avec succès. On doit au premier un Traité élémentaire de Bibliographie, 1805 et 1806, 2 petits volumes in-8°.; le second fait paroître depuis deux ans, par souscription, un Cours élémentaire de Bibliographie, qui aura trois petits volumes in-8°. L'ouvrage du libraire de Paris est plus à la portée des lecteurs auxquels il est destiné; celui du bibliothécaire de Marseille contient des détails plus approfondis. Il est à regretter que ces deux ouvrages soient défigurés par des inexactitudes et des fautes typographiques.

FEU DEBURE, dit LE JEUNE.

L'auteur de la Bibliographie instructive, Paris, 1763-1768, 7 vol. in-8°., avoit eu d'abord le dessein de ne parler que des livres rares ; mais comme cette classe n'est pas d'une grande étendue, et qu'elle ne remplit pas toutes les divisions d'un système général de bibliographie, il y a fait entrer la plus grande partie et les meilleures éditions des ouvrages ordinaires et généralement estimés. Il copie d'abord exactement le titre du livre; ensuite il donne pour les livres rares une explication bibliographique et la description de ces livres : par la première, il indique leur singularité et le degré de leur rareté; il distingue les éditions primitives ou originales, d'avec celles qui ont été mutilées ou contrefaites ; la seconde fait connoître le nombre des feuillets et en spécifie exactement les premiers et les derniers. On voit, par cet exposé du plan de cet ouvrage, qu'il est indispensable à tous ceux qui aiment les livres et qui veulent avoir un guide pour les apprécier. Depuis sa publication, on y a découvert une foule de fautes ou d'inexactitudes, qui doivent le faire lire avec circonspection par les personnes qui se livrent à une étude sérieuse de la bibliographie.

L'auteur est mort en 1770; un de ses parens, M. Debure, dit l'Aîné, a indiqué, dans plusieurs catalogues estimés, une partie des erreurs que contient la Bibliographie instructive.

MM. DUCLOS, CAILLEAU ET BRUNET FILS.

Le Dictionnaire Bibliographique, 1790 et 1802, 4 vol. in-8°., composé d'après la Bibliographie de Debure, et les catalogues des bibliothèques les plus précieuses qui aient été vendues en France depuis plus d'un siècle, a le double avantage d'indiquer les meilleures éditions des bons livres, et d'assigner à chaque article en particulier, le prix qu'il a eu et qu'il peut avoir dans le commerce. Les trois premiers volumes ont été composés par l'abbé Duclos et publiés par le libraire Cailleau; le supplément, donné par M. Brunet fils, n'est ni moins intéressant, ni moins utile que l'ouvrage auquel il fait suite, et l'on aime à y voir indiqués les beaux ouvrages qui ont été publiés, tant en France que chez l'étranger dans ces derniers temps, et principalement les magnifiques éditions sorties des presses des plus célèbres imprimeurs de l'Europe, tels que MM. Didot, Ibarra, Bodoni, etc.

L'ouvrage intitulé, *Dictionnaire portatif de Bibliographie*, par F.-I. Fournier, 1805, in-8°., n'est autre chose que l'ouvrage précédent, abrégé et dénaturé en beaucoup

coup d'endroits. On ne peut louer que la belle exécution typographique du volume de M. Fournier. Il n'eût eu qu'une épaisseur convenable, si cet imprimeur se fût donné la peine de faire au Dictionnaire de MM. Duclos et Brunet, les augmentations dont il étoit susceptible.

M. DE LA SERNA-SANTANDER.

Les écrits de M. la Serna-Santander sont jusqu'à ce moment ceux qui répandent le plus grand jour sur l'Histoire littéraire des premiers temps de l'imprimerie. Son Dictionnaire bibliographique choisi du quinzième siècle, 1805, 1806 et 1807, 3 vol. in-8°., comprend l'état nominatif de toutes les presses mobiles qui ont existé depuis l'invention de l'imprimerie jusques à l'an 1501 de notre ère, de tous les lieux où ces presses furent établies, de tous les imprimeurs qui y exercèrent leur art, et de toutes les productions typographiques connues. Ce travail est rédigé dans l'ordre chronologique le plus rigoureux pour l'histoire des premiers imprimeurs contenus dans le premier volume. L'auteur fait ensuite connoître, par ordre alphabétique des auteurs, les éditions les plus rares de ce même siècle, et les plus recherchées. Cet ouvrage fait époque dans l'Histoire Littéraire, par le grand nombre de difficultés qui y sont aplanies, et par les connoissances qu'il renferme.

M. BARBIER.

Le Dictionnaire des Anonimes et Pseudonymes de M. Barbier, Paris, 1806, 2 vol. in-8°., a été bien accueilli par tous les amateurs de livres. Ce n'a pas été une légère satisfaction pour eux de voir lever le voile dont certains auteurs s'étoient plu à s'entourer. Les faire connoître au public, est plutôt un acte de justice qu'une indiscrétion, si la modestie ou la crainte du blâme les a empêchés de se nommer. Dans la république des lettres, comme dans tout Etat policé, il n'est pas indifférent de connoître les noms des individus et d'en tenir des registres exacts; les droits que des hommes laborieux ont à la reconnoissance publique ne doivent pas être ignorés. Ce sujet, neuf dans notre littérature, et qui en est la partie secrète, a été traité aussi-bien qu'on pouvoit l'attendre de la part du rédacteur du Catalogue des livres de la Bibliothèque du Conseil d'Etat. Les notes que l'auteur a placées à la fin de beaucoup d'articles, tantôt pour appuyer les motifs qu'il avoit d'attribuer, contre l'opinion ordinaire, un ouvrage à un auteur, tantôt pour relever les erreurs des bibliographes, tantôt pour rapporter une anecdote sur un livre ou un auteur, se font remarquer par un style clair et une critique judicieuse. L'ordre alphabétique des titres a été adopté pour donner la facilité de comparer le titre d'un ouvrage anonime que l'on tient entre ses mains, avec le titre semblable que l'on cherche dans le Dictionnaire. Le troisième volume contiendra beaucoup d'articles nouveaux que des amateurs de plusieurs départemens, excités par le piquant de ce genre de recherches, ont eu la complaisance d'envoyer à l'auteur. Des tables, par noms d'auteurs et par ordre de matières, se trouveront à la fin de ce volume. On peut regarder cet ouvrage comme un supplément à nos Dictionnaires historiques, aux bibliographies de Debure et de Duclos; ouvrages où leurs auteurs n'avoient pas pour but principal la recherche des anonimes.

§ II. CATALOGUES DE BIBLIOTHÈQUE.

Depuis près d'un siècle, les catalogues de

livres, rédigés avec intelligence et exactitude, sont devenus des ouvrages dignes de figurer dans la Bibliothèque d'un Homme de Goût ; et, en effet, ils mettent les gens de lettres en état de connoître d'un coup d'œil les meilleurs ouvrages qui existent sur chaque matière et leurs meilleures éditions : ils leur apprennent aussi s'il existe des traductions des auteurs qui ont écrit dans les langues mortes ou vivantes. Le célèbre libraire Martin publia, en 1706, le Catalogue de la bibliothèque de M. Bigot : on le consulte encore aujourd'hui avec fruit. En 1709, le libraire Prosper Marchand fit paroître le Catalogue de la bibliothèque de l'abbé Faultrier ; il la rangea d'après un système différent de celui de Martin, et non moins curieux : celui de Martin est le plus généralement suivi. On estime les Catalogues rédigés par ce libraire, et particulièrement ceux des bibliothèques du comte Hoym et de l'abbé de Rothelin. Son confrère et émule, François Barrois, rédigea, en 1763, le Catalogue de la bibliothèque du médecin Falconet ; c'est un des plus complets et des plus utiles qui existent. On fait aussi le plus grand cas de deux Catalogues de la bibliothèque du duc de la Vallière : le premier, contenant les livres rares et curieux, a été rédigé par MM. Debure et Van Praët, en 1783; il forme trois volumes in-8°; le second contient les ouvrages dont on se sert le plus fréquemment; il a été rédigé par le libraire Nyon l'aîné, en 1788, 6 vol. in-8°. Parmi les Catalogues publiés dans ces derniers temps, on a distingué celui de la bibliothèque de M. de la Serna-Santander, Bruxelles, 1801, 5 vol. in-8°.; et celui de la bibliothèque du Conseil d'Etat, Paris, de l'imprimerie impériale, an XI, 2 vol. in-fol. Qu'on nous permette d'entrer dans quelques détails sur ce dernier ouvrage favorablement accueilli des savans Français et étrangers: on peut dire qu'il présente un choix de très-bons articles dans tous les genres des connoissances humaines, avec beaucoup de recherches sur les écrivains anonimes et pseudonymes; recherches auxquelles le rédacteur a donné plus d'étendue dans le Dictionnaire cité à l'article précédent.

Les embellissemens projetés par Sa M. l'Empereur et Roi dans le palais des Tuileries, ont nécessité, en 1805, la démolition du local où étoit placée la bibliothèque du Conseil d'Etat; mais, au mois de septembre 1807,

Sa Majesté donna des ordres pour que cette bibliothèque fût transportée à Fontainebleau, dans un local arrangé exprès pour la recevoir. C'est un des plus élégans et des plus commodes qui existent.

Le palais de Fontainebleau rappelle de grands souvenirs dans tous les genres. Le Monarque qui l'affectionne en ce moment, y laissera des traces de son goût pour les arts, et particulièrement de son amour pour les lettres.

Henri IV fit transporter à Paris, en 1595, la bibliothèque que François Ier. avoit établie à Fontainebleau. Par là, il mit les gens de lettres à portée de profiter d'un trésor dont l'éloignement ne leur permettoit pas de jouir.

L'Empereur Napoléon, après avoir enrichi la Bibliothèque Impériale de Paris, des ouvrages et des manuscrits les plus précieux, fruits de ses glorieuses conquêtes, a voulu qu'une bibliothèque nombreuse et choisie servît, dans le palais de Fontainebleau, à l'amusement et à l'instruction des personnes qui composent sa Maison, et des étrangers admis à sa Cour.

CHAPITRE III.
DES DICTIONNAIRES HISTORIQUES.

Pour juger sainement des Dictionnaires historiques, dit l'abbé des Fontaines, il faut examiner si leurs auteurs ont choisi ce qui étoit intéressant, indiqué les véritables sources, et marqué des dates sûres. C'est sur ce principe que je me réglerai, en parlant des différentes collections historico-alphabétiques.

JUIGNÉ.

Le premier qui a donné un ouvrage de ce genre, n'est point Moreri, comme le prétend Voltaire ; nous avions auparavant un Dictionnaire historique français, par un nommé Juigné, en un volume in-4°. de plus de 1200 pages, imprimé à Paris en 1664. Ce livre est peu connu ; il ne mérite pas de l'être davantage : c'est un fatras d'histoire et de mythologie, compilé par un homme sans goût, sans esprit, sans critique. Il y a des minuties puériles, des faits avancés d'après les auteurs les plus crédules, des fables rabbiniques, indignes de toute croyance. Juigné a pourtant joui des honneurs de la réimpression, parce qu'alors on n'avoit rien de mieux ni en français, ni en latin.

MORERI.

On ne fut guère plus riche, lorsque Moreri eut donné son Dictionnaire historique en 1674, in-fol. Ce n'est pas que l'auteur ne se fût donné beaucoup de peine pour compiler tout ce qui pouvoit avoir rapport à son but ; mais il manquoit d'ordre et de critique. Il étoit jeune, et n'avoit eu ni le temps de se former le style, ni celui de peser les faits dans une balance exacte. La seconde édition qu'il avoit préparée, et qui ne parut qu'après sa mort, en deux volumes in-folio, étoit très-supérieure à la première ; mais que de savans ont travaillé depuis à l'augmenter ! Combien n'en a-t-on pas fait d'éditions différentes, depuis la première qui parut à Lyon ; et que la dernière, proposée par souscription en 1758, et publiée en 1759, 10 vol. in-folio, a d'avantages sur toutes les autres ! Les libraires, auteurs de cette entreprise, n'ont épargné ni soins, ni dépenses, pour la rendre supérieure aux précédentes. Le succès que ce Dictionnaire eut dans sa naissance, et qui

ne

ne s'est point démenti jusqu'à présent, est un garant certain que le public en a toujours goûté le plan. Mais, en admirant le projet, et même l'exécution, à bien des égards, on y désiroit des changemens et des additions qui le rendissent de plus en plus digne de tenir un rang honorable parmi les livres nécessaires de nos bibliothèques. En effet, cet ouvrage est de la nature de ceux auxquels le temps apporte des degrés d'amélioration, qu'il ne peut avoir en sortant des mains du premier auteur.

C'est dans cette vue que des savans, d'un mérite distingué, ont travaillé successivement à le corriger, à le perfectionner : il n'y en a pas une seule édition (et on en a donné un très-grand nombre) qui n'ait été dirigée par de très-habiles gens. A ces éditions ont succédé des supplémens, qui ont été favorablement accueillis ; les deux derniers surtout dont on est redevable à l'abbé Goujet.

Il semble que pour porter ce Dictionnaire au degré de perfection dont il étoit susceptible, il suffisoit d'y refondre les derniers supplémens, afin d'épargner à ceux qui le consultent, l'embarras et le désagrément de recourir à différens volumes, pour chercher ce qui doit se trouver dans un seul. C'est effectivement l'unique objet que s'étoit proposé l'homme de lettres qui s'est chargé de cette édition; mais ayant examiné avec soin quelques parties détachées de ce recueil, M. Drouet y a remarqué des défauts essentiels et multipliés, par le rapport que tant d'articles ont les uns avec les autres : ces défectuosités l'ont déterminé à diriger son travail sur un nouveau plan, et à s'imposer une tâche que ses devanciers avoient négligé de remplir. Il a lu exactement le Dictionnaire et ses supplémens : il a comparé les différens articles relatifs à un même objet ; il a vérifié la plupart des époques, a refondu les uns dans les autres les articles répétés, et a indiqué, par des renvois, le nom le plus connu sous lequel il les a placés. Il s'est particulièrement appliqué à mettre dans les différens articles, un ordre, une liaison; et, si l'on peut parler ainsi, une harmonie systématique, qu'on avoit négligée jusqu'alors.

BAYLE.

Cet auteur fameux, ayant dessein de publier un Dictionnaire historique d'un goût nouveau, avoit plusieurs fois montré les dé fauts de celui de Moreri; il donna enfin le sien en 1696, et il eut le plus grand succès. Son but avoit été d'exposer, en peu de mots, les principales circonstances de la vie d'un homme illustre, et les faits curieux, dignes d'exercer la critique, et de les développer ensuite dans d'abondantes remarques mises au bas des pages. Un tel commentaire demandoit de vastes compilations, une lecture universelle, une mémoire heureuse, la connoisssance des hommes et des livres, un bon goût d'érudition, un esprit philosophique, une imagination vive et brillante. Bayle avoit toutes ces qualités; mais, comme le dit Voltaire, il écrivoit CURRENTE CALAMO pour son libraire. Il savoit multiplier les volumes; et au lieu d'un in-folio, il en donna quatre, remplis le plus souvent des contes les plus frivoles, des remarques les plus minutieuses, des saletés les plus révoltantes. Il enfla son énorme recueil de plus de six cents articles de ministres luthériens, de professeurs calvinistes, de commentateurs Allemands, que personne ne connoît, ni ne veut connoître. Cherchez l'article de César, vous trouverez Jean Césarius, professeur à Cologne; et au lieu de Scipion, vous aurez six grandes pages sur Gerard Scioppius.

Un défaut plus essentiel, c'est que la religion est très-peu ménagée dans le Dictionnaire de Bayle. Il n'y a pas peut-être un seul blasphème évident contre le christianisme dans tout son livre ; mais il n'y a pas une seule page, dans les articles des anciens philosophes et des hérétiques, qui ne conduise le lecteur au doute, et souvent à l'incrédulité. Il ne se montre pas ouvertement impie ; mais il fait des impies, en mettant les objections contre nos dogmes dans un jour si éclatant, qu'il n'est pas possible à une foi médiocre de n'être pas ébranlée ; et c'est surtout dans ces articles dangereux qu'il fait briller le plus sa dialectique et le talent de la développer. Il se comparoit au Jupiter assemble-nuages d'Homère. En effet, personne n'a jamais fait élever autant de brouillards autour de la véritable religion.

CHAUFEPIÉ.

Bayle a trouvé un continuateur, quoique cette entreprise eût dû paroître bien téméraire. Chaufepié, ministre à Amsterdam, a donné en 1750, et années suivantes, quatre volumes de Supplément, dont la plus grande partie est traduite de l'anglais. Cet auteur respecte la religion, et il diffère en cela de Bayle ; mais il lui ressemble encore moins par le style ; le sien est lourd, incorrect, et quelquefois embarrassé. Ses articles offrent des recherches curieuses et multipliées ; mais la plupart sont chargés d'inutilités et de matières disparates. Cependant, comme il y a dans cette compilation des choses qui ne se trouvent point ailleurs, il faut l'avoir dans une bibliothèque.

MARCHAND.

On peut y placer encore le Dictionnaire historique, ou Mémoires littéraires et critiques de Prosper Marchand, publié en 1758, in-folio. Cet ouvrage intéresse particulièrement ceux qui sont curieux de détails bibliographiques et de longues discussions sur différens objets de littérature. L'érudition de l'auteur est immense ; mais son style est dur, amer, et ses phrases épuisent la poitrine. C'est une compilation indigeste, qui offre des recherches peu communes sur des objets ignorés par le plus grand nombre des lecteurs : telle qu'elle est, elle peut servir de supplément aux Dictionnaires de Bayle et de Moreri, et donner des éclaircissemens sur plusieurs points importans. Les médailles n'y sont pas oubliées ; et vous serez surpris des erreurs dans lesquelles sont tombés des auteurs de grande réputation. Ce livre, auquel Marchand a travaillé pendant quarante ans, est le résultat de ses vastes lectures et de ses recherches immenses ; et l'on y trouve, en général, une érudition profonde et une critique sensée : un reproche bien fondé qu'on peut faire à cet écrivain, est ce zèle pour le protestantisme, qui lui fait répandre le fiel le plus amer sur tout ce qui ne tient point à cette religion. Il n'est point de lecteur sensé et impartial, qui ne soit indigné de ses violentes et grossières invectives contre les jésuites.

LADVOCAT.

Toutes les grandes collections ont eu des abréviateurs. L'abbé Ladvocat publia, en 1752, un Dictionnaire historique portatif, en deux volumes in-8°., qui eut beaucoup de succès. On sentoit bien que ce livre étoit imparfait, qu'il étoit écrit avec sécheresse, qu'il étoit très-défectueux ; et que l'abréviateur, beaucoup plus familiarisé avec les scholastiques qu'avec les bons écrivains, connoissoit peu la fleur de notre littérature; mais on n'eut pendant dix ans que ce livre, et l'on s'en servoit, tout imparfait qu'il étoit. Leclerc, libraire instruit, en donna une nouvelle édition en 1777, trois vol. in-8°., et il fit paroître un quatrième volume en 1789.

BARRAL.

On crut réparer les imperfections de ce Lexique, en donnant un Dictionnaire historique, littéraire et critique, en 6 gros vol. in-8°., 1759 et 1760. L'auteur, l'abbé Barral, se proposoit de suppléer aux omissions de l'abbé Ladvocat. Il se flattoit, disoit-il, d'avoir évité l'air décharné de l'abréviateur de Moreri; d'avoir corrigé ses infidélités, relevé ses erreurs, repoussé ses calomnies, etc. Mais, comme il étoit du parti opposé à celui que Ladvocat avoit embrassé, il tombe dans des excès de louange et de satire, peu convenables à un livre, dont le premier mérite doit être l'impartialité. L'enthousiasme, l'emportement, l'esprit de parti, rendent l'usage de ce Dictionnaire assez dangereux ou peu sûr.

DOM CHAUDON.

Ce ne sont ni des jansénistes, ni des molinistes qui ont dirigé le nouveau Dictionnaire historique portatif, imprimé à Avignon en 1766, en quatre volumes in-8°., réimprimé à Rouen en 1769, et dont on a donné à Lyon, en 1803, une édition en treize volumes ; c'est un homme de lettres, que sa situation n'ayant pas mis à portée de se laisser prévenir, a tâché de n'avoir d'autre intérêt que celui de la vérité. Son but a été d'exposer, sans flatterie et sans amertume, ce que les écrivains les plus impartiaux ont pensé sur le génie, le caractère et les mœurs des hommes célèbres dans tous les genres. L'auteur a justifié dans plusieurs éditions, l'accueil que le public a fait à son livre, et a mérité de nouveau son suffrage, en corrigeant les dates défectueuses, et les erreurs de nom qui se glissent si facilement dans un ouvrage si long et si varié : on y trouve tous les articles nécessaires, sous un jour lumineux et agréable. Les minuties et les anecdotes qui n'intéressent ni le cœur, ni l'esprit, sont rejetées ; tout ce qui peut faire honneur à l'humanité, donner une haute idée des hommes dignes de ses hommages,

mages, ou inspirer l'horreur pour des monstres dévoués à son exécration, y est exposé avec autant de goût que de discernement. Les jugemens sur les ouvrages de littérature ou sur les actions célèbres ne sont pas toujours dictés par cet esprit de lumière qu'on aimeroit à trouver dans un ouvrage de ce genre. Il reste encore une multitude de fautes à corriger, et il est fâcheux que M. Delandine, qui se donne comme l'éditeur de l'édition en treize volumes, au lieu de diminuer le nombre de ces dernières, l'ait considérablement augmenté.

A la tête de cet ouvrage on a placé une table des principales époques, depuis Adam jusqu'à nos jours; cette table, accompagnée de listes chronologiques pour les différens royaumes, forme un petit abrégé d'Histoire universelle, par le moyen duquel on peut réduire, en cas de besoin, tous les articles épars en un corps historique. On y a renvoyé aussi les noms de tous les princes qui n'ont eu aucun éclat, que celui qu'ils ont emprunté de leur rang, et qui conséquemment méritent peu d'être connus dans un livre, qui n'est que le grand et magnifique tableau des talens et des vertus.

L'ABBÉ DE FELLER.

Cet ex-jésuite, d'un caractère très-violent, s'est emparé du travail de D. Chaudon. Dans les deux éditions du Dictionnaire Historique qu'il a publiées à Liége, l'une en 1781, 6 vol. in-8°., l'autre en 1796, 8 vol., il a remplacé les passages qui faisoient l'éloge de la modération et de l'impartialité de l'auteur primitif, par de violentes déclamations dictées par le fanatisme le plus aveugle : l'ex-jésuite y préconise sans pudeur les principes de l'ultramontanisme le plus outré; et il y a bien lieu de s'étonner que M. l'abbé Boulogne, dans ses prétendus *Mélanges de philosophie et de littérature*, ait conseillé aux ecclésiastiques de choisir ce Dictionnaire de préférence aux autres : ils y apprendront à mépriser les libertés de l'Eglise Gallicane et l'autorité des souverains en matière de religion.

M. DE BONNEGARDE.

Le Dictionnaire historique et critique, ou Recherches sur la vie, le caractère, les mœurs et les opinions de plusieurs hommes célèbres, tirées des Dictionnaires de MM. Bayle et Chauffepié, ouvrage dans lequel on a recueilli les morceaux les plus agréables et les plus utiles de ces deux auteurs, avec un grand nombre d'articles nouveaux et de remarques d'histoire, de critique et de littérature, pour servir de supplément aux différens Dictionnaires historiques, par M. de Bonnegarde, quatre volumes in-8°., à Lyon, en 1771, n'est qu'une compilation faite d'après d'autres compilations, qui peut néanmoins avoir son utilité. L'auteur s'est principalement appliqué à rassembler, dans les notices qu'il donne des hommes illustres, ces mêmes faits, ces traits personnels ou domestiques, qui peignent l'homme et sont souvent plus intéressans pour le cœur humain, que les mémoires d'un général ou d'un ministre. Lorsque M. de Bonnegarde puise dans le Dictionnaire de Bayle, il a soin d'en écarter les réflexions ou les remarques qui tendent à favoriser le déisme ou le pyrrhonisme. Il en a aussi corrigé le style, et lui a peut-être fait perdre un peu de cet air libre, facile et dégagé, qui plaît dans les Essais de Montaigne, et que l'on aime à retrouver dans les écrits du philosophe de Rotterdam. On louera plus volontiers l'auteur, d'avoir supprimé les déclamations que Chauffepié s'est permises contre les catholiques : cette aigreur de parti n'est plus aujourd'hui du goût public. M. de Bonnegarde, pour rendre sa compilation plus utile, a mis à contribution les écrits de plusieurs biographes. Il n'a pas même fait difficulté d'admettre dans son recueil, des bouffons, lorsqu'il a cru que leurs bons mots pourroient plaire à son lecteur.

M. LACOMBE DE PREZEL.

Quoique ce Dictionnaire des portraits historiques, anecdotes et traits remarquables des hommes illustres, 1768, 3 vol. in-8°., ne paroisse qu'un ouvrage de compilation, il a demandé autant de goût que de recherches. Une collection de tableaux faits par les plus habiles mains, et ces tableaux retouchés souvent, et rendus plus ressemblans par les soins et le pinceau de celui qui les a recueillis, n'annoncent pas seulement un compilateur, mais un peintre.

M. LA CROIX.

Son *Dictionnaire des Femmes célèbres*, en deux volumes in-8°., imprimé en 1769, contient la plus grande partie des femmes qui se sont rendues célèbres par leurs actions d'éclat, leurs talens naturels, leur mérite acquis, leurs vertus, leurs vices et leurs passions; il renferme plus de trois mille articles, plus ou moins étendus, selon l'intérêt dont ils étoient susceptibles : ce n'est pas proprement les vices de ces femmes qu'on donne dans cet ouvrage, ce sont plutôt des anecdotes, dont la plupart sont intéressantes.

La méthode du même auteur, dans son *Dictionnaire des Siéges et Batailles mémorables* de l'histoire ancienne et moderne, trois volumes in-8°., qui ont paru en 1770, est d'extraire, sans citer les sources où il a puisé; ce qui ôte à sa compilation un degré d'utilité bien réel, celui d'être un répertoire sûr pour ceux qui étudient l'histoire. L'auteur d'ailleurs n'ayant le plus souvent consulté que des abrégés, les descriptions de ses batailles ou de ses siéges sont souvent dépouillées de ces détails de tactique, rapportés par les écrivains originaux, et nécessaires aux militaires. Cette compilation néanmoins se fait lire, parce que chaque article présente ordinairement quelques anecdotes ou les traits les plus intéressans de bravoure, de courage, de patriotisme, dont les historiens ont fait mention.

Les officiers trouveront dans cet ouvrage une foule de préceptes et d'exemples, bien propres non-seulement à leur donner les connoissances nécessaires pour y réussir ; mais ils verront dans cette suite de toutes les guerres qui ont eu lieu depuis le commencement du monde, quelle a été la valeur propre de chaque siècle, et les divers degrés par lesquels le grand art de la guerre a successivement passé, pour arriver à ce haut point de perfection où l'ont porté les Turenne, les Condé, les Montécuculli, les Vauban, et tous les grands généraux de l'Europe moderne.

Le Dictionnaire portatif des faits et dits mémorables de l'histoire ancienne et moderne, deux vol. in-8°., est encore un ouvrage de M. la Croix. L'utilité de ce livre se fait assez connoître par son titre. Une très-grande partie de ce que l'Histoire Universelle offre de plus intéressant ; les exploits des héros anciens et modernes, leurs paroles remarquables ; les sentimens des philosophes païens et des sages de la Grèce, leurs bons-mots, leurs maximes et sentences les plus sail-

lantes, telle est la matière de ces deux volumes:
ils sont tout à la fois instructifs et agréables.
Les jeunes gens, accoutumés dans les colléges
à lire de ces sortes de recueils, verront avec
plaisir, dans la première partie de celui-ci,
beaucoup plus de faits et d'événemens anciens, que dans tous les autres; la seconde
partie, qui concerne l'histoire moderne,
mettra sous les yeux autant d'aussi beaux
exemples de vertu, de sagesse, de valeur, etc.,
que leur en aura présenté l'Histoire Grecque
et Romaine ; sans sortir même de leur nation, ils pourront comparer aux Agésilas,
aux Périclès, aux Décius, aux César, d'autres
héros non moins illustres. Nos militaires pourront aussi s'instruire ou du moins s'amuser
par la lecture des ruses, des stratagèmes et
des actions de valeur d'un grand nombre
de guerriers ; mais indépendamment des
faits mémorables, les bons mots, la singularité, les plaisanteries dont ce Dictionnaire
abonde, plairont encore aux lecteurs de tout
âge, de tout sexe, de toute condition.

MADAME BRIQUET.

Ce que plusieurs littérateurs ont fait pour

les écrivains illustres de tous les pays en général, ou de leur patrie en particulier, madame Fortunée Briquet l'a entrepris pour les Françaises qui ont cultivé les lettres avec plus ou moins de succès. Zélée pour la gloire de son sexe, et déjà très-avantageusement connue par des morceaux de poésie, entr'autres, une ode à Denis Lebrun, où l'élévation des idées se trouve unie à une versification pure et facile, elle a affermi sa réputation littéraire par son Dictionnaire historique des femmes Françaises, Paris, 1804, in-8°. Tous les articles ne sont pas et ne peuvent être également intéressans; plusieurs ne sont que des notices d'ouvrages oubliés. Ce n'est pas à l'auteur qu'il faut s'en prendre. Lorsqu'elle rappelle les noms des Dacier, des Lafayette, des Sévigné, des Deshoulières, etc., elle analise avec sagacité leurs productions; elle en porte un jugement qui se rapporte à celui des gens de goût, mais qui n'en est point une copie.

LA CHESNAYE DES BOIS.

On n'a pas encore oublié le Dictionnaire généalogique, héraldique, historique, contenant l'origine et l'état actuel des premières maisons de de France, des maisons souveraines et principales de l'Europe; les noms des provinces, villes, terres, etc., érigées en principautés, duchés, marquisats, comtés, vicomtés et baronnies; les maisons éteintes qui les ont possédées; celles qui, par héritage, alliance, contrat ou donation du souverain, les possèdent aujourd'hui; les familles nobles du royaume, et le nom et les armes seulement de celles dont les généalogies n'ont pas été publiées, par M. la Chesnaye des Bois, Paris, 1757, 1761 et 1765, sept vol. in-8°., et ensuite quinze tomes in-4°.

Si ce livre, dont le plan est expliqué dans le titre, n'est pas aussi exact qu'il devroit être, il est du moins le plus complet, le plus méthodique et le plus commode que nous ayons sur cette matière. L'auteur n'a pas copié toutes les erreurs dont fourmillent les autres ouvrages de ce genre, et en a même plus corrigé qu'il n'en a laissées dans son Dictionnaire : on y en trouve cependant encore une assez grande quantité, pour que je puisse et doive m'abstenir de tout autre éloge.

CHAPITRE IV.

De la Chronologie et de la manière d'écrire l'Histoire.

LE P. PETAU ET L'ABBÉ LENGLET DU FRESNOY.

LE moyen de ne rien savoir en chronologie, ce seroit de lire tout ce qu'on a écrit sur ce sujet si important et si embrouillé, dans les fatras chronologiques qu'on a publiés avant le milieu du dix-septième siècle. Ce fut alors que le P. Petau fit imprimer son *Rationarium Temporum*, dont la meilleure édition est celle de Périzonius, Leyde, 1724, 2 vol. in-8°., et qui a été traduit en français, sous le titre d'Abrégé chronologique de l'Histoire universelle, sacrée et profane, par Moreau de Mautour et Dupin, Paris, 1708 et 1715, 5 vol. in-12. Nous avons eu, au milieu du dix-huitième siècle, les Tablettes chronologiques de l'abbé Lenglet du Fresnoy, qui, quoiqu'elles laissent désirer quelque chose, quant à la méthode, sont d'un grand secours pour tous les gens de lettres. *Voyez* ce que nous avons dit des différentes éditions de cet ouvrage, *pag.* 275 du troisième volume : il contient les époques de l'Histoire sacrée et profane, ecclésiastique et civile, jusqu'en 1778.

A la tête du premier volume est un Précis de la méthode pour étudier l'Histoire. Cette méthode, réimprimée en 1772, 15 vol. in-12, est un autre ouvrage du même auteur, dans lequel on trouve bien des singularités et des choses piquantes sur divers historiens : il est recherché, ainsi que ses Tablettes ; mais on auroit pu leur donner un meilleur ordre, et réformer le style trop souvent incorrect et louche. On sera satisfait, à cet égard, en lisant l'Art de vérifier les dates, dont nous avons déjà parlé. Ce livre est d'un format moins commode que celui de l'abbé Lenglet ; mais il lui est infiniment supérieur par l'exactitude et l'abondance des recherches. Ceux qui veulent diriger leur lecture avec fruit, ont tout ce qu'il leur faut dans ce savant ouvrage.

M. KOCH.

On lira avec fruit les Tablettes Chronologiques des révolutions de l'Europe, par le savant M. Koch, deuxième édition, 1801, in-12. La mémoire la plus vaste ne suffiroit pas pour conserver la quantité prodigieuse de dates et d'époques de l'Histoire ancienne et moderne; ces Tablettes les présentent dans un ordre naturel, de manière qu'on peut les embrasser d'un coup d'œil, et en gravant les principales dans sa mémoire, se les rappeler facilement les unes par les autres.

LUCIEN.

Quand on aura pris une teinture de chronologie, il faut avoir une idée de la manière d'étudier et d'écrire l'Histoire. Il n'y a rien, parmi les Anciens, que l'on puisse comparer à Lucien, qui nous a laissé, sur ce sujet intéressant, un petit Traité, qu'on trouve dans ses Œuvres, de la Traduction de M. Massieu, ou de celle de M. Belin de Ballu.

Le célèbre J. Racine a fait un extrait de ce traité; c'est un modèle de précision, de justesse et de goût: on le trouve dans les Mémoires sur la vie de J. Racine, par Louis Racine, et dans les Œuvres de Racine, avec des Commentaires, soit par la Harpe, soit par M. Geoffroy.

RAPIN ET SAINT-RÉAL.

Plusieurs auteurs modernes ont eu la gloire de lutter avec Lucien. Le premier est le Père Rapin, jésuite, dont les Instructions pour l'Histoire, Paris, 1677, in-12, mériteroient des éloges sans restriction, s'il n'avoit été trop prévenu pour plusieurs historiens infidèles, sortis de sa Société. Le second est l'abbé de Saint-Réal, dont le Traité de l'usage de l'Histoire, 1672, in-12, est rempli des réflexions les plus utiles et des préceptes les plus sages : vous trouverez ces deux ouvrages dans le Recueil des écrits de leurs auteurs.

LE PÈRE GRIFFET.

Un livre qui a rapport au même sujet, est le Traité du Père Griffet, jésuite, sur les différentes sortes de preuves qui servent à établir la vérité de l'Histoire, à Liége, 1770, in-12. Ce que Lucien et Rapin ont dit de plus utile et de plus important sur la meilleure manière d'écrire l'Histoire, est reproduit dans ce livre curieux à bien des égards. Aux préceptes, l'auteur a ajouté des observations sur plusieurs historiens célèbres, dont il relève les erreurs et les méprises avec autant d'érudition que de sagacité.

L'ABBÉ DE MABLY.

On devoit concevoir une favorable opinion d'un Traité de *la manière d'écrire l'Histoire*, composé par un auteur qui s'est occupé toute sa vie des objets les plus essentiels à l'Histoire, qui a si bien étudié et comparé les gouvernemens anciens et modernes. Cet ouvrage, à la manière de ceux de Cicéron, est en forme d'entretiens ; le premier roule sur les différens genres d'histoire, sur les études par lesquelles il faut se préparer à l'écrire, sur les Histoires générales et universelles ; on parle, dans le second, des Histoires particulières, et l'on finit par des observations communes à tous les genres d'histoire ; cependant ce Traité, publié en 1783, in-12, n'a pas répondu à l'attente générale : on a reproché à l'auteur une critique un peu vive et souvent hasardée des plus célèbres historiens anciens et modernes.

M. Gudin a publié, en 1784, une nouvelle édition de cet ouvrage, accompagnée d'un *Supplément*, qui en est une critique sévère, mais juste en beaucoup de points.

M. DE VOLNEY.

Dans les Leçons d'Histoire, prononcées à l'École normale en l'an III de la république française, et imprimées en l'an VIII (1799), in-8°., M. de Volney présente, touchant l'influence journalière qu'exerce l'Histoire sur les actions et les opinions des hommes, touchant l'étude de l'Histoire, et les différentes méthodes de la composer, des vues qui ne peuvent appartenir qu'à un esprit d'un ordre supérieur.

Seulement nous avouons qu'il ne nous a pas persuadés qu'on pût faire l'Histoire des temps anciens en étudiant les langues des différens peuples : le plan qu'il propose à ce sujet peut être fort ingénieux ; il suppose dans son auteur beaucoup d'érudition ; mais si l'on tentoit de l'exécuter, il semble qu'on ne pourroit que tomber dans un chaos de conjectures, qui donneroient peu de lumières, et souvent de fausses lumières sur ces temps fabuleux ; ce travail seroit immense, et le résultat peut-être bien peu de chose.

Les morceaux qui traitent de l'Effet des livres juifs sur l'Europe, de l'Effet des livres grecs et romains, introduits dans l'éducation, sont très-philosophiques et pleins de vérités aussi neuves que frappantes.

Dans tout cet ouvrage, l'auteur doute, examine, discute; il affirme peu, pense librement et profondément, et donne beaucoup à penser.

CHAPITRE

CHAPITRE V.
GÉOGRAPHIE.
§. Ier. GÉOGRAPHIE ANCIENNE.
LENGLET DU FRESNOY.

LA méthode pour étudier la Géographie, par l'abbé Lenglet du Fresnoy, n'étoit d'abord qu'en 4 vol. in-12 ; elle est, à présent, en dix, de l'édition de 1768, revue et augmentée par Drouet. Il y a des additions curieuses ; mais on pourroit aujourd'hui en faire un ouvrage nouveau et très-utile.

M. GOSSELLIN.

La géographie se divise en ancienne et moderne : la première est nécessaire pour la lecture des anciens historiens Grecs et Latins ; elle a été très-bien éclaircie par M. Gossellin. Cet habile géographe a publié, en 1790, *la Géographie des Grecs analisée*, ouvrage couronné par l'Académie des Inscriptions et Belles-Lettres (1). Ce volume donna une haute idée de l'érudition de son auteur: il possédoit, dans son portefeuille, différens

(1) Il se trouve maintenant chez Duminil-Lesueur.

Mémoires destinés à entrer dans le recueil de l'Académie, lorsque cette Société fut supprimée. Ces Mémoires ont été publiés en 1798, sous le titre de *Recherches sur la Géographie des Anciens, pour servir de base à l'Histoire de la Géographie ancienne*, 2 vol. in-4°. Ils contribueront à fixer l'état des connoissances géographiques des divers auteurs et des différens siècles de l'antiquité. Les recherches de M. Gossellin portent sur deux objets principaux : le premier est, la restitution des systèmes géographiques que les anciens ont publiés successivement ; le second est, de suivre la marche des navigateurs anciens le long des côtes, et quelquefois celles des voyageurs dans l'intérieur du continent, pour reconnoître les principaux lieux qu'ils ont visités, et pour fixer, avec plus de certitude, les limites de leurs découvertes : l'ouvrage est enrichi de dix cartes géographiques.

STRABON.

Strabon vivoit vers le temps de la naissance de Jésus-Christ ; il étoit d'Apamée en Cappadoce. Ses voyages en Egypte, en Asie, en Grèce et en Italie, le mirent en état d'écrire en grec un ouvrage très-étendu et très-important pour l'ancienne géographie, en dix-sept livres. Il ne se réduit pas à une sèche nomenclature ; c'est un exposé historique qui offre beaucoup de solidité et de jugement ; les recherches qu'on y trouve sont de la plus grande utilité pour l'étude de la littérature ancienne. Les deux premières parties de cet ouvrage forment une espèce d'introduction générale ; les autres contiennent des descriptions de chaque pays en particulier, de sa constitution, des mœurs des habitans, de leur religion, avec la notice des plus célèbres personnages. La meilleure édition est celle de Théodore Jansson d'Almeloveen, en grec et en latin, Amsterdam, 1707, 2 vol. in-folio : on estime aussi l'édition grecque et latine de Paris, 1620, in-fol.

Le savant Bréquigny avoit laissé en manuscrit une traduction française de cet auteur : la difficulté de ce travail l'empêcha, sans doute, d'y mettre la dernière main.

L'empereur NAPOLÉON n'a pas voulu que cette source de connoissances utiles fût réservée plus long-temps aux seuls hellénistes, il en ordonna la traduction ; et le ministre de l'intérieur nomma MM. de la Porte du Theil, Coray et Gossellin pour l'exécuter.

Ces trois savans publièrent, en 1806, le premier résultat de leurs travaux; c'est un volume grand in-4°., qui contient la traduction des trois premiers livres de Strabon, avec des notes grammaticales et critiques, par MM. du Theil et Coray. Les observations générales qui servent d'introduction, et les nombreuses notes signées G., sont de M. Gossellin. Ce premier volume a été très-bien accueilli des savans Français et étrangers; les suivans sont attendus avec impatience. Les habiles traducteurs renvoient toujours à l'édition de 1620.

POMPONIUS MÉLA.

Pomponius Méla, écrivain Latin du premier siècle, naquit en Espagne. Sa Description de la terre est l'ouvrage, sinon le plus détaillé, au moins le plus élémentaire que l'antiquité nous ait transmis sur sa géographie. A l'exactitude dans les descriptions, à la précision dans les détails, à une bonne méthode dans sa marche, Pomponius Méla a réuni le mérite du style, qui rappelle en grande partie celui des bons écrivains du siècle d'Auguste.

La meilleure édition de ce géographe est celle d'Abraham Gronovius, Leyde, 1748,

2 vol. in-8°. M. Fradin, ci-devant professeur d'histoire et de géographie à l'Ecole centrale de Poitiers, a rendu un grand service aux personnes qui ne sont pas des savans de profession, en mettant cet auteur à leur portée, par une traduction française qui paroît avoir, autant que la différence des langues le comporte, le mérite de l'original, celui d'une élégante simplicité. Cette traduction forme 3 vol. in-8°., publiés en 1804. Le traducteur a choisi parmi les notes des différens commentateurs, celles qui lui ont paru les plus propres à jeter quelques lumières sur certains passages obscurs ou équivoques, afin de remplacer, en quelque manière, et de ne laisser aucunement à regretter l'édition même de Gronovius.

D'ANVILLE.

L'auteur moderne qui a le mieux approfondi la géographie ancienne et celle du moyen âge, est, sans contredit, notre célèbre d'Anville. A quelles études ne se livra-t-il pas pour acquérir les connoissances qui lui ont acquis tant de renommée ! En lisant les plus sublimes écrits, il fermoit les yeux à tout ce qui ne concernoit pas la géographie;

il s'étoit condamné à ne voir dans Homère et dans Virgile, que des noms et des positions de peuples et de villes : aussi doit-on d'excellens ouvrages à des études aussi sérieuses. Nous ne pouvons trop recommander la lecture de sa *Géographie ancienne abrégée*, 1768, 3 vol. in-12. Cette édition est souvent accompagnée de petites cartes que le libraire a fait réduire d'après les grandes de l'auteur ; mais elles sont très-fautives, et n'ont jamais été avouées par M. d'Anville : il faut donc préférer l'édition du même ouvrage publiée l'année suivante, in-folio, avec les véritables cartes de l'habile géographe.

On lira encore, avec beaucoup de fruit, le volume du même auteur, intitulé : *États formés en Europe après la chute de l'Empire Romain en Occident*, 1771, in-4°.

D'Anville a révélé le secret de son art dans *ses Considérations sur l'étude et les connoissances que demande la composition des ouvrages géographiques*, 1777, in-8°.; et il donna dans son *Traité des mesures itinéraires anciennes et modernes*, 1769, in-8°., l'instrument dont il s'étoit servi avec tant de succès.

M. BARENTIN DE MONTCHAL.

Quelqu'estimable que soit *la Géographie ancienne* de d'Anville, elle ne contient qu'une description sèche des différens pays que connoissoient les anciens, et n'est point propre, par cette raison, à exciter la curiosité des jeunes gens.

L'on ne fera pas le même reproche à *la Géographie ancienne et historique* composée d'après d'Anville, par L. B. D. M. (M. Barentin de Montchal), Paris, 1807, 2 vol. in-8°. et atlas in-folio. L'auteur est un père vertueux, qui l'a d'abord composée pour ses enfans, et lui a donné ensuite des développemens plus étendus, sans perdre de vue que son premier but étoit l'instruction de la jeunesse. Aux notions géographiques empruntées de d'Anville, il a joint la description des mœurs, des usages des différens peuples, des productions de leur territoire, de leur commerce, etc.

Les cartes jointes à cette Géographie sont celles que d'Anville avoit dressées pour l'intelligence des Histoires ancienne et romaine de Rollin, et que l'on a gravées de nouveau et avec soin. Ces cartes sont très-différentes de celles dont d'Anville a accompagné l'édition in-folio de sa Géographie ancienne et abrégée.

L'ouvrage de M. Barentin de Montchal présente des avantages qu'on ne trouve réunis dans aucun autre ; aussi a-t-il reçu un accueil favorable, même des gens instruits.

On peut joindre aux ouvrages précédens, une *Notice de l'Ecriture Sainte*, ou Description topographique, chronologique, historique et critique des royaumes, provinces, tribus, villes, bourgs, montagnes, mers, rivières, lacs, déserts, etc., dont il est fait mention dans la Vulgate ; ouvrage très-utile pour l'intelligence de l'Histoire Sainte, ou pour connoître l'état actuel de la plupart des pays et endroits dont il y est fait mention, par le Père Colome, barnabite, 1773, in-8°.

L'auteur de cette production ne s'est point proposé de concilier les divers sentimens qui partagent les géographes et les commentateurs de l'Ecriture Sainte sur la différente situation des lieux et des pays dont elle fait mention. L'éloignement des temps, l'oubli où sont tombés la plupart de ces lieux, l'incertitude des noms qu'ils ont portés, le peu de lumière que fournissent les livres saints

relativement

relativement à plusieurs de ces objets, mettent un écrivain dans l'impossibilité de donner de ces contrées une description rigoureusement exacte. Le Père Colome, en publiant cette espèce de dictionnaire, n'a donc eu d'autre objet, que de fixer les idées de quiconque voudra lire l'Ecriture Sainte ; de lui faire connoître, en général, la situation d'un pays qui a été le théâtre des événemens qui se sont passés sous la loi ancienne et nouvelle. Cette notice est donc vraiment utile pour tous ceux qui, par goût ou par état, s'occupent de l'étude de l'Ecriture Sainte: on peut, surtout, en recommander l'usage et la lecture aux jeunes théologiens, auxquels elle peut épargner la peine de compulser avec dégoût les gloses volumineuses des commentateurs.

LE P. ROMAIN JOLY.

On trouvera des détails plus exacts et plus étendus dans l'ouvrage du P. Romain Joly, intitulé : *la Géographie sacrée et les monumens de l'Histoire Sainte*, avec des planches et des cartes géographiques ; nouvelle édition, augmentée de l'Histoire naturelle de l'Histoire Sainte, Paris, Jombert jeune, 1784, in-4°.

§ II. GÉOGRAPHIE MODERNE.

La Géographie moderne a été traitée par un plus grand nombre d'écrivains que l'ancienne; mais la plupart n'étant que des compilateurs qui se copient les uns les autres, sans avoir vu un seul des pays dont ils parlent, il faut nécessairement se borner à quelques bons livres.

L'ABBÉ DE LA CROIX.

La Géographie de l'abbé Nicolle de la Croix, doit être considérée aujourd'hui comme un ouvrage bien sec et bien insignifiant; si quelques personnes désirent encore se la procurer ou la mettre entre les mains des jeunes gens, nous leur conseillons au moins de choisir l'édition qui a été revue et augmentée par feu l'abbé de Fontenay, Paris, 1804, 2 vol. in-12.

BUSCHING.

C'est le nom d'un savant Allemand, qui a fait dans sa langue un grand ouvrage, dont M. Pfeffel, résident à Colmar, a publié la traduction depuis 1768 jusqu'en 1779, 14 vol. in-8°. La nouvelle édition commencée en 1785, se relie en 16 vol. L'ouvrage de Busching peut être regardé comme le meilleur qui existe sur cette matière pour l'Allemagne; car d'ailleurs il a donné dans presque toutes les erreurs de ses prédécesseurs, qu'il a souvent copiés sans les citer.

On doit surtout étudier avec soin le morceau de cet auteur, intitulé : *Introduction à la Géographie politique des Etats de l'Europe* ; c'est un ouvrage généralement estimé : publié pour la première fois en 1758, en allemand, il n'a été traduit en français qu'en 1779, par G.-L. Kilg, ministre du saint évangile à Blamont; la seconde édition de cette traduction, revue et corrigée, a paru, en 1780, dans la Suisse.

GUTHRIE.

Si nous ne parlions pas de la Traduction française de la Géographie de Guthrie, dont la quatrième édition a paru en 1807, 9 vol. in-8°., avec atlas in-folio, peut-être regarderoit-on notre silence comme une grave omission. Cette Géographie, qui pourroit être considérée comme une compilation française plutôt que comme une traduction de l'anglais, a joui d'un assez brillant succès avant la publication du grand ouvrage de MM. Mentelle et Malte-Brun : elle est moins recherchée aujourd'hui.

Les étrangers nous reprochent d'avoir admis dans nos lycées, l'abrégé de cette même géographie, lequel ne forme qu'un vol. in-8°.

On estime l'édition anglaise de la Géographie de Guthrie, publiée à Londres en 1780, in-4°. L'auteur mourut en 1769.

M. PINKERTON.

J. Pinkerton, Ecossais, auteur d'une Géographie moderne, rédigée sur un nouveau plan, traduite en français par C.-A. Walcknaër, Paris, 1804, 6 vol. in-8°. et atlas in-4°., convient, dans sa préface, que l'on ne manque pas d'ouvrages dans ce genre; mais il a cru que ces ouvrages ne remplissoient pas le but de ceux qui cherchoient à se procurer des connoissances complètes en géographie : il trouva que les uns étoient trop longs et les autres trop courts; ces plaintes ne sont pas tout-à-fait destituées de fondement.

M. Pinkerton embrasse quatre objets sur chaque Empire dont il parle : il donne successivement la géographie, 1°. historique, 2°. politique, 3°. civile, et 4°. naturelle. Malheureusement l'auteur prononce magistralement sur les intérêts politiques et les relations de différens Etats. On peut croire qu'à cet égard, il n'est que le fidèle écho des bruits que laisse circuler la politique anglaise. Il a traité avec une extrême étendue tout ce qui concerne l'Angleterre; ce n'est pas que nous trouvions la chose étonnante; mais il nous semble que si l'on vouloit approprier l'ouvrage de M. Pinkerton à l'usage des Français, il falloit y faire beaucoup de corrections; à la vérité, le traducteur a beaucoup ajouté au travail de l'auteur sur la France, et a presque doublé ce que celui-ci en avoit dit : mais n'eût-il pas dû réformer quelques jugemens de M. Pinkerton sur notre langue, sur notre littérature, et sur nos mœurs ? Bossuet n'est pas même nommé dans la liste des auteurs Français qui ont illustré leur patrie. Peut-on, d'ailleurs, assez se moquer d'un étranger, qui, parce qu'il a l'oreille insensible aux charmes de notre langue, l'accuse d'être *molle*, qui refuse à l'idiome qu'ont parlé Bossuet, Corneille, Racine, et tant d'autres écrivains supérieurs, le pouvoir de faire des *impressions profondes*, qui assure gravement que *les Français ont produit peu d'ouvrages d'un génie original?* Voy. le tome II, pag. 98.

La Géographie de M. Pinkerton est précédée d'une Introduction à la Géographie mathématique et critique, par M. Lacroix, membre de l'Institut ; ce morceau forme une espèce de petit Traité élémentaire d'un genre absolument neuf par le plan et le motif.

Il existe un Abrégé de cette géographie, réduite en un vol. in-8°., pour la commodité et pour l'instruction de la jeunesse. Cet Abrégé n'est pas non plus exempt de taches, et il s'y est glissé plusieurs des défauts qui se trouvent dans la grande édition : nous en sommes fâchés pour l'auteur et pour les jeunes gens entre les mains desquels il pourroit tomber, et auxquels il donnera des idées fausses sur plusieurs points importans.

M. François, de Neufchâteau, a très-bien dévoilé les erreurs politiques de M. Pinkerton ; *voyez* la brochure intitulée : *Tableau des vues que se propose la politique anglaise dans toutes les parties du monde*, Paris, Baudouin, 1804, in-8°. de 130 pages.

M. MENTELLE.

Le Cours complet de cosmographie, de géographie, de chronologie et d'histoire ancienne et moderne, par M. Mentelle, membre de l'Institut de France, deuxième édition, Paris, 1804, 4 vol. in-8°. avec des tableaux et un atlas composé de vingt cartes, peut être considéré comme l'un des guides les plus sûrs pour l'étude de la géographie et de l'histoire. De profondes études, une longue expérience dans le monde, l'enseignement, ont fait éviter à l'auteur les écueils dont ne se sont pas toujours garantis les auteurs des géographies les plus récentes : plusieurs sont descendus dans des détails d'histoire naturelle et de statistique qui font dégénérer leurs ouvrages en collections de traités sur ces deux sciences : on ne fera pas ce reproche à M. Mentelle.

Le quatrième volume concerne uniquement la France ; il renferme l'état physique et mathématique, historique et géographique de cette contrée, avec 114 tableaux : ce quatrième volume se vend séparément ; il complète la première édition du Cours de géographie et d'histoire.

M. MUNIER.

Cet auteur paroît avoir senti les vices de la plupart des géographies et avoir formé un plan tout différent : *sa Nouvelle Géographie, à l'usage des deux sexes,* Paris, 1805, 2 vol. in-8°., tient un juste milieu entre celles qui sont trop volumineuses et celles qui sont trop abrégées; elle n'est ni trop développée ni trop élémentaire. M. Munier a puisé ses matériaux dans les voyageurs les plus célèbres et les géographes les plus accrédités.

MM. MENTELLE, MALTE-BRUN, HERBIN ET AUTRES.

Une géographie universelle doit présenter un tableau complet, précis et raisonné de l'état du globe terrestre et du genre humain, pris à une époque quelconque. Cette définition générale admet des modifications, selon le but particulier qu'un auteur peut se proposer; ainsi, la géographie des temps les plus modernes forme l'objet principal des auteurs de *la Géographie mathématique, physique et politique de toutes les parties du monde,* rédigée d'après ce qui a été publié

blié d'exact et de nouveau par les géographes, les naturalistes, les voyageurs et les auteurs de statistiques des nations les plus éclairées ; par MM. Mentelle, Malte-Brun et autres, Paris, 1803—1807, 16 vol. in-8º. et atlas in-fol.

Il manquoit aux géographies françaises des introductions où l'on exposât les principes généraux de la science, soit mathématiques, soit physiques, soit politiques : les auteurs de la Géographie universelle ont rempli ces lacunes avec un talent distingué dans leur premier volume. Nous croyons pouvoir assurer que la publication de cet ouvrage est un véritable service rendu à la géographie et aux personnes que leur situation oblige de cultiver cette science : les estimables auteurs ont aussi embrassé dans leur plan les changemens qui ont le plus influé sur l'état du monde. Dans une partie du 15e. volume, M. Mentelle présente la géographie ancienne.

La grande table des matières qui forme la moitié du 16e. volume, rend l'usage de cette géographie presque aussi facile et aussi commode que celui du plus mince abrégé; on la doit à M. Moreau, l'un des collaborateurs de l'ouvrage.

L'atlas est composé de 45 cartes, dressées la plupart par J.-B. Poirson, et gravées par Tardieu l'aîné; les neuf dernières sont consacrées à la géographie ancienne : M. Malte-Brun y a joint une notice critique des ouvrages et cartes géographiques les plus remarquables, publiés en français, anglais, danois, suédois, allemand, russe, espagnol, italien, etc.

On regrette qu'un jeune homme aussi instruit que M. Malte-Brun, ait parlé avec tant de mépris des géographes Français; il leur reproche d'estropier les noms des auteurs; et sa notice présente une multitude de noms qu'il est impossible de reconnoître, tant ils sont défigurés : il n'est pas plus équitable envers les étrangers; après avoir reproché des erreurs graves à M. Pinkerton, il copie une des plus fortes méprises qui se trouvent dans le catalogue que donne son traducteur des relations de voyages les plus estimées, celle qui est relative à l'histoire du royaume d'Alger, par Laugier de Tassy; j'avois relevé cette méprise en février 1805, dans *le Magasin Encyclopédique.*

§ III. DICTIONNAIRES GÉOGRAPHIQUES ET ATLAS.

LA MARTINIÈRE.

La géographie est une science si utile, qu'il n'est pas étonnant que dans le dix-huitième siècle, qui a été le siècle de la lexicomanie, on ait cherché à la mettre en dictionnaire. L'ouvrage le plus complet en ce genre, est *le Dictionnaire géographique* de Bruzen de la Martinière, dont la meilleure édition est celle de Paris, 1769, six volumes in-fol. Il y a dans ce livre d'excellens matériaux. L'auteur cite presque toujours les sources où il a puisé ; mais, pour l'ordinaire, il n'est pas heureux dans le choix et dans l'arrangement des faits : c'est le jugement qu'en portoit le Père Charlevoix. Mais les derniers éditeurs ont tellement refondu l'ouvrage, que cette critique pourroit aujourd'hui paroître injuste.

L'ABBÉ LADVOCAT.

Nous avons deux abrégés du Dictionnaire de la Martinière : le premier est par l'abbé Ladvocat, sous le nom de Vosgien, chanoine de Vaucouleurs ; le second est par un anonime : celui-ci porte en titre le nom de la Martinière. L'abbé Ladvocat, qui lui avoit pour le moins autant d'obligations, n'a pas parlé de lui : il donne son livre comme traduit de l'anglais de Laurent Echard. Quoi qu'il en soit, les deux abrégés sont bien faits ; mais celui de la Martinière est suranné. Ils sont tous les deux in-8°., et présentent une description des royaumes, provinces, villes, patriarchats, évêchés, duchés, comtés, marquisats, ports, forteresses, citadelles, etc., etc., etc., dans laquelle on indique les fleuves, les rivières, les baies, les mers, les montagnes, les siéges que les villes ont soutenus, les grands hommes qu'elles ont produits, etc., les lieux où se sont données les principales batailles, etc.

On estime l'édition du Dictionnaire de Vosgien, publiée en Hollande par l'ex-jésuite de Feller, 1794, 2 vol. in-8°.; mais la plus recherchée et la plus complète, est celle qui a été revue par M. Gallais, ancien professeur dans la congrégation de Saint-Maur, Paris, Delalain fils, 1806, un très-gros vol. in-8°.

M. BOISTE.

Il n'existoit pas de Dictionnaire géographique dans lequel on eut réuni et comparé les géographies ancienne, du moyen âge et moderne, et qui, par cette réunion, offrit dans des cadres rapprochés, un tableau géographique, historique, ancien et moderne d'une contrée, d'une ville, par exemple, de la Gaule ou ancienne France, de Lutèce ou Paris. Il n'existoit pas encore de Dictionnaire géographique qui fut accompagné de cartes nombreuses et exactes. M. Boiste a senti l'utilité d'un travail de cette nature, et il l'a exécuté à la satifaction des personnes instruites, et pour la commodité de celles qui désirent s'instruire. Son ouvrage est intitulé : *Dictionnaire de géographie universelle*, ancienne, du moyen âge et moderne, comparées, Paris, Desray, 1806, in-8°., avec un atlas in-4°., par M. Hérisson. Cet atlas est composé des mêmes cartes que l'atlas portatif dont nous parlerons ci-après, avec la seule différence, que celui qui est joint au Dictionnaire n'est pas accompagné des élémens de géographie qui précèdent l'autre.

BUY DE MORNAS.

Dans *l'Atlas méthodique* et élémentaire de géographie et d'histoire, par Buy de Mornas,

ancien professeur de géographie et d'histoire, mort en 1783, l'auteur expose ainsi son projet : « Je représente les principaux Etats sous
» tous les différens règnes où ils ont éprouvé
» des changemens considérables ; on les verra,
» par conséquent, dans leur enfance, dans
» leurs progrès, et dans leur décadence.

» Je ne représente sur chaque carte, qu'un
» seul Etat avec son étendue, sous tel et tel
» période. En ne mettant sous les yeux que
» le seul sujet qui doit faire la matière de la le-
» çon, on prévient le dégoût, on épargne à la
» jeunesse un travail qui la rebute ordinaire-
» ment, et l'on grave bien plus profondément
» dans la mémoire les objets les plus impor-
» tans de l'histoire, en les séparant, et en
» ne les présentant que successivement. On
» trouvera sur les bordures de la carte, l'ex-
» plication et un exposé général des événe-
» mens, leurs causes et leurs effets. »

Cet atlas étoit d'abord composé de cent quatre-vingts planches, et divisé en trois vol. in-fol., oblongs : le premier contient quarante cartes, où sont représentés les principes de la chronologie et de la géographie; cette partie, qui sert d'introduction aux deux autres, donne une connoissance suffisante de tout ce qui a rapport au ciel et à la terre ; des différentes sortes de sphères, de globes et de cartes ; des mesures itinéraires ; de la division du temps, des différentes ères et époques, enfin, de tout ce qui peut faciliter l'étude de l'histoire ; le second tome, également composé de quarante cartes, fait connoître les anciens empires, royaumes et républiques, leurs progrès successifs et leur décadence ; le troisième, enfin, qui renferme cent cartes, fait connoître tous les Etats modernes, représentés comme ceux de la seconde partie. L'explication de chaque carte est gravée sur les bordures, et est analogue aux plans géographiques. On a soin d'indiquer, par des observations particulières, ce qu'il y a de piquant et de neuf dans la leçon qui est représentée. Les cartes sont gravées avec soin.

L'atlas de Buy de Mornas, augmenté par M. Brion, et une société de gens de lettres, forme aujourd'hui cinq vol. in-fol., composés de plus de 300 cartes.

D'ANVILLE.

La plupart des géographies que nous avons fait connoître sont accompagnées d'atlas. Nous

nous contenterons d'indiquer ici quelques-uns de ces ouvrages. Les cartes qui composent l'atlas dit de d'Anville, sont dessinées avec un tel soin, soit pour la configuration des côtes, le cours des rivières et le placement des montagnes, soit pour le nombre et l'exactitude des positions, qu'encore aujourd'hui l'on s'empresse de les copier telles que leur savant auteur les avoit publiées, et sans oser même les corriger d'après les connoissances un peu plus exactes ou plus détaillées que de nouveaux voyageurs, des observations astronomiques plus précises, et même les recherches heureuses de quelques auteurs plus modernes, notamment de M. Gossellin, nous ont procurées.

ROBERT DE VAUGONDY.

On recherche encore l'atlas de Robert de Vaugondy, composé de 108 cartes, Paris, 1758, grand in-fol. Il seroit très-utile, dit l'abbé Lenglet Dufresnoy, si tous les morceaux qui le composent, étoient également dignes d'estime.

M. HÉRISSON.

Le libraire Desray a publié, en 1807, la seconde

seconde édition d'un *Atlas portatif* très-utile, par M. Hérisson : c'est un volume in-4°. oblong, contenant 45 cartes, nouvellement dressées d'après les découvertes des voyageurs et les changemens survenus en Europe, y compris le traité de Presbourg. On trouve en tête 169 pages de texte extraites des ouvrages et des cartes de d'Anville, pour la géographie ancienne et pour la moderne, des géographes les plus estimés. Ce texte suffit pour les besoins journaliers; réuni aux cartes, il facilite l'étude de l'histoire, la lecture des voyages, et même celle des ouvrages périodiques.

CHAPITRE VI.
VOYAGES.

Rien n'est plus agréable que de parcourir l'univers du fond de son cabinet ; c'est à quoi servent les voyages. On distingue des voyageurs par terre et des voyageurs par mer : la plupart des voyageurs par terre suivent, pour leur commodité, les chemins les plus fréquentés, et, à quelque chose près, paroissent se copier les uns les autres, parce qu'ils sont obligés de nous entretenir des mêmes objets ; les voyageurs par mer sont ordinairement plus neufs et plus intéressans, parce qu'ils font souvent des découvertes importantes, et trouvent de nouvelles nations dont les mœurs, les usages, le caractère, etc., si différens de ce que nous voyons en Europe, sont en droit de piquer notre curiosité et de fixer notre attention. Les premiers, en s'occupant de ce qu'ils voient parmi les nations policées, n'ont jamais à nous offrir que les préjugés, les erreurs, les passions et les diverses connoissances des peuples plus ou moins anciens, plus ou moins civilisés ; et malgré toutes leurs observations, ne parviennent qu'à connoître l'homme de la société, et jamais l'homme de la nature : ils ne voient partout que des êtres dégénérés et corrompus dans le physique et dans le moral ; ils parviennent à se persuader que l'homme est naturellement méchant, parce qu'ils n'en ont presque vus que de tels, et finissent souvent, grâce à ces mauvais exemples, par devenir eux-mêmes plus méchans et plus corrompus, et n'acquérir quelques lumières qu'aux dépens de la vertu ; les seconds, allant découvrir des nations nouvelles, seroient souvent plus à portée d'étudier des êtres qui sont beaucoup plus près que nous de l'état primitif, et d'en tirer des notions qui porteroient un grand jour dans l'histoire de l'homme ; mais la plupart ne sont que des marins grossiers, qui ne se réjouissent à la vue d'une terre nouvelle, que parce qu'ils y trouveront du repos, des rafraîchissemens, des femmes, et des moyens de réparer leurs vaisseaux pour se rembarquer, sans s'amuser à faire des observations sur des peuples qu'ils méprisent.

D'autres ne cherchent dans les contrées éloignées, que des objets de commerce :

d'autres n'ont pour but que de perfectionner la géographie, ou de faire des découvertes relatives à quelques autres sciences : les uns remarquent superficiellement quelques usages, font quelque attention à la figure, aux vêtemens des peuples ; les autres jettent un coup d'œil sur les productions du sol. Quelques philosophes font aussi, de temps en temps, leurs observations ; mais pour bien connoître les peuples, il faudroit vivre avec eux, avoir le courage d'adopter, pendant quelque temps, leurs usages, de se conformer à leurs mœurs pour s'attirer leur confiance et entrer dans leur familiarité. Quoique peu de voyageurs aient été capables d'une telle résolution, il y a beaucoup à profiter de la lecture réfléchie de leurs relations.

§ Ier. TRAITÉS PRÉLIMINAIRES SUR LES VOYAGES.

M. BOUCHER DE LA RICHARDERIE.

Le grand nombre de relations de voyages qui nous ont fait successivement connoître toutes les parties du monde, et qui, de nos jours, se sont multipliées à l'infini, faisoit désirer, depuis long-temps, une bibliographie des voyages, classée par ordre de pays, et dans une série chronologique.

M. Boucher de la Richarderie, ancien juge en la cour de cassation, s'est chargé de ce travail. Après de longues et pénibles recherches, il a mis au jour *une Bibliothèque universelle des Voyages, ou Notice complète et raisonnée de tous les Voyages anciens et modernes dans les quatre parties du monde*, publiés tant en langue française qu'en langues étrangères, Paris, 1808, 6 vol. in-8°.

Cet ouvrage n'est pas une simple bibliographie, donnant une indication sèche et aride de titres et de dates; il renferme aussi de longs extraits des nouveaux voyages les plus estimables, et des jugemens motivés sur les relations anciennes qui ont le plus de célébrité.

Il seroit seulement à désirer que la partie bibliographique de cet ouvrage, et même la partie typographique, fussent plus soignées: une multitude de noms d'auteurs et de libraires y sont défigurés. Il arrive fréquemment que M. Boucher présente deux fois le titre d'un voyage anonime, d'abord sous le voile de l'anonime, et ensuite sous le le nom de l'auteur, quelquefois sous un nom qui n'est pas celui de l'auteur. Le Voyage

d'un missionnaire de la compagnie de Jésus
(le Père Villotte, très-connu par son Dictionnaire arménien), en Turquie, en Perse, etc.,
est cité trois fois sous le voile de l'anonime
dans le premier volume. Ce voyage, publié à
Paris en 1730, in-12, par les soins du P. Nicolas Frizon, est indiqué dans les Dictionnaires historiques de Chaudon et Feller,
comme un volume in-fol., imprimé à Rome
en 1714. Le troisième volume de mon Dictionnaire des Ouvrages anonimes, qui paroitra vers la fin de cette année, fera connoître
l'origine de cette méprise ; les articles *Relations* et *Voyages* de ce Dictionnaire pourront
servir *d'errata* à l'important ouvrage de
M. Boucher de la Richarderie.

Ayant à donner ici une juste idée des Voyages les plus intéressans, nous avons consulté
les mêmes sources que l'auteur de la Bibliothèque universelle des Voyages ; mais nous
croyons en avoir tiré des résultats plus exacts ;
nous avouons, au reste, avoir profité de
quelques-unes des curieuses notices de
M. Boucher.

BAUDELOT DAIRVAL.

On trouve une connoissance profonde de

l'antiquité dans l'ouvrage de Baudelot Dairval, intitulé : *l'Utilité des voyages qui concernent la connoissance des inscriptions, sentences, dieux lares, peintures anciennes et bas-reliefs, pierres précieuses et gravées*, etc., Paris, 1686, 2 vol. in-12. La sécheresse de l'instruction disparoît par l'attention qu'a eue l'auteur d'y jeter des observations curieuses et des remarques piquantes : avec un pareil guide, l'amateur des antiquités peut retirer le plus grand fruit des voyages qui ont pour objet des recherches de ce genre.

Mahudel a joint quelques notes à l'ouvrage de Baudelot ; elles sont insérées dans l'édition de Rouen, 1727, 2 vol. in-12.

LE COMTE BERCHTOLD.

M. de Lasteyrie, qui consacre sa vie à l'étude des sciences les plus utiles à l'humanité, a enrichi notre littérature de la traduction d'un Essai pour diriger et étendre les recherches des voyageurs qui se proposent l'utilité de leur patrie, avec une suite de questions intéressantes, Paris, 1797, 2 vol. in-8°.

Cet ouvrage, composé en anglais par un seigneur Allemand, M. le comte Berchtold, et dédié, en forme d'hommage, au célèbre Arthur Young, peut être d'une grande utilité, non-seulement pour guider les voyageurs dans leurs recherches, mais même pour leur faire retirer de grands avantages de ceux des voyages qui renferment le plus d'instructions sur les matières économiques, objet des savantes questions de l'auteur.

§ II. VOYAGES DES ANCIENS.

NÉARQUE.

On trouve dans la Bibliothèque universelle des Voyages, une notice assez détaillée des périples, ou voyages des anciens : l'auteur a omis l'indication de la traduction française du périple de Scylax, insérée par M. Poncelin à la fin de l'édition qu'il a donnée en 1798, de la traduction de Pausanias par l'abbé Gedoyn. Il suffit à notre plan de faire connoître les principaux voyages des anciens : nous commencerons par celui de Néarque.

Ce Voyage, publié par Arrien, et que cet écrivain paroît avoir rédigé sur les Mémoires de Néarque même, contient la relation intéressante de la navigation de cet amiral de la flotte d'Alexandre, des bouches de l'Indus l'Indus jusqu'à l'Euphrate. C'est la première que les Européens aient tentée dans la mer des Indes. Il y a deux éditions estimées de cette navigation, connue sous le nom d'*Histoire de l'Inde*. Dans les deux éditions, cette Histoire se trouve réunie avec celle des guerres d'Alexandre par le même auteur : la première a été donnée par Jacques Gronovius, à Leyde, en 1704, in-fol.; la seconde parut à Amsterdam en 1747, in-8°., *cum notis variorum.*

Il n'y a jamais eu de traduction en français du Voyage de Néarque ; le docteur Anglais, Vincent, en attribue une à d'Ablancourt, qui n'a traduit que l'Histoire des Guerres d'Alexandre. Le Voyage de Néarque, du docteur Vincent, n'est point une traduction littérale, mais c'est beaucoup mieux ; et nous devons des obligations à M. Billecoq, qui a publié une excellente traduction de l'ouvrage du savant Anglais, Paris, de l'imprimerie de la république, an VIII, in-4°., ou de l'imprimerie de Crapelet, 3 vol. in-8°.

PAUSANIAS.

Le Voyage de Pausanias est plutôt une description de l'ancienne Grèce, où l'auteur a jeté quelques morceaux historiques, qu'un voyage proprement dit. Pausanias, qui écrivoit sous les Antonins, décrit diverses contrées de la Grèce à une époque où ce pays étoit encore florissant ; il s'attache surtout aux grands monumens dont les ruines excitent des regrets si vifs, quand on les rapproche des descriptions de cet écrivain : il y a mêlé des faits historiques, des détails de géographie, de chronologie, de mythologie, et des anecdotes sur les héros de la Grèce. En s'armant de quelque défiance sur les traditions populaires, auxquelles il paroît ajouter trop de foi, on peut puiser dans son Voyage des connoissances très-variées et très-utiles sur l'état ancien de la Grèce. Les meilleures éditions de Pausanias sont celles de Joach. Kuhnius, Leipsic, 1696, in-fol., et celle de Jo.-Frid. Facius, Leipsic, 1794, 4 vol. in-8°.; ce dernier éditeur a eu les variantes de deux manuscrits, l'un de Vienne, et l'autre de Moscou.

La traduction de Pausanias, par l'abbé Gedoyn, enrichie de notes curieuses, Paris, 1731, 2 vol. in-4°.; Amsterdam, 1735, 4 vol. in-8°., a été long-temps recherchée, particulièrement pour son élégance ; mais elle est reconnue aujourd'hui par nos plus savans hellénistes, pour être très-défectueuse du côté de la fidélité et de l'exactitude.

M. Clavier, avantageusement connu par la traduction de *la Bibliothèque d'Apollodore*, a publié, au commencement de 1808, le prospectus d'une nouvelle traduction de Pausanias, avec des notes : tous les savans désirent la publication de ce nouveau travail, qui ne pourra qu'augmenter la réputation de son auteur.

§ III. HISTOIRES GÉNÉRALES DES VOYAGES.

L'ABBÉ PRÉVOT.

La plus grande collection que nous ayons en Voyages, est celle de l'abbé Prévot, qui parut sous ce titre, *Histoire générale des Voyages*, depuis le commencement du quinzième siècle ; contenant ce qu'il y a de plus curieux, de plus utile et de mieux vérifié dans toutes les relations des différentes nations du monde : ouvrage d'abord traduit de l'anglais ; et continué depuis par ordre du chancelier de France, 1745 et années suivantes, 19 vol. in-4°., et 76 vol. in-12, y compris la table des matières, composée par M. Chompré, qui forme le seizième vol. in-4°., ou 4 vol. in-12.

Ce recueil est dans tous les cabinets où l'on s'attache à rassembler les livres qui réunissent l'instruction aux agrémens qu'il faut chercher dans la lecture. On sait que les sept premiers volumes de l'édition in-4°, sont une traduction de l'anglais. Cette partie est mal digérée, chargée d'inutilités, et quelquefois peu agréable à lire. Le reste de l'ouvrage est de l'abbé Prévot, et vaut mieux. Le travail de cet écrivain distingué, cessa avec le quinzième volume. Trois hommes de lettres entreprirent de le remplacer : le soin qu'ils mirent à la rédaction de la suite de cette importante collection, fait regretter qu'ils n'aient publié que deux volumes, le dix-huitième et le dix-neuvième ; l'un a été rédigé par Querlon et Surgy, l'autre par Deleyre : le tome dix-septième ne contient que des additions tirées de la réimpression de l'Histoire générale des Voyages, exécutée en Hollande.

On joint à cette collection un abrégé des Voyages de Biron, Wallis, Carteret, Bougainville et Cook, qui a paru en 1789; il forme le tome vingtième de l'édition in-4°., et les tomes 77 à 80 de l'édition in-12.

LA HARPE ET VICTOR COMEYRAS.

L'abrégé de l'Histoire générale des Voyages, publié par La Harpe et autres auteurs, est plus recherché aujourd'hui que l'Histoire elle-même. L'habile abréviateur a rétabli l'ordre qui manquoit dans l'original, et retranché les détails nautiques, qui ne pouvoient intéresser qu'un très-petit nombre de lecteurs. Dans la partie descriptive, il a classé les articles généraux de manière à éviter la confusion; et il a jeté dans son ouvrage une variété très-piquante, en faisant presque toujours succéder la narration des aventures à la description des lieux, à la peinture des mœurs.

La Harpe, depuis 1780 jusqu'en 1786, a publié 23 volumes de son abrégé; il a trouvé un continuateur dans la personne de M. V. C. (Victor Comeyras) : celui-ci a publié 9 volumes, faisant suite aux Voyages d'Afrique, d'Asie et du Levant, Paris, 1798 et années suivantes, avec une table générale des matières, et des figures.

Dans ce supplément, le continuateur a fait un heureux choix des relations qui avoient été omises dans l'Abrégé de La Harpe, ou qui ont paru depuis.

Le même continuateur a publié un Abrégé des Voyages faits en Europe dans les derniers temps, Paris, 1803—1805, 12 vol. in-8°. On lui reproche de ne s'être attaché qu'à un seul voyageur pour chaque pays, ce qui l'a empêché de donner à sa compilation le degré d'intérêt dont elle étoit susceptible.

§ IV. COLLECTIONS DE VOYAGES.

Nous ne dirons qu'un mot de la collection dite des *Grands et Petits Voyages*, si recherchée des curieux; sa rareté empêche de la placer dans beaucoup de bibliothèques : ceux qui voudront connoître les pièces qui la composent, en trouveront le détail exact dans l'ouvrage de M. Camus, intitulé : *Mémoire sur la collection des grands et petits Voyages*, etc., Paris, 1802, in-4°.

Pour redresser une erreur de notre prédécesseur, l'abbé de la Porte, nous nous arrêterons un peu sur la relation de divers voyages curieux, qui n'ont point encore été publiés, et qu'on a traduits ou tirés des originaux des voyageurs Français, Espagnols, etc., donnée au public par les soins de Melchisedech Thevenot. La meilleure édition de ce recueil est celle de 1696, 2 vol. in-fol. *Le Mémoire* de M. Camus fait aussi connoître les pièces qui doivent se trouver dans cette collection.

L'abbé de la Porte a confondu Melchisedech Thevenot avec Jean Thevenot son neveu, auteur des Voyages en Europe, Asie et Afrique, Paris, 1665 et années suivantes, 3 vol. in-4°.; Amsterdam, 1727, 5 vol. in-12.

L'ABBÉ DE LA PORTE, L'ABBÉ DE FONTENAY ET DOMAIRON.

On a dit que les voyages étoient les romans des philosophes. L'histoire des peuples éloignés de nous à des distances considérables et sous un ciel différent du nôtre, nous transporte dans un monde où tout est nouveau à nos yeux. C'est le plaisir qu'on éprouve en lisant *le Voyageur Français*, ou la Connoissance de l'ancien et du nouveau monde, commencé en 1765 par l'abbé de la Porte, continué par l'abbé de Fontenay et par M. Domairon, et dont il a paru 42 vol. in-12.

L'abbé de la Porte a cru qu'une Histoire des Voyages, en forme de lettres, dont le style familier, commode, agréable, est à la portée de tous les lecteurs, amuseroit plus et soutiendroit mieux l'attention, qu'une relation suivie, continue et didactique.

Tous les objets faits pour exciter l'attention d'un lecteur philosophe, les lois, les mœurs, les usages, la religion, le gouvernement, le commerce, les sciences, les arts, les modes, l'habillement, les productions naturelles, en un mot, la connoissance de tous les pays et de toutes les nations de l'univers, font la matière de cet ouvrage. Un mérite particulier, et qu'on ne peut trop louer dans *le Voyageur Français*, c'est l'attention qu'a eue l'abbé de la Porte, de rappeler à chaque instant quelques traits de l'histoire ou des mœurs de notre nation, qu'il compare ou qu'il oppose aux mœurs et à l'histoire des pays qu'il parcourt. Tel est le caractère propre de cet ouvrage : il fait connoître nos usages aux étrangers, par l'opposition ou la ressemblance qu'ils ont avec nous.

Les vingt-six premiers volumes du *Voyageur Français* sont de l'abbé de la Porte ;
les

les tomes 27 et 28, de l'abbé de Fontenay ; les suivans, de Domairon.

On a fait à l'abbé de la Porte des reproches assez fondés : comme il n'avoit rien vu, il a toujours puisé dans des sources étrangères, mais sans discernement et sans critique : ses continuateurs ont mis plus de soin dans leurs extraits ; mais leur style n'a paru ni aussi coulant, ni aussi ingénieux.

M. CAMPE ET M. BRETON.

Il y a du choix et du travail dans la collection intitulée, *Bibliothèque géographique et instructive des jeunes gens*, ou *Recueil de Voyages intéressans pour l'instruction et l'amusement de la jeunesse*, par Campe, traduit de l'allemand par J.-B. Breton, orné de cartes et de figures, Paris, Dufour, 1801 et années suivantes, 72 vol. in-18 ; le rédacteur s'est contenté de donner une esquisse des principaux Voyages qui ont été faits dans les diverses parties de la terre, esquisse suffisante pour des jeunes gens occupés de plusieurs autres sortes d'études, pour des femmes que rebutent souvent les détails nautiques, géographiques et d'histoire naturelle, et même pour beaucoup d'hommes trop occupés de leurs affaires et de leurs plaisirs, pour consacrer beaucoup de temps à la lecture.

M. Breton a beaucoup étendu le plan de M. Campe, de manière qu'on doit moins le considérer comme le traducteur de cet estimable étranger, que comme l'abréviateur des voyageurs les plus célèbres.

M. LANGLÈS.

On doit à ce savant orientaliste, une Collection portative de Voyages traduits de différentes langues orientales et européennes, Paris, 1797 — 1806, 5 vol. in-18. L'habile traducteur mérite d'autant plus de reconnoissance, que le nombre des Voyages traduits des langues orientales est encore fort petit.

§ V. VOYAGES AUTOUR DU MONDE.

PIGAFETTA.

Antoine Pigafetta, gentilhomme de Vicence, qui avoit quelque connoissance de l'astronomie et de la géographie, obtint la permission d'accompagner Magellan, lorsque celui-ci s'embarqua le 10 août 1519, pour faire des découvertes dans le grand Océan; c'étoit un homme actif, admirateur des grandes entreprises, et qui possédoit à un haut degré l'esprit d'observation et le désir de s'instruire.

Pendant son voyage, il étudia les différens idiomes des peuples qu'il visita, il en forma des espèces de vocabulaires plus ou moins étendus. Il ne restoit de l'expédition de Pigafetta, qu'une relation écrite par lui-même, à la sollicitation du pape Clément VII et du grand-maître de Rhodes. Cette relation a été trouvée dans la bibliothèque Ambroisienne de Milan, et M. Ch. Amoretti, bibliothécaire, l'a traduite de l'italien en français, après avoir traduit l'original même, écrit dans un mélange d'italien, de vénitien et d'espagnol, en italien moderne : il l'a rectifiée par des notes qui avertissent le lecteur des erreurs de Pigafetta, sur des objets de physique et d'histoire naturelle.

La traduction de M. Amoretti est intitulée : *Premier Voyage autour du Monde*, par le chevalier Pigafetta, sur l'escadre de Magellan, pendant les années 1519, 20, 21 et 22, suivi de l'extrait du Traité de navigation du même auteur, Paris, 1802, in-8°. avec cartes et figures.

Outre la relation de Pigafetta, on trouve

encore dans ce volume les trois vocabulaires de la langue du Brésil, de celle des Patagons, et de celle des îles de la mer du Sud, et enfin une notice sur Martin Behaim, navigateur Portugais, traduit de l'allemand de M. de Murr, par M. Jansen.

GEMELLI CARRERI.

Le Voyage fait autour du monde en 1693 et années suivantes, traduit de l'italien de Gemelli, Carreri par le Noble, Paris, 1715, 6 vol. in-12, peut encore être consulté avec fruit; ce qu'il a dit du Mexique est précieux pour le temps où il écrivoit. Il s'applique surtout à relever les fautes de Tavernier, dont il blâme la crédulité sans accuser sa bonne foi : on estime la fidélité de sa narration et l'exactitude judicieuse de sa critique.

G. DAMPIER.

On est étonné de trouver dans le nouveau Voyage autour du Monde, commencé en 1676 par G. Dampier, simple chirurgien de vaisseau, tant de connoissances nautiques, astronomiques et physiques ; ce courage qui lui fit entreprendre, à plusieurs reprises, de si longs voyages ; cette persévérance à les conduire à leur terme; ce talent d'observer et de décrire des climats et des peuples si divers; ce jugement toujours sûr, cette critique toujours judicieuse, qui n'ont rien laissé glisser de hasardé dans des relations si étendues, et qui ont mérité à Dampier un si haut degré de confiance; c'est à ce navigateur qu'on doit la première relation circonstanciée de la Nouvelle Hollande, à peine connue jusqu'à lui, et que le célèbre Cook a visitée depuis avec tant de soin.

La meilleure édition de la traduction française du Voyage de Dampier, est celle de Rouen, 1715, 5 vol. in-12; on y a joint le Voyage de Lyonel Wafer, celui de Wood, celui de Couley, etc.

WOOD-ROGERS.

Il y a des inutilités dans la relation du Voyage fait autour du Monde en 1708 et dans les années suivantes, par le capitaine anglais Wood-Rogers, Amsterdam, 1728, 3 vol. in-12. Ce voyageur fait diverses observations assez curieuses sur le Mexique et la Californie; le traducteur eut dû ranger chaque chose à sa place.

GEORGE ANSON.

Le Voyage autour du Monde, fait dans les années 1740 et 1744, par George Anson, commandant en chef l'escadre de S. M. Britannique, traduit en français par l'abbé de Gua de Malves, Paris, 1750, in-4°., ou 4 vol. in-12, est recommandable par des vues fidèlement dessinées de divers pays peu connus jusqu'alors, par des plans de ports et de rades si précieux pour les navigateurs, par des cartes dressées avec la plus grande intelligence, par des descriptions rédigées avec autant d'agrément que de clarté. Ce qui intéresse encore singulièrement toutes les classes de lecteurs, c'est le récit des traverses que l'escadre eut à essuyer pour doubler l'orageux cap de Horn, nouveau passage de l'Océan atlantique dans la mer du Sud; c'est la description attachante de la délicieuse île de Juan Fernandez, où l'amiral Anson eut l'attention philantropique de semer des graines de plantes potagères, et d'autres substances végétales pour le soulagement de ceux qui, à l'avenir, viendroient aborder dans cette île.

Le Voyage de l'amiral Anson a été rédigé par Benjamin Robins, auteur des *Nouveaux Principes d'Artillerie*, dont M. Dupuy a publié une traduction française, Grenoble, 1771, in-8°.

L'accueil favorable que le public a fait à la Relation de l'amiral Anson, et l'intérêt qu'il a pris aux malheurs qui sont arrivés aux vaisseaux de sa flotte, ont assuré le succès du Voyage à la mer du Sud, fait par quelques officiers commandant le vaisseau *le Wager*, pour servir de suite au Voyage de G. Anson, traduit de l'anglais par l'abbé Rivers, et revu par l'abbé Laugier, Lyon, 1756, un vol. in-4°. ou in-12. Ce supplément renferme les choses les plus étonnantes, et il n'y a guères d'exemples de malheurs comparables à ceux dont il présente le récit.

M. DE BOUGAINVILLE.

Peu de Voyages se lisent avec autant de plaisir que celui de M. de Bougainville autour du monde, par la frégate *la Boudeuse*, en 1766, 67, 68 et 69, seconde édition, Paris, 1772, 2 vol. in-8°. Cet illustre voyageur relâcha d'abord au Paraguay, dans le principal établissement des Portugais, et il en fait une description attachante sous les rapports physiques et commerciaux. Les détails qu'il donne sur les îles Malouïnes et sur le Brésil, sont également instructifs ; ses réflexions sur l'origine, les progrès et la décadence des misssions des jésuites, décèlent un profond penseur. On le suit avec le plus vif intérêt dans son passage par le détroit de Magellan, et lors de son débarquement dans la mer du Sud. Le lecteur est agréablement surpris de trouver à la suite d'observations nautiques et astronomiques les plus lumineuses, d'aperçus piquans et philosophiques, le délicieux tableau de l'île de Taïti, devenue si célèbre depuis qu'elle a été visitée par les plus fameux navigateurs du siècle passé.

DE PAGÈS.

M. de Pagès, capitaine des vaisseaux du roi, chevalier de Saint Louis, et correspondant de l'académie des sciences de Paris, publia, en 1782, la relation de ses Voyages autour du Monde et vers les deux pôles, par terre et par mer, pendant les années 1767 à 1776, 2 vol. in-8°. Il s'embarqua sur un bateau français allant à la Nouvelle Orléans,

Orléans, attendant ses succès de la Providence, de son courage, de sa patience, de l'habitude d'une vie dure, laquelle devoit rendre supportables les fatigues du voyage, enfin, de la résolution de se livrer au travail des mains, si les circonstances l'y forçoient. Ce voyageur réunissoit donc les lumières de l'esprit, la force de l'âme et celle du tempérament. On trouve dans son Voyage des détails très-curieux sur les mœurs des peuples qu'il a visités : il présente aussi une foule d'observations physiques très-importantes.

BYRON, CARTERET, WALLIS ET COOK.

Rien n'est plus célèbre que la Relation des Voyages entrepris pour faire des découvertes dans l'hémisphère austral, et exécuté par le chef d'escadre Byron, et les capitaines Carteret, Wallis et Cook, tirée des journaux des différens commandans, et des mémoires de Joseph Banks et du docteur Solander, par Jean Hawkesworth, traduite en français par MM. Suard et Demeunier, et enrichie de cartes, planches et figures, Paris, 1774, 4 vol. in-4°. Si l'on joint à cette Relation le second Voyage de Cook autour du

Monde, traduit par M. Suard, Paris, 1778, 5 vol. in-4°., et le troisième Voyage de Cook, ou Voyage à l'Océan Pacifique, traduit par M. Demeunier, Paris, 1785, 4 vol. in-4°., on aura la collection des Voyages modernes la plus digne de l'attention des lecteurs philosophes.

On doit à Byron, Carteret et Wallis, de savantes observations sur la navigation des détroits de la mer du Sud; une description exacte des côtes de la terre des Patagons; une dissertation lumineuse sur cette race d'hommes extraordinaires : cette dissertation se trouve dans l'introduction qui précède les trois Voyages. On doit aux mêmes navigateurs la réformation de plusieurs erreurs sur le gisement des terres, des renseignemens précieux sur la Nouvelle Bretagne; la découverte d'un nouveau détroit, et des îles George et Charlotte; enfin, la connoissance de cette fameuse île de Taïti, que Wallis paroît avoir vue le premier, puisqu'il y aborda en 1767, une année avant l'arrivée de Bougainville dans cette île.

Cook, dans le cours de ses Voyages, a donné des notions plus étendues qu'on ne les avoit eues jusqu'à lui, des deux extrémités les plus opposées de l'échelle des peuples sauvages ; aucun voyageur n'a autant concouru que lui à ramasser des matériaux précieux pour l'histoire de la partie de l'espèce humaine, qui est plus ou moins éloignée de recueillir les avantages de la civilisation.

Aux droits que Cook a, par ses découvertes, acquis à la reconnoissance éternelle du genre humain, il faut ajouter les avantages inappréciables que l'histoire naturelle peut recueillir de ses trois Voyages, et les rapprochemens précieux que peut faire l'observateur philosophe, d'après les tableaux de tant de nations soumises au seul empire de la nature.

Mais au sentiment de l'admiration, se joignent les mouvemens d'une sensibilité profonde, lorsque l'on considère toutes les mesures que l'amour de l'humanité suggère à Cook, soit pour la conservation de son équipage au moyen des alimens les plus sains et des antiscorbutiques les plus sûrs, soit pour ménager aux voyageurs à venir, ou pour procurer aux insulaires eux-mêmes des moyens assurés de subsistance, par les plus utiles espèces d'animaux et les plus salutaires plantes potagères qu'il transplanta dans les îles de la mer du Sud et dans les Terres australes ; on est attendri, surtout, de la sollicitude de Cook pour la conservation de l'espèce humaine, dans quelque degré d'abrutissement qu'elle fût tombée. C'est cet esprit de philantropie, si rare autrefois chez les marins, qui lui fait donner, à tant de reprises, les ordres les plus rigoureux à son équipage, d'éviter toute espèce de provocation avec les peuplades sauvages ; de n'employer même contre elles la force qu'autant qu'on y sera contraint par quelque violente agression ; d'épargner dans ce cas-là même, autant qu'il sera possible, l'effusion du sang. Faut-il qu'en dépit de ces précautions si touchantes, et par un funeste mal-entendu, l'infortuné Cook ait été assassiné à la vue de son équipage, par ces mêmes insulaires qui, jusqu'à ce moment, l'avoient regardé comme une divinité bienfaisante !

Rappelons ici un fait qui fait honneur à la France : en 1779, le ministre de la marine adressa une lettre circulaire à tous les commandans des vaisseaux du roi, au plus fort des hostilités entre la France et l'Angleterre, pour leur enjoindre de respecter, partout où ils le rencontreroient, le pavillon du capitaine Cook, et de traiter ce voyageur comme le commandant d'une puissance neutre et alliée : cette démarche noble et généreuse fut suggérée au ministre par Turgot, et l'influence qu'il y avoit eue, n'a été révélée que depuis sa mort par son digne ami Condorcet.

La collection des Voyages de Cook a été aussi imprimée en 18 vol. in-8°., avec atlas in-4°.

BERENGER.

Ce laborieux écrivain a fait une entreprise agréable au public, en réunissant tous les Voyages faits autour du Monde par les différentes nations de l'Europe. Cette collection, imprimée à Lausanne en 1788 et 1789, forme 9 vol. in-8°.; il l'a augmentée d'un dixième volume dans une seconde édition publiée en 1795. Le rédacteur s'est borné à tout ce qui étoit utile ou agréable dans les relations originales; il a conservé les événemens qui peuvent instruire et ceux qui peuvent intéresser : on y trouve la description des pays parcourus, parce qu'elle importe à la géographie; celle des peuples, de leurs gouvernemens, de leurs mœurs;

tout ce qui est relatif aux arts, à l'histoire naturelle, parce que les lecteurs qui veulent s'instruire, même en s'amusant, ne recherchent guères que ces objets dans les voyages : tous les détails nautiques, tous les faits trop étendus et qui ne devoient leur importance qu'au moment les, dissertations particulières ont été, ou retranchées, ou abrégées.

M. MILET-MUREAU.

On doit à ce général la rédaction du Voyage de Lapérouse autour du Monde, Paris, imprimerie nationale, an V (1797), 4 vol. in-4°., ou an VI (1798), 4 vol. in-8°., avec atlas in-fol. Tous les journaux envoyés par Lapérouse n'étoient que des matériaux qui devoient lui servir un jour à écrire l'histoire de son voyage : au retour d'une pareille expédition, ceux qui y ont participé, arrangent leurs matériaux, et leur donnent le degré de perfection dont ils sont susceptibles ; et par une fatalité sans exemple, tous ont péri, et le rédacteur seul a été obligé de suppléer, en rassemblant ce qui a pu échapper du naufrage, la touche vraie et forte des voyageurs qui n'auroient rien dit, qu'ils n'eussent eux-mêmes éprouvé. M. de Fleurieu, ancien ministre de la marine, aujourd'hui sénateur et membre de l'Institut, avoit promis de se charger de la rédaction de cet ouvrage; mais des circonstances l'ayant forcé d'y renoncer, il a dirigé le choix, d'après le vœu de Lapérouse même, sur quelqu'un qui eût du moins fait une étude des sciences exactes et naturelles, base essentielle d'un tel ouvrage : c'est M. Milet-Mureau, général de brigade dans le corps du génie et directeur des fortifications, qui a bien voulu entreprendre cette tâche, dont il s'est acquitté de manière à lui assurer la reconnoissance de tous les hommes intéressés aux progrès des sciences et des lumières.

ÉTIENNE MARCHAND.

Il faut joindre aux précédens ouvrages, le Voyage autour du Monde pendant les années 1790, 1791 et 1792, par Etienne Marchand, précédé d'une introduction historique, Paris, de l'imprimerie de la république, an VI, 3 vol. in-4°., ou 5 vol. in-8°., avec atlas in-4°. La première relâche du capitaine Marchand se fit dans l'une des îles Marquises: à la suite d'un tableau général de ces îles, il donne une description détaillée du climat, du sol, des productions et des animaux : il s'étend beaucoup sur le physique des habitans, sur leur manière de se nourrir et de s'habiller, sur leur caractère, leurs mœurs, leurs usages, leur industrie et leurs exercices. A la suite de son Voyage se trouvent d'excellentes observations nautiques, hydrographiques et astronomiques; des descriptions très exactes de poissons, de cétacées, d'amphibies, d'oiseaux de la Zone torride, la plupart peu connus, d'un assez grand nombre de plantes, et de plusieurs productions marines.

L'éditeur, M. de Fleurieu, si avantageusement connu par la relation de ses propres Voyages, a enrichi celui de Marchand d'un tableau des pêches périodiques, de recherches sur les terres reconnues par Drack, et de l'examen des découvertes faites par Roggewin.

M. LABILLARDIÈRE.

Le 21 février 1791, l'assemblée constituante décréta que le roi seroit prié de faire armer un ou plusieurs vaisseaux, sur lesquels seroient embarqués des savans, des naturalistes, des dessinateurs, et de donner au commandant la double mission de faire
la

la recherche de Lapérouse, d'après les documens qui leur seroient donnés, et de joindre à cette recherche toutes celles qui pourroient être utiles à la géographie, à la navigation, au commerce, aux arts et aux sciences : l'exécution de ces mesures a donné lieu à l'ouvrage intitulé, *Relation du Voyage à la recherche de Lapérouse*, par M. Labillardière, Paris, an VIII, 2 vol. in-4°., avec atlas grand in-fol., ou 2 vol. in-8°., avec atlas sur un papier plus petit.

VANCOUVER.

Le capitaine Vancouver a reconnu et relevé 32 degrés de la côte nord-ouest de l'Amérique, d'une manière si détaillée et si complète, qu'à cet égard il est au-dessus de tous les navigateurs, sans en excepter le célèbre Cook, qui lui a servi de maître. Ce hardi navigateur a tout découvert et tout déterminé en fait d'hydrographie : il présente, d'ailleurs, le tableau des tribus sans nombre qu'il a rencontrées ; il décrit les établissemens qu'y ont formés les Russes ; il fait connoître tous les postes militaires, et chacune des missions que les Espagnols ont établies depuis la côte de la Californie jusqu'à Nootka.

A Taïti, Vancouver trouva des changemens remarquables dans le gouvernement du pays, et il entre à cet égard dans un assez grand détail; à leurs guerres, autrefois toutes maritimes, avoient succédé des combats sur terre. Les vrais philantropes n'apprendront pas sans éprouver un sentiment douloureux, que ces guerres ont détruit à Taïti la plupart des animaux utiles et des plantes nourricières dont Cook avoit enrichi ces îles.

On peut lire ces détails, et mille autres du plus grand intérêt, dans les Voyages et Découvertes à l'Océan Pacifique du nord et autour du Monde, en 1790, 1791, 1792, 1793 et 1794, par le capitaine George Vancouver, traduit de l'anglais par MM. Morellet et Demeunier, ouvrage enrichi de dix-huit figures et d'une carte, Paris, de l'imprimerie de la république, an VIII, 3 vol. in-4°. avec atlas grand in-fol.

Le même ouvrage a été traduit postérieurement par M. Henry, Paris, an X, 5 vol. in-8°. avec atlas in-8°.

Le nouveau traducteur a omis une foule de détails nautiques assez inutiles pour la classe ordinaire des lecteurs.

§ VI. VOYAGES EN DIFFÉRENTES PARTIES DU MONDE.

PAUL LUCAS.

Paul Lucas a ses partisans et ses adversaires : les uns l'accusent d'outrer le merveilleux, et de ne débiter que des fables ; les autres entreprennent de le justifier ; et en effet, des relations postérieures ont attesté la véracité de ce voyageur : ce qu'on peut lui reprocher de réel, est une enflure de style qui dépare sa narration.

On a de Paul Lucas, trois Voyages : le premier est un Voyage au Levant, Paris, 1704, 2 vol. in-12 : il comprend l'Europe, l'Afrique et l'Asie; Baudelot Dairval en a été le rédacteur; le deuxième est intitulé, *Voyage fait par ordre du roi dans la Grèce, l'Asie mineure*, etc., Paris, 1712, 2 vol. in-12 : il a été rédigé par Fourmont l'aîné ; le troisième a été fait aussi par ordre du roi, en 1714, dans la Turquie, l'Asie, etc., Paris, 1719, 3 vol. in-12 : on en doit la rédaction à l'abbé Banier. Ces trois Voyages sont recherchés.

LE BRUYN.

Corneille le Bruyn est généralement estimé, et il mérite de l'être. Comme il étoit bon dessinateur et bon peintre, il a mieux exécuté les dessins qu'il nous a donnés, que s'il les avoit fait exécuter par un autre. Un lecteur équitable passera l'éponge sur le goût germanique de cet écrivain, qui s'arrête un peu trop à des minuties, et sur une certaine sécheresse inséparable des petits détails, dans lesquels son style est noyé. Ses Voyages, traduits de l'allemand en français, parurent à Amsterdam in-fol., 2 vol., et à Rouen, in-4°., 5 vol., avec des notes de l'abbé Banier.

TOURNEFORT.

On fait encore un grand cas aujourd'hui de *la Relation d'un Voyage du Levant*, fait par ordre du roi, contenant l'Histoire ancienne et moderne de plusieurs îles de l'Archipel, de Constantinople, des côtes de la Mer Noire, de l'Arménie, de la Géorgie, des frontières de Perse et de l'Asie mineure ; avec les plans des villes et des lieux considérables, le génie, les mœurs, le commerce et la religion des différens peuples qui les habitent, et l'explication des médailles et des monumens antiques; enrichie des descriptions et des figures d'un grand nombre de plantes rares, de divers animaux, et plusieurs observations touchant l'histoire naturelle, par le célèbre Tournefort, en deux volumes in-4°., Paris, 1717, et en trois vol. in-8°., Lyon, 1718.

Le principal objet des Voyages de ce savant, fut la botanique. Après avoir reconnu dans la Grèce toutes les plantes des anciens, il en rapporta près de quatorze cents qui avoient échappé à leurs recherches. Aux observations de l'herboriste, il joint plusieurs remarques qui prouvent une grande connoissance de l'Histoire ancienne et moderne, et une vaste érudition. Son voyage est orné de figures.

LE PÈRE VILLOTTE.

Cet auteur est principalement connu par des ouvrages publiés à Rome, en langue arménienne; mais lorsqu'il fut de retour à Paris, il confia à son confrère Nicolas Frizon, jésuite comme lui, les notes qu'il avoit recueillies dans ses voyages. Celui-ci les rédigea et les fit paroître sous le titre de Voyages d'un missionnaire jésuite en Turquie, en

Perse, en Arménie, en Arabie et en Barbarie, depuis l'an 1688 jusqu'en 1709, Paris, 1730, in-12 : le fond de cet ouvrage n'est qu'un long itinéraire de seize courses qu'a faites le missionnaire chez les infidèles, pour la propagation de la foi, et des dangers auxquels il a été exposé; ce qui grossit le livre, c'est le rapport qu'on prétend découvrir entre l'ancienne et la nouvelle géographie: on y trouve aussi un Traité sur les incommodités des caravanes, une Digression sur le lieu du Paradis Terrestre, des particularités sur les Turcs et sur les révolutions de Perse; enfin, un long Traité sur l'ancienne Babylone et sur la tour de Babel.

FLACHAT.

Jean-Claude Flachat, né à Lyon, mort vers 1767, directeur de la manufacture royale de Saint Chamond, a publié un véritable Voyage, sous le titre d'*Observations sur le Commerce et les Arts* d'une partie de l'Europe, de l'Asie, de l'Afrique, et même des Indes Orientales, Lyon, 1766, 2 vol. in-12, avec figures. L'auteur étoit un négociant, qui, n'ayant voyagé que pour acquérir toutes les connoissances qu'on peut se procurer par cette voie sur le commerce, rapporta presque tout à ce but. Il passe d'abord en Italie, et il en parcourt rapidement les places les plus commerçantes et les plus belles villes; mais on le voit appliqué partout aux objets du commerce ou des arts, y donner sa principale attention, visiter les manufactures, examiner les fabriques et les ateliers, et en dessiner les machines. D'Italie il se rend en Allemagne, de là en Hongrie, et ensuite à Constantinople. C'est son séjour dans la capitale des empereurs Ottomans, qui mérite, à notre avis, d'occuper le plus la curiosité des lecteurs. Cette relation de Constantinople fait bien connoître cette grande ville et l'intérieur du sérail. Le voyageur ne parle guères que de ce qu'il a vu ou de ce qu'il a su de gens bien instruits et fort sûrs.

MILADY MONTAGUE.

Les Lettres de Madame Wortley Montague, écrites pendant ses Voyages en Europe, en Asie et en Afrique, etc., traduites de l'anglais sur la seconde édition, par le Père Brunet, dominicain, en 1763 et en 1768, forment trois petits vol. in-12.

Il y a long-temps que le nom de madame

Montague est célèbre en France ; Voltaire est un des premiers qui nous l'ait fait connoître ; il en a parlé avec éloge dans ses Lettres philosophiques, à propos de l'inoculation dont madame Montague avoit apporté le secret en Angleterre. Ses lettres ont été écrites pendant ses voyages et son séjour à Constantinople, où elle avoit suivi son époux qui y étoit ambassadeur de la cour de Londres. Madame Montague a eu des liaisons avec les plus beaux génies de sa patrie, Pope, Congrève, etc. ; elle a même composé quelques vers de société, ce qui suppose, sinon des talens, du moins de ce bel esprit qui fait l'amusement des maisons particulières.

Toute la partie des Lettres de cette dame qui concerne les Turcs, est d'un intérêt, d'un agrément qui font voir que milady étoit pourvue d'une imagination riante, qu'embellissoit ce beau séjour ; à l'égard des autres traits répandus dans ces Lettres, ils sont peu curieux ; le traducteur auroit dû supprimer des indécences, peu ingénieuses d'ailleurs, échappées contre notre nation et contre la religion romaine. Autres défauts : madame Montague se donne la torture pour mettre de l'esprit à la fin de ses Lettres ; ce qui les rend

alors

alors lourdes et pesantes, et bien éloignées de cette légèreté qui découle de la plume de madame de Sévigné : le style original est estimé, mais celui du traducteur est incorrect.

On doit à M. Anson, connu par une traduction en vers d'Anacréon, une traduction plus exacte et plus élégante des Lettres de Milady Montague; elle parut en 1795, 2 vol. in-12 : mais il en existe une seconde édition mieux imprimée en 1805; elle est augmentée d'une traduction des poésies de l'illustre Anglaise, par M. Germain Garnier.

MAIHOWS.

Les objets qui sont traités dans le livre de M. Flachat, sont à peu près les mêmes qui ont occupé l'auteur du *Voyage en France, en Italie et aux îles de l'Archipel,* ou Lettres écrites de plusieurs endroits de l'Europe et du Levant en 1750, etc., avec des observations sur diverses productions de la nature et de l'art; ouvrage traduit de l'anglais de Maihows, par M. de Puisieux, à Paris, 1763, 4 vol. in-12.

Nous avons beaucoup de Voyages de France, d'Italie, de Grèce; mais celui-ci n'a presque rien de commun avec ceux que nous connoissons. Un Anglais instruit et curieux voit bien autrement qu'un Français : on en jugera par ces Lettres, qui sont un peu monotones pour le ton, mais dans lesquelles on trouve des remarques utiles. Le voyageur Anglais, très-riche seigneur, qui possède excellemment l'art de voyager, et surtout celui d'observer, tous deux plus rares qu'on ne pense, étoit accompagné d'un habile physicien, dont les découvertes enrichissent extrêmement ses relations.

POCKOCKE ET AUTRES.

Richard Pockocke, qui nous a donné la relation de ses Voyages en Orient, en Egypte, dans l'Arabie, la Palestine, la Syrie, la Grèce, etc., joignoit la plus vaste érudition à une ardeur insatiable de connoître tout ce qui a rapport à l'antiquité. On ne peut s'empêcher d'admirer l'exactitude des descriptions qu'il a faites, des plus célèbres monumens que le temps a respectés, le détail circonstancié des villes qu'il a vues, des curiosités et du commerce des pays qu'il a parcourus. La relation qu'il nous a laissée de ses Voyages, n'est point une de ces nomenclatures sèches et stériles, qui ennuient et fatiguent le lecteur, au lieu de l'amuser et l'instruire ; il est peu de pages où l'on ne puisse trouver à profiter. On en désireroit une meilleure traduction que celle qui a été donnée par la Flotte, Paris, 1772, 7 vol, in-12 ; d'ailleurs, elle n'est pas terminée.

Le Voyage de Pockocke et ceux de plusieurs autres savans Anglais, ornés de planches et de gravures, formeroient une collection de plus de dix volumes in-folio, que peu de personnes seroient en état de se procurer. Pour ne pas en priver entièrement le commun des lecteurs, que cette dépense pourroit effrayer, on a choisi ce que ces différens auteurs présentent de plus intéressant ; et l'on a rassemblé, dans un même recueil, les détails les plus curieux de leurs Voyages. L'éditeur Anglais, qui a entrepris cette rédaction, a vu son travail accueilli en Angleterre ; et le succès de cet abrégé a fait naître l'idée à M. de Puisieux, avocat, de la traduire en notre langue, en quatre volumes in-12, sous ce titre : *les Voyageurs modernes*, ou Abrégé de plusieurs Voyages faits en Europe, en Asie et en Afrique, traduit de l'anglais, Paris, 1760.

POIVRE.

Quoique le volume intitulé, *Voyages d'un philosophe*, ou Observations sur les mœurs et les arts des peuples de l'Afrique, de l'Asie et de l'Amérique, Yverdun, 1758, soit d'un très-petit format, il y a certainement plus de choses et de sens, de raison, de philosophie et de vues, que dans beaucoup de gros volumes, où la forme est absorbée par la matière. L'Asie entre pour beaucoup dans les Observations de M. Poivre, voyageur politique, économiste et physicien, à qui rien d'intéressant de ce qui concerne les vrais biens des hommes, ne paroit avoir échappé.

Ce Voyage a été réimprimé en 1794, in-8°., et en 1797, in-18, avec une curieuse notice sur la vie de M. Poivre, par M. Dupont de Nemours.

M. OLIVIER.

Ce qui donne le plus grand prix au Voyage de M. Olivier dans l'Empire Ottoman, l'Egypte, la Perse, la Barbarie, Paris, 1801, 1804 et 1807, 3 vol. in-4°., ou 6 vol. in-8°., avec trois atlas in-4°., ce sont les lumières qu'il y a répandues sur diverses branches de l'histoire naturelle : c'est assez injustement, ce semble, qu'on lui reprocha, lorsque la première partie de son ouvrage parut, de s'être trop occupé de décrire les plantes et leurs divers genres, de s'être trop étendu sur la géologie et la minéralogie des pays. L'accumulation des siècles qui se sont écoulés depuis les beaux temps de la Grèce et de l'Orient, la domination oppressive des possesseurs actuels de ces célèbres contrées, ont tellement contribué à détruire jusqu'aux plus foibles restes de leurs monumens, que ceux qui y voyageront à l'avenir, ne pourront plus y faire des excursions utiles qu'en s'occupant de géologie, de zoologie, de botanique et des autres branches de l'histoire naturelle : les plus beaux, les plus solides ouvrages de l'industrie des hommes, ne résistent point aux ravages du temps et de la barbarie ; les merveilles, les beautés de la nature sont impérissables.

LE BARON DE RIEDESEL.

Le Voyage en Sicile et dans la Grande Grèce, par le baron de Riedesel, traduit de l'allemand par Frey des Landres, Lausanne, 1773, in-12, est composé de plusieurs lettres adressées par l'auteur à son ami, le célèbre Winkelmann; ce Voyage, réimprimé à Paris en 1802, in-8°., avec celui du Levant, par le même auteur, est le premier qui nous ait fait connoître les restes de ces magnifiques monumens, qui ajoutoient les richesses de l'art à celles qu'a prodiguées la nature à cette île.

En décrivant les ruines des villes, des ports, des aquéducs, des temples, des théâtres, des amphithéâtres répandus sur tous les points de la Sicile; le voyageur, avec le secours des notions éparses chez quelques auteurs de l'antiquité, rappelle sans cesse l'ancien état de ces monumens du goût et de l'industrie des Siciliens, dans les temps de leur antique splendeur.

M. IRWIN.

Dans la Relation très-intéressante d'un Voyage à la Mer Rouge, sur les côtes de l'Arabie, en Egypte et dans les déserts de la Thébaïde, etc., dans les années 1780 et 1781, par M. Eyles Irwin, traduit sur la troisième édition anglaise, par M. Paraud, Paris; 1792, 2 vol. in-8°., les déchirantes images des calamités qu'essuyèrent Irwin et ses compagnons, toujours à la veille d'être massacrés par des hordes errantes, sont adoucies par le portrait consolant que fait le voyageur du grand chef des Arabes, dont les vertus rappellent celles des princes qui ont le plus honoré l'humanité. Irwin trouva aussi dans les femmes Arabes, cette sensibilité profonde, cette compassion active dont rarement ce sexe se dépouille chez les nations même les plus barbares.

LES JÉSUITES.

Il y a beaucoup de géographie, de topographie, d'histoire naturelle, des éloges communément bien faits de plusieurs missionnaires, dans *les Lettres édifiantes et curieuses*, écrites des missions étrangères, par quelques missionnaires de la compagnie de Jésus ; c'est ce qui fait rechercher ce recueil. Pour ce qui est des martyrs dont on y parle, des conversions singulières qu'on y détaille, *credat judæus Apella, non ego.* Tel est le jugement que porte sur cette importante collection dans le catalogue manuscrit des livres de sa bibliothèque, le pieux et savant abbé Goujet. Les premiers et principaux éditeurs des *Lettres édifiantes*, ont été les Pères le

Gobien, du Halde, Ingou, la Neuville et Patouillet: leur collection forme 32 volumes; elle étoit devenue très-rare ; une nouvelle édition, commencée en 1780 et terminée en 1783, l'a sauvée de l'oubli dans lequel elle alloit tomber. L'avantage que cette nouvelle édition a sur la précédente, c'est l'ordre que l'on a répandu dans cette collection immense : une lettre de la Chine ou de l'Inde étoit suivie immédiatement par une autre datée de l'Amérique; si cet arrangement paroissoit favorable à la variété, il n'étoit point propre à satisfaire les lecteurs, qui aiment à suivre leurs objets et à classer, sans peine, leurs idées et leurs connoissances : ceux-ci applaudiront à l'ordre qu'on a suivi dans la nouvelle édition ; elle est partagée en 4 parties, dont la première renferme les Mémoires du Levant, la plus ancienne des missions françaises; la seconde, les Lettres de l'Amérique ; la troisième, celles qui ont été écrites de l'Inde; et la quatrième, celles de la Chine, du Tonquin et de la Cochinchine : chaque partie est précédée d'une préface instructive. Cette nouvelle édition, composée de 26 volumes, a été rédigée par l'abbé Querbeuf; l'abbé Brotier, l'éditeur célèbre
de

de Tacite et de Pline, a bien voulu l'aider de ses lumières et de ses conseils, et il lui doit presque toutes les notes ajoutées à la partie qui contient les Mémoires du Levant; elles sont courtes, claires, et destinées à rectifier quelques erreurs lorsque les missionnaires qui ont écrit, ont rendu compte d'objets qui leur étoient étrangers, et d'après des rapports tantôt exagérés, tantôt infidèles.

L'abbé Querbeuf a été assez prudent, quoiqu'ex-jésuite, pour retrancher plusieurs détails de pratiques pieuses, exposées souvent longuement et d'une manière minutieuse, et une multitude de miracles, qui ne sont pas toujours bien avérés: il a ainsi confirmé le jugement du célèbre Goujet.

§ VII. VOYAGES EN DIFFÉRENTES PARTIES DE L'EUROPE.

M. REICHARD.

Le public éclairé de tous les pays, a fait un accueil distingué à l'ouvrage intitulé, *Guide des Voyageurs en Europe*, par M. Reichard, conseiller de guerre de S. A. le duc de Saxe-Gotha, cinquième édition originale en trois tomes, considérablement augmentée, avec un atlas portatif, un itinéraire de l'Europe, et les panoramas des curiosités de treize villes principales, Veimar, 1807; cette édition est beaucoup plus complète que la quatrième, exécutée à Paris en 1807, en 2 gros vol. in-8°. avec atlas. Il est bon d'observer que pour un ouvrage de cette nature, la dernière édition l'emporte toujours sur les précédentes.

BRUSSEL.

Les libraires d'Avignon ont réimprimé, en 1791, la Promenade utile et récréative de deux Parisiens, en 135 journées, rédigée par feu M. Brussel, ancien conseiller-auditeur de la chambre des comptes de Paris, et publiée, pour la première fois, à Paris, sous le voile de l'anonime, en 1768, 2 vol. in-12 : c'est un mélange agréable de réflexions piquantes, d'observations utiles, d'anecdotes plaisantes, et de remarques très-judicieuses; on y trouve aussi des descriptions très-circonstanciées de plusieurs monumens qui décorent les divers Empires de l'Europe.

DE SILHOUETTE.

On peut lire *le Voyage de France, d'Espagne, de Portugal et d'Italie*, par de

Silhouette, quatre vol. in-12, 1770. Il est bon d'ajouter que quiconque veut connoître un pays, doit y voyager lui-même. Tous les voyageurs ressemblent plus ou moins à cet Allemand, qui, ayant été mal reçu dans une auberge de Blois, par l'hôtesse, qui étoit un peu trop blonde, mit sur son *album*: N. B. qu'on a des auberges détestables à Blois, et que toutes les dames y sont rousses et acariâtres. Si l'on en croit l'abbé de Choisi, rien de plus riche et de plus magnifique que la cour de Siam : *lisez* les Mémoires de Forbin, vous ne trouverez rien de plus mesquin.

ROLLAND DE LA PLATIÈRE.

Les Lettres écrites de Suisse, d'Italie et et de Malte, par M*** (Rolland de la Platière) à mademoiselle *** (Phlippon, si célèbre depuis sous le nom de madame Rolland), en 1776, 1777 et 1778, Amsterdam, 1780, 6 vol. in-12, rappellent de déchirans souvenirs.

Les Voyages de Rolland annoncent un esprit versé dans plusieurs genres de connoissances, que communément ne réunit pas le même homme. La morosité de son humeur perce quelquefois dans les jugemens qu'il porte sur les hommes et sur les choses ; quelquefois aussi ses descriptions manquent d'exactitude ; mais il traite avec profondeur tout ce qui concerne les antiquités, et avec assez de discernement et de goût les différentes parties des beaux-arts : ce qui distingue surtout sa Relation, ce sont les recherches auxquelles il se livre sur les diverses branches de commerce et d'industrie propres à chaque contrée qu'il parcourt.

MOORE.

Les Lettres d'un Voyageur Anglais sur la France, la Suisse, l'Allemagne et l'Italie, traduites de l'anglais de feu M. Moore, par M. Henri Riou, Genève, 1781, 4 vol. in-8°., ont eu un grand succès. Une seconde traduction des *Lettres sur la France, la Suisse et l'Allemagne*, publiée à Paris en 1806, 2 vol. in-8°., a pour auteur une demoiselle, dont le nom a échappé à mes recherches.

La partie très-abrégée de ce Voyage, où l'auteur fait des observations sur les mœurs et le caractère des Français, considérés uniquement dans la capitale et à la cour, est très-curieuse ; on n'y remarque point cette antipathie nationale généralement attribuée aux Anglais ; Moore juge impartialement la nation Française : il ne dissimule pas ses défauts, mais il exalte de bonne foi et avec une sorte de satisfaction ses bonnes qualités. Cette même impartialité dirige ses jugemens sur la supériorité de la haute comédie en France, et sur celle des acteurs qui la jouent.

John Moore, enlevé à la république des lettres en 1802, est considéré comme un auteur classique en Angleterre : le style de ses Voyages est un modèle de facilité et de clarté.

LE COMTE D'ALBON.

Le comte d'Albon paroît avoir fixé un œil observateur sur l'Europe, c'est-à-dire, sur la partie la plus intéressante du globe. L'Europe a toujours été le centre des lois, de la sagesse et des arts; avant la révolution, elle étoit pleine de monarchies et de républiques, habitée par des nations polies et industrieuses ; elle offroit donc une diversité agréable et des leçons importantes. L'ouvrage de M. le comte d'Albon est rempli de vues saines, d'observations solides et judicieuses; il est intitulé : *Discours sur l'histoire, le gouvernement, les usages, la littérature et les arts de plusieurs nations de l'Europe* (l'Angleterre, la Hollande, la Suisse, l'Italie, l'Espagne et le Portugal), Paris, 1782, 4 vol. in-12. Le premier volume de cet ouvrage avoit paru en 1779, dans le format in-8°.

LE CHEVALIER DE LA TREMBLAYE.

Parmi les Voyageurs, les uns disent seulement ce qu'ils ont vu, ce qu'ils ont entendu, ce que tout autre à leur place pourroit voir et entendre : les autres, exercés à penser, ou doués d'une imagination active, réfléchissent sur tous les objets qui les frappent, jugent, comparent, laissent aller leur esprit et leur âme, et parlent en même temps à l'âme et à l'esprit de leurs lecteurs.

C'est dans cette dernière classe qu'il faut ranger M. de la Tremblaye, ci-devant chevalier de Malte, enlevé tout récemment à la république des lettres, et dont on a l'ouvrage qui a pour titre : *sur quelques Contrées de l'Europe*, ou Lettres du chevalier de *** à madame la comtesse de ***, Paris, 1788, 2 parties in-8°.

Ce Voyage a paru sous un titre modeste, mais l'on y trouve des observations fines, des sentimens nobles, des idées justes, un style pur, une prose vraiment française, ce qui n'est pas aujourd'hui très-commun; et qui plus est, de fort jolis vers, quelquefois même de très-beaux vers.

La France, l'Italie et la Suisse sont l'objet des réflexions de l'ingénieux voyageur : tout sembloit dit sur ces pays; en lisant ces Lettres, on voit que tout ne l'étoit pas. On trouve le même talent dans des Lettres sur *l'Histoire de France et d'Angleterre*, lesquelles forment le second volume des œuvres posthumes de M. le chevalier de la Tremblaye, Paris, 1808, 2 vol. in-12.

WILLIAM COXE.

On a fait un accueil distingué au Voyage en Pologne, Russie, Suède et Danemarck, dans les années 1778 et 1779, par William Coxe, traduit de l'anglais avec des notes, et augmenté d'un Voyage en Norwège, par Mallet, Genève, 1786, 2 vol. in-4°., ou 4 vol. in-8°.

A la tête de son Voyage en Danemarck, Coxe avoit placé une narration très-détaillée de la fameuse diète de 1660; son habile traducteur y a substitué l'excellente relation qu'il en avoit lui-même donnée dans son Histoire de Danemarck. On regrette que le Voyage en Norwège, du même traducteur, soit si court : c'est le seul ouvrage de M. Mallet, où ses amis puissent le retrouver absolument tel qu'ils l'ont connu ; non plus le savant ou le littérateur universel, mais l'homme de société, l'homme essentiellement aimable : on l'y voit saisissant chaque chose sous le côté plaisant, donnant du piquant à ce qu'il raconte, assaisonnant la gaieté par la bonhommie, et voulant être oublié, même lorsqu'il est forcé à parler de lui.

M. FORTIA DE PILES.

Le Voyage de deux Français en Allemagne, Danemarck, Suède, Russie et Pologne, fait en 1790, 1791 et 1792, Paris, 1796, 5 vol. in-8°., renferme une description très-détaillée des différentes contrées visitées par les voyageurs : le rédacteur, M. Fortia de Piles, n'a point recherché des ornemens étrangers ; il ne raconte pas ses propres aventures, mais il fait un récit fidèle de ce que chaque pays lui a offert de plus intéressant ; il a plus travaillé, comme il l'avoue lui-même, pour les voyageurs qui voudront,

après

après lui, visiter les mêmes contrées, que pour les lecteurs de cabinet; cependant le nombre de ces derniers est le plus considérable, et l'on ne sauroit disconvenir que la sécheresse de sa narration n'est rachetée que par l'importance et la multitude des détails.

GEORGE FORSTER.

Une passion ardente de s'instruire avoit attaché l'Allemand George Forster, dans sa première jeunesse, à Cook, lors du second voyage de ce célèbre navigateur autour du monde : c'est dans la maturité de l'âge, et au milieu des orages de la révolution française, qu'il a rédigé la notice d'un Voyage philosophique et pittoresque sur les rives du Rhin, à Liége, dans la Flandre, le Brabant, etc., seconde édition, augmentée d'un Voyage en Angleterre et en France ; le tout traduit de l'allemand avec des notes, par Charles Pougens, Paris, an VIII, 3 vol. in-8°.

Un sentiment exquis des beautés que recèlent les productions des beaux-arts, une connoissance approfondie de plusieurs branches de l'histoire naturelle, le talent d'observer et de décrire, un amour ardent de la liberté distinguoient éminemment G. Forster, qu'il ne faut pas confondre avec un autre voyageur portant le même nom, le même prénom, né en Angleterre, et dont nous avons un Voyage dans le Nord de l'Inde.

FRANCE.
PIGANIOL DE LA FORCE.

Les personnes qui voudront connoître l'ancien état de la France, pourront consulter deux ouvrages de Piganiol de la Force, ancien sous-précepteur des pages du comte de Toulouse ; savoir : la nouvelle Description de la France, troisième édition, Paris, 1753, 13 vol. in-12, et l'introduction à la Dèscription de la France et au droit public de ce royaume, Paris, 1752, 2 vol. in-12 : ce dernier ouvrage faisoit le commencement de la Description de la France dans les premières éditions.

Dans le premier ouvrage, Piganiol trace l'histoire naturelle et politique de chaque province : il y a fait entrer tout ce qu'il y a de plus curieux dans les états des généralités que les intendans des provinces avoient dressés pour l'instruction du duc de Bourgogne, fils de Louis XIV.

M. Dulaure a publié, en 1788 et 1789, six volumes in-12 d'une Description des principaux lieux de la France; l'intérêt qu'il a su répandre sur les parties qu'il a traitées, fait regretter l'interruption de cet ouvrage.

ARTHUR YOUNG.

Le public a fait un accueil favorable au Voyage en France pendant les années 1787, 88, 89 et 1790, par Arthur Young, traduit en français par M. Soulès, avec des notes par M. de Casaux, Paris, 1793, 3 vol. in-8°. Ce Voyage est précieux surtout par les observations que le célèbre agronome a faites sur les vices de la culture en France, et sur les améliorations dont elle est susceptible: dans tout le cours de son Voyage, il déclare qu'en général le sol de la France est bien supérieur à celui de l'Angleterre ; mais que la pernicieuse méthode des jachères, la restriction mal entendue des prairies artificielles, le défaut de clôtures, le peu d'intelligence dans l'usage des engrais, la rareté des canaux, tiennent l'agriculture en France dans un grand état d'imperfection.

Les bons esprits ont senti la justesse de ces observations, et ils font de continuels efforts pour remédier à des défauts si préjudiciables à nos intérêts. Dans la séance publique tenue le premier mai 1808, par la Société d'agriculture du département de la Seine, il a été fait un rapport relatif au concours pour *l'abolition des jachères*, et on y a lu une notice des Mémoires relatifs au concours pour *l'introduction de nouveaux engrais;* on sait, d'ailleurs, quelle multitude de canaux plus importans les uns que les autres fait ouvrir ou restaurer le génie prévoyant de Napoléon.

M. DUBOIS.

Le nouveau Voyage de France, avec 24 itinéraires pour les différentes parties de l'Empire, 1806, 2 vol. in-12, présente un double intérêt, en ce qu'il peut servir de guide au voyageur, et de supplément à la géographie de la France, pour la partie historique des villes surtout : il est destiné à remplacer le Voyage de France par Pigaphiol de la Force, aujourd'hui suranné. M. Dubois a étendu le plan de ce dernier, en y ajoutant les productions du pays, le commerce, les eaux minérales et autres parties qu'il avoit négligées.

PIGANIOL DE LA FORCE.

Il s'est opéré de si grands changemens dans Paris depuis 20 ans, que pour se faire une juste idée de cette capitale, on doit lire avec attention les anciennes et nouvelles Descriptions qui en ont été publiées. Piganiol de la Force sera un bon guide pour les temps qui ont précédé la révolution de 1789. Il faut choisir l'édition de la Description de Paris, donnée par l'abbé Pérau en 1765, 10 vol. in-12.

D'ARGENVILLE.

Le Voyage pittoresque de Paris, est une description de tout ce qu'il y a de plus beau dans cette grande ville, en peinture, sculpture et architecture, par d'Argenville, volume in-12, avec des gravures. Les fréquentes éditions que l'on a faites de ce Voyage, en prouvent assez l'utilité : c'est un guide fidèle et commode pour tous ceux qui veulent promener leurs regards sur les différens morceaux de peinture, de sculpture et d'architecture que renferme la capitale. Les planches de ce livre sont au nombre de huit, dont cinq présentent des monumens qui n'avoient point encore été gravés; celle qui donne le point de vue de la ci-devant Place de Louis XV, offre de jolis détails, et qui ont été rendus d'une manière pittoresque par J.-B. Tilliard, d'après le dessin de M. Moreau le jeune.

M. VILLIERS.

Pour connoître les changemens qui se sont opérés dans Paris depuis la révolution, il est essentiel de se procurer des ouvrages où ces changemens sont indiqués avec quelqu'exactitude; on peut mettre au nombre de ces productions, le Manuel du Voyageur à Paris, ou Paris ancien et moderne, par M. P. Villiers, nouvelle édition, Paris, 1806, in-18. J'invite cet auteur à corriger à l'avenir ses épreuves avec plus de soin, et à ne plus décrire la bibliothèque de la ville de Paris, telle qu'elle étoit avant la révolution. Cette bibliothèque a été transportée à l'Institut, et remplacée par de bons livres choisis dans les dépôts littéraires nationaux.

M. Villiers est encore auteur d'un Manuel du Voyageur aux environs de Paris, 2 vol. in-18.

M. PHILIPPON-LA-MADELAINE.

Il seroit à désirer que les ouvrages destinés à passer dans beaucoup de mains, fussent rédigés par des hommes de lettres dignes de ce nom; c'est l'avantage qu'a eu le petit volume intitulé, *Manuel* ou *Nouveau Guide du Promeneur aux Tuileries*, par M. Philippon-la-Madelaine, Paris, 1806, in-18. La description des chefs-d'œuvres dont ce jardin est enrichi, se trouve assez généralement accompagnée de détails ou d'anecdotes littéraires, qui font une agréable impression sur l'esprit des lecteurs.

Nous avons des Voyages estimés dans les plus anciennes provinces de la France, et dans plusieurs de ses nouveaux départemens : on distingue parmi ces productions, le Voyage en Provence, par l'abbé Papon, nouvelle édition, Paris, 1787, 2 vol. in-12; le Voyage à Barrège et dans les Hautes-Pyrénées, par Dusaulx, Paris, 1796, 2 vol. in-8°.; le Voyage physique dans les Pyrénées, par Pasumot, Paris, 1797, in-8°.; le Voyage dans le Finistère, par Cambri, Paris, 1802, 3 vol. in-8°.; le Voyage d'Auvergne, par le Grand d'Aussy, nouvelle édition, Paris, 1795, 3 vol. in-8°.; le Voyage agronomique en Auvergne, par M. l'abbé de Pradt, aujourd'hui évêque de Poitiers, Paris, 1803, in-8°.; le Voyage dans le Jura, par Lequinio, Paris, 1801, 2 vol. in-8°.; le Voyage dans le Midi de la France, par M. Millin, Paris, 1807 et 1808, 3 vol. in-8°., avec deux atlas in-4°.; l'auteur a promis un quatrième volume; le Voyage dans les départemens nouvellement réunis, par Camus, Paris, 1803, 2 vol. in-18 ; l'Itinéraire de Genève, Lausanne et Chamouni, par M. Bourrit, 1791, in-12; le Voyage à Chambéry, par M. Campenon, troisième édition, 1798, in-18, etc., etc.

HOLLANDE.

PILATI DE TASSULO.

On attribue assez généralement à cet écrivain laborieux, les Lettres sur la Hollande, écrites en 1777, 1778 et 1779, la Haye, 1780, 2 vol. in-12; elles sont regardées comme la relation la plus complète que nous ayons jusqu'à présent sur la Hollande. Pour toute préface, Pilati a mis à la tête de son ouvrage une lettre de Descartes à Balzac : ce philosophe

losophe y fait l'éloge de l'activité des habitans de la Hollande, de la liberté dont on y jouit, et ce qui est beaucoup plus remarquable, de la température même du pays; il la préféroit, dit-il, à ce beau ciel de l'Italie si vanté, où la peste se mêle avec l'air qu'on y respire; où la chaleur du jour est insupportable, où les fraîcheurs du soir sont mortelles, où l'ombre des nuits commande le vol et les meurtres.

ESPAGNE ET PORTUGAL.

L'Espagne nous touche et nous ne la connoissions qu'imparfaitement il y a trente ans.

Le peuple qui habite ce pays mérite, à beaucoup d'égards, d'être connu et estimé: nous ne devons pas oublier le rôle brillant qu'il a joué en Europe; ses navigateurs nous ont ouvert la route du Nouveau Monde; ses poëtes servirent de guides aux nôtres; il excelle depuis quarante ans dans l'imprimerie; ses fabriques de draps et de soieries approchent de la perfection, et leurs progrès deviendroient même alarmans pour nous, si le caractère du Français, et le sentiment de sa propre valeur, ne l'élevoient au-dessus de la jalousie.

Ce pays est cher aux lettres et à la philosophie. Cordoue fut le berceau de Sénèque et de Lucain; l'Andalousie est cette ancienne Bétique, que Fénélon chanta dans son immortel poëme. Les environs de Lérida et la Catalogne entière offrent, à chaque pas, les traces de cette guerre fameuse, où César défit les lieutenans de Pompée, et qui lui assura l'empire du monde : enfin, quel pays sur la terre pourroit rendre ses habitans plus heureux, si au lieu de seconder la nature, qui a tout fait pour eux, ils ne sembloient prendre à tâche de la contrarier sans cesse par leurs barbares et ridicules institutions?

SWINBURNE.

Le Voyage de Henri Swinburne en Espagne, en 1775 et 1776, traduit de l'anglais par de Laborde, Paris, Didot, 1778, grand in-8°., est le seul où l'on trouve des détails étendus sur la Catalogne, celle de toutes les provinces d'Espagne où le commerce a le plus d'activité. Aucun voyageur n'a décrit, d'une manière aussi attachante, la province de Grenade. On assure que c'est de Grenade que les premiers plants de cannes à sucre furent portés aux Indes Orientales ; et le peu de sucre qui se fait encore dans cet ancien royaume, égale, pour le grain et pour la qualité, le sucre des îles Antilles.

L'article des mœurs et de la vie civile n'est pas même effleuré dans ce Voyage ; ce qui prouve un bien grand mépris de la part de l'auteur pour la nation qu'il a visitée, ou une extrême négligence.

PEYRON.

Le nouveau Voyage en Espagne, par Peyron, Paris, 1782, 2 vol. in-8°., annonce un homme fort instruit dans la partie des antiquités, un observateur éclairé, un écrivain très-impartial : il présente des détails curieux sur Carthagène dans la province de Murcie, et sur Cuença dans la Nouvelle Castille ; ce sont les deux seules villes importantes dont ni Swinburne, ni M. Bourgoing, n'aient pas parlé.

M. BOURGOING.

M. Bourgoing, ci-devant ministre plénipotentiaire à la cour de Madrid, publia, dès 1789, sous le voile de l'anonime, un nou-

veau Voyage en Espagne, Paris, 3 vol. in-8°.
Une seconde édition de cet ouvrage, corrigée et très-augmentée, parut, en 1797, sous le titre de *Tableau de l'Espagne moderne.* Une troisième édition a été donnée en 1803 : la quatrième, publiée en 1807, contient quelques corrections et des augmentations qui conduisent le tableau de l'Espagne jusqu'à l'année 1806 : on y a joint, pour la commodité des voyageurs, le livre des postes d'Espagne; et on a enrichi l'atlas de gravures qui retracent les monumens arabes de Grenade et de Cordoue, et d'une carte des routes d'Espagne.

De tous les ouvrages qui ont paru sur l'Espagne, le Voyage de M. Bourgoing est le plus satisfaisant : d'intéressans morceaux sur les laines d'Espagne, sur le commerce de Cadix et Barcelone, sur les colonies espagnoles, sur les ressources qu'offre ce royaume, dénotent une mûre observation, un jugement sain, un esprit juste, et de profondes connoissances en diplomatie.

C.-A. FISCHER.

M. Fischer, dans un Voyage en Espagne pendant les années 1797 et 1798, traduit de l'allemand par feu C.-F. Cramer, Paris, 1800, 2 vol. in-8°., ne s'est pas proposé de donner un tableau complet de l'Espagne ; il a voulu seulement recueillir quelques détails échappés aux précédens voyageurs, relativement surtout à l'état de la littérature et de la librairie en Espagne, et à la manière d'y voyager avec fruit ; il a très-heureusement atteint ce double but, soit par la notice exacte qu'il présente des différentes sociétés littéraires qui se sont formées en Espagne, et des bons ouvrages en tout genre qui y ont été publiés depuis quelques années, soit par les avis détaillés qu'il donne sur les précautions que le voyageur doit prendre dans les routes et les ménagemens qu'il doit garder dans ses séjours, à l'égard des opinions religieuses et des préjugés nationaux.

M. Cramer a traduit du même auteur, une Description de Valence, ou Tableau de cette province, de ses productions, de ses habitans, etc., Paris, 1804, in-8°.

Une Description de Madrid, composée par le même M. Fischer, mériteroit aussi d'être traduite en français.

ANONIME.

Si l'on s'attachoit rigoureusement à l'idée que l'auteur anonime du Tableau de Lisbonne en 1796, Paris, 1797, in-8°., donne du Portugal, il faudroit regarder le gouvernement de ce royaume comme le plus foible, son ministère comme le plus despotique, son administration comme la plus corrompue, son peuple comme le plus avili, sa capitale comme le plus détestable séjour de l'Europe. Il y a sans doute de l'exagération dans ce tableau; mais les relations des voyageurs prouvent que ces assertions de l'anonime ne sont pas toutes destituées de fondement. Vers 1802, un émigré Français, au service du Portugal, a fait adopter à Lisbonne un système de police, qui a produit un changement complet dans cette capitale.

Le Tableau de Lisbonne est suivi de Lettres écrites sur l'état ancien et actuel du royaume de Portugal, traduites de l'anglais en 1780, par M. Jansen : la première édition de ces Lettres avoit eu beaucoup de succès.

Il existe des exemplaires du Tableau de Lisbonne, qui portent le titre de Voyage en Portugal, particulièrement à Lisbonne, Paris, Déterville, 1798, in-8°.

CORMARTIN.

On sait aujourd'hui que ce chef des royalistes dans la Vendée, est le véritable auteur du Voyage du ci-devant duc du Châtelet en Portugal (en 1777), revu et augmenté de notes par M. Bourgoing, Paris, 1798, 2 vol. in-8°.

A l'époque où l'on suppose que ce voyage a eu lieu, le duc du Châtelet étoit en France, soit à Paris, soit dans une terre qu'il habitoit dans la ci-devant province de Champagne.

Les notes dont M. Bourgoing a enrichi ce Voyage, en font une des meilleures relations qui ait paru sur le Portugal; son auteur ne s'y est occupé ni des monumens, ni des édifices publics, mais il procure des notions exactes et très-curieuses sur la géographie et l'état physique du Portugal, sur sa constitution, ses lois, ses tribunaux, la religion, son administration, etc.; enfin, sur les progrès que les Portugais ont faits dans les sciences et dans les divers genres de littérature.

M. LINCK.

Le Voyage en Portugal, depuis 1797 jusqu'en 1799, traduit de l'allemand de M. Linck, Paris, 1803 et 1805, 3 vol. in-8°., est l'ouvrage le plus complet que nous ayons sur toutes les parties du Portugal, quant à son état physique. On lit avec autant d'intérêt que de fruit, l'Essai politique sur le commerce du Portugal et sur celui de ses colonies. Cet ouvrage, qui termine le second volume du Voyage, a pour auteur M. Conthur, évêque de Fernanbuc; le troisième volume a été rédigé par M. Linck, d'après les observations de M. le comte de Hoffmansegg, son illustre compagnon de voyage : il y a joint ses propres observations.

ITALIE.

L'ABBÉ RICHARD.

La Description historique et critique de l'Italie, ou nouveaux Mémoires sur l'état actuel de son gouvernement, des sciences, des arts, du commerce, de la population et de l'histoire naturelle, par M. l'abbé Richard, en six volumes in-12, 1766, est un livre

livre infiniment curieux, rempli de goût, d'érudition, de sagacité, de critique. Il a été réimprimé en 1768, avec de nouveaux soins et des augmentations considérables.

DE LA LANDE.

M. de la Lande a publié, la même année, son *Voyage d'Italie*, en 8 vol. in-12, avec des cartes et des plans. Ce Livre retrace à peu près les mêmes objets que celui de M. l'abbé Richard; mais il est plus utile aux amateurs des arts et aux artistes, par l'examen critique que l'auteur fait des chefs-d'œuvre de peinture, de sculpture et d'architecture répandus en Italie. M. de la Lande en a donné une édition très-augmentée en 1786, 9 vol. in-12 avec atlas in-4°. Ce voyage est le plus complet et le plus satisfaisant, sous bien des rapports, qui ait paru sur l'Italie. Sans jamais fatiguer le lecteur par des détails ennuyeux, des circonstances frivoles, M. de la Lande, dit Baretti, n'omet rien de ce qui peut l'instruire ou piquer sa curiosité.

L'ABBÉ COYER.

Le nom de cet auteur, mis à la tête d'un ouvrage en deux volumes in-12, qui ont paru en 1775, sous le titre de *Voyage d'Italie et de Hollande*, n'annonce pas des observations bien profondes, bien suivies, bien philosophiques. M. l'abbé Coyer n'est point un Montesquieu qui voyage ; c'est une nymphe svelte et légère, une Camille qui vole plutôt qu'elle ne marche, qui rend compte de ses petites sensations, qui donne à tout un coup d'œil superficiel, et fait rapidement quelques remarques analogues à la mobilité de son esprit, de ses goûts et de son caractère. On peut lui reprocher trois grands défauts : le premier, est de n'avoir fait que répéter ce que les voyageurs nous ont déjà dit mille fois sur l'Italie ; le second, d'entretenir le public de circonstances puériles, et de donner un ton d'importance à des minuties ; le troisième se trouve dans tous les ouvrages de M. l'abbé Coyer ; c'est son style léger, maniéré, à prétention ; c'est l'affectation du bel esprit ; c'est un effort continuel pour être agréable, pour dire de jolies choses.

M. BRYDONE.

Le Voyage en Sicile et à Malte, traduit de l'anglais de M. Brydone, par M. Démeunier, Paris, 1775, 2 vol. in-8°., a été d'autant mieux accueilli, lorsqu'il parut, que nous avions très-peu de Mémoires sur l'état de la Sicile, sur les curiosités naturelles qu'elle renferme, sur le génie, les mœurs et le caractère de ses habitans. Les étrangers qu'attire l'Italie, ne vont pas ordinairement au-delà de Naples, soit que la nécessité de s'embarquer les arrête, soit qu'ils redoutent les gorges et les montagnes de la Calabre, pays barbare, infesté de brigands, et où l'on ne trouve ni chemin ni hôtellerie. La Sicile cependant mériteroit d'être mieux connue, et de devenir le terme de tous les voyages d'Italie.

On regrette que l'auteur ne se soit pas beaucoup étendu sur Malte : il a craint, sans doute, de répéter ce que d'autres relations nous en apprennent; malgré cet inconvénient, on auroit été bien aise de trouver, dans un même volume, tout ce qui regarde cette île religieuse et guerrière. Le Voyage de M. Brydone est d'ailleurs très-intéressant et très-curieux : l'auteur est quelquefois un peu diffus ; mais les longueurs qu'on rencontre de temps en temps dans ses récits, n'empêchent pas que la lecture de son livre ne soit agréable autant qu'instructive. M. Brydone observe en philosophe ; il saisit et peint avec sagacité tout ce qui lui paroit digne d'être connu des hommes éclairés, et de leur plaire.

DUCLOS.

Dans un voyage en Italie, entrepris le 16 mars 1766, par Duclos, historiographe de France, on retrouve cet amour de la liberté, cette franchise austère que la considération de son repos l'obligeoit quelquefois de réprimer, mais qui, le plus souvent, s'échappoient par saillies, et qui semblent avoir repris tout leur ressort dans ses Réflexions sur l'Italie. Il ne paroit pas que les monumens de l'ancienne et de la nouvelle Rome aient produit, chez Duclos, ces émotions vives qu'ils excitent chez les voyageurs d'un mérite même ordinaire : c'est qu'en lui donnant cette délicatesse de tact avec laquelle il observoit l'homme, et pénétroit si avant dans son intérieur, il étoit peut-être privé du degré de sensibilité nécessaire pour être profondément affecté des touchantes beautés de la nature, et des imposantes productions des arts.

Le Voyage de Duclos n'a été imprimé qu'en 1791, in-8°.; M. Desessarts en a donné une nouvelle édition en 1797. On a enrichi l'édition des Œuvres complètes de Duclos, en 10 vol. in-8°., de onze Lettres qu'il écrivit d'Italie, et qui n'étoient point connues du premier éditeur : elles renferment quelques traits curieux.

DUPATY.

Le célèbre Dupaty, magistrat distingué par sa fermeté dans les orages politiques, par le courage peut-être plus grand encore qu'il développa dans la défense de trois accusés innocens, et, grâces à son zèle infatigable, arrachés au supplice, a écrit, en 1785, des Lettres sur l'Italie, dans lesquelles il développe une sensibilité portée jusqu'à l'enthousiasme : l'admiration dont il fut saisi à la vue des chefs-d'œuvres de l'art, si nombreux alors en Italie, se déclare quelquefois par des expressions emphatiques ; il y met quelquefois aussi de l'affectation et de la recherche.

Ces Lettres ont été souvent réimprimées ; la première édition est de 1788, 2 parties in-8°. ; la plus belle est celle de Paris, Crapelet, 1800, 3 vol. in-18.

L'ABBÉ BARTHELEMY.

De la hardiesse sans licence, le plus heureux choix dans les observations, une gaieté douce au milieu des occupations les plus sérieuses, une émulation qui ne dégénère jamais en rivalité, l'appréciation la plus modeste de ses propres connoissances, c'est en général ce qui caractérise le Voyage en Italie de l'abbé Barthelemy, rédigé en forme de lettres, adressées au comte de Caylus, et publié par M. Serieyes, Paris, 1802, in-8°.: ces lettres sont écrites d'un style animé et avec tout l'épanchement d'une belle âme.

En crayonnant les débris imposans de l'ancienne Rome, pendant les années 1755, 1756 et 1757, l'auteur du Voyage d'Anacharsis préparoit déjà les premiers traits de ce magnifique tableau de l'ancienne Grèce, dont l'ordonnance est si vaste, le dessin si pur et si correct, le coloris si flatteur.

SWINBURNE ET M. DENON.

Le Voyage de Swinburne dans les Deux Siciles, en 1778, 79 et 80, traduit de l'anglais par Laborde, suivi du Voyage de M. Denon en Sicile et à Malte, Paris, 1785, 5 vol. in-8°., est très-recommandable pour la partie des antiquités; mais la lecture en est pénible par la multitude de notes qu'on y a jetées à l'écart. Ce Voyage auroit présenté bien plus d'intérêt, et l'attention auroit été moins partagée, si ces notes avoient été fondues dans le texte.

M. Denon, habile artiste et homme de lettres éclairé, avoit accompagné Swinburne dans ses excursions à Naples et aux environs; il l'accompagna de même dans un second voyage en Sicile; il rédigea, en forme de journal, les observations qu'il fit pendant ces deux voyages : elles composent une partie du quatrième volume et la moitié du cinquième. Le travail de M. Denon forme aussi un volume qui se vend séparément.

LE COMTE DE BORCH.

La description de Malte, par le comte de Borch, dans ses Lettres sur la Sicile et sur Malte, Turin, 1782, 2 vol. in-8°. avec des planches in-4°., est beaucoup plus satisfaisante que celle de Brydone, particulièrement quant aux mœurs et aux usages de l'île.

Les Lettres de Borch forment d'ailleurs un supplément utile à celles de Brydone, surtout en ce qui concerne la nature des laves. Quelques omissions et quelques erreurs de Brydone donnent occasion au nouveau voyageur de présenter les mêmes objets sous un point de vue différent; c'est une nouvelle source de lumières pour le lecteur.

M. L'ABBÉ GAUDIN.

La principale partie du Voyage en Corse, par M. Gaudin, Paris, 1787, in-8°., roule sur la campagne de M. de Rochambeau, en 1780; on y trouve aussi quelques détails assez curieux sur les productions du pays, sur les mœurs de ses habitans, sur les différentes branches du commerce qui s'y fait; mais il y a beaucoup de déclamations dans les narrations, et d'emphase dans les descriptions.

SUISSE.

M. EBEL.

L'estimable traducteur *du Socrate Rustique*, M. Frey des Landres, avoit enrichi la littérature française, en 1795, de la traduction de l'instruction pour un voyageur qui se propose de parcourir la Suisse, publiée en allemand par S.-G. Ebel. Cet ouvrage avoit obtenu un succès mérité : l'auteur y fit des augmentations considérables, et il a été traduit une seconde fois en français, sous le titre

nouveau

nouveau que l'auteur lui avoit donné : c'est celui de *Manuel du Voyageur en Suisse,* Zurich, 1805, 4 vol. in-8°.; indépendamment des détails topographiques et statistiques qu'on trouve dans cet ouvrage sur chaque partie de la Suisse, l'auteur l'a enrichi de la notice des divers Voyages et des diverses Descriptions qui ont paru sur la Suisse, avec des jugemens motivés : il y a ajouté celle des savans qui l'ont illustrée, des écoles qui y sont établies, et enfin celle des monnoies qui y ont cours.

COXE.

Ce célèbre voyageur avoit publié, en 1780, une ébauche d'un voyage en Suisse, intitulée : *Esquisse de l'état naturel, civil et moral de la Suisse.* Ce morceau a été traduit en 1782, par M. Ramond, sous le titre *de Lettres sur l'état politique, civil et naturel de la Suisse*, avec des observations faites dans le même pays par le traducteur. Ces lettres annonçoient une grande sensibilité pour les beautés naturelles ; l'imagination de l'auteur, élevée par la grandeur des objets, les rendit avec énergie et enthousiasme : il décrit en poëte et peint en philosophe. Son traducteur a visité les mêmes contrées dans le même esprit et avec les mêmes yeux.

M. Coxe a complété son travail sur la Suisse, et l'a publié en 1788, sous le titre *de Voyage en Suisse et dans les pays des Grisons*. Nous devons la traduction française de ce dernier Voyage à M. le Bas, Paris, 1790, 3 vol. in-8°.

Cette relation embrasse quatre voyages faits à différentes époques. Le voyageur qui voudra visiter la Suisse et se procurer, avant de la parcourir, des notions utiles sur les objets étrangers à la forme du gouvernement, trouvera à s'instruire dans le Voyage de Coxe, sur le sol et l'agriculture, l'histoire naturelle, l'industrie, le commerce, les arts, les antiquités de ce pays : c'est sous tous ces rapports une des meilleures relations que nous ayons de la Suisse ; elle ne dispense cependant pas d'avoir les premières Lettres de l'auteur traduites par M. Ramond, parce que les excellentes observations de ce traducteur n'ont pas été réimprimées dans le Voyage de 1790.

ALLEMAGNE ET HONGRIE.
RISBECK.

Cet auteur, né en Suisse, composa, en

allemand, un ouvrage qu'il publia en 1784, sous le titre de *Lettres d'un Voyageur Français sur l'Allemagne* ; nous en avons deux traductions françaises, intitulées, *Voyage en Allemagne*, etc., 3 vol. in-8º.; l'une, traduite de l'allemand en 1792, se vendoit chez Regnault ; l'autre, traduite de l'anglais, de Henri Maty, en 1788, se vendoit chez Buisson : on a annoncé, en 1792, une seconde édition de cette dernière.

L'écrivain Suisse avoit pris le masque d'un Français pour publier, avec plus de sécurité, ses remarques un peu caustiques sur les divers gouvernemens de l'Allemagne, sur les mœurs et le caractère de ses habitans. C'est à des objets d'un si grand intérêt que Risbeck s'est attaché dans sa relation : il ne faut y chercher ni descriptions de monumens, ni surtout ces catalogues de tableaux, qui occupent tant de places dans d'autres Voyages : la géologie, la minéralogie, la botanique et les autres branches de l'histoire naturelle n'ont pas été non plus l'objet de ses observations et de ses recherches. La population des divers Etats de l'Allemagne, leur police, leur agriculture, leurs gouvernemens divers, le commerce et l'industrie de leurs habitans, ont principalement fixé l'attention du voyageur, et donnent matière à ses observations, quelquefois trop satiriques, mais le plus souvent conformes au véritable état des choses.

Le ton franc et aisé de l'auteur, l'air avec lequel il présente, sous un jour nouveau, des observations déjà connues; la fine plaisanterie avec laquelle il relève les ridicules; enfin les connoissances neuves qu'il procure sur plusieurs parties très-intéressantes de l'Allemagne, ont fait rechercher son ouvrage de tous ceux qui aiment les Voyages curieux.

M. MANGOURIT.

Nous devons à M. Mangourit, ancien agent diplomatique, un Voyage en Hanovre, contenant la description de ce pays sous ses rapports politique, religieux, agricole, commercial, etc., Paris, 1805, in-8°.

Le quartier de Goettingue, où se trouve la célèbre université de ce nom, et qui fait aujourd'hui partie du royaume de Westphalie, dépendoit ci-devant de l'électorat de Hanovre. Cette université a été fondée par le roi d'Angleterre, George II, en 1734 : elle embrasse toutes les parties de l'enseignement; et l'on y compte quarante-deux professeurs, dont la plus grande partie est composée d'Etrangers.

On lit avec intérêt dans le Voyage de M. Mangourit, les détails qu'il donne sur la bibliothèque publique d'Hanovre, fondée par Leibnitz ; sur les manuscrits laissés par ce savant universel : l'un des plus curieux, est le vaste plan de la conquête de l'Egypte, écrit en langue latine. Ce plan est immense ; le voyageur en donne la table analitique.

M. LE CHEVALIER DE BRAY.

C'est une production très-instructive et très-intéressante que le petit volume intitulé : *Voyage dans le Tyrol, aux Salines de Salsbourg et de Reichenhall, et dans une partie de la Bavière*, par M. le chevalier de Bray, conseiller intime d'Etat de S. M. le roi de Bavière, etc., Paris, 1808, in-12. L'auteur y fait preuve d'un talent aimable et d'un caractère digne de la plus haute estime ; doué d'un esprit non moins vif que juste, il s'attache partout à faire plutôt l'éloge que la satire des peuples qu'il a visités : quoiqu'il ait beaucoup observé par lui-même, il cite avec reconnoissance les écrivains Allemands auxquels il doit des renseignemens plus exacts qu'un voyageur ne sauroit en recueillir.

TOWNSON.

Le docteur R. Townson a eu en vue de rassembler tout ce qui peut donner une véritable idée du progrès des sciences en Hongrie. On trouve dans la relation du Voyage qu'il fit en ce pays pendant l'année 1777, Voyage dont M. Cantwel nous a procuré la traduction en 1799, 3 vol. in-8°.; on trouve, dis-je, dans cette relation, des détails curieux sur les forces, la richesse et la puissance nationale de la Hongrie.

La description de Vienne, qui précède ce Voyage, offre des singularités curieuses; c'en est une d'abord, ainsi que l'observe l'auteur, qu'une ville si considérable n'ait jamais eu d'Académie des Sciences : ce vide a été rempli, en quelque sorte, par le baron de Born, connu par un Voyage minéralogique en Hongrie, qui a été traduit en français par Monnet, Paris, 1780, in-12. Son cabinet étoit ouvert à tous les savans, et il tenoit en outre, à certains jours, des assemblées publiques; mais depuis sa mort, celle que le professeur Jacquin a formée est très-peu suivie.

ANGLETERRE, ÉCOSSE ET IRLANDE.

GROSLEY.

L'objet de Grosley, dans son Livre en trois vol. in-12, imprimé en 1770, et réimprimé en 1775, en quatre tomes du même format, avec des additions et des corrections considérables, sous le titre de *Londres*, est de faire connoître cette capitale de l'Angleterre, et le genie du peuple qui l'habite. L'auteur avoue qu'il n'a fait, dans cette ville, qu'un séjour de deux mois : peut-on, dans un si court espace de temps, bien étudier, bien approfondir le caractère d'une nation ? Aussi, à cet égard, son livre présente-t-il peu d'observations neuves, et un grand nombre d'anecdotes et de particularités qu'on savoit déjà.

Ces observations sur les Anglais seroient plus intéressantes, si elles étoient écrites avec moins de prolixité ; les digressions y dégénèrent souvent en longueurs, et les détails en minuties : les bribes de vers et de latin, dont l'auteur affecte de parsemer son récit, en défigurent le style, d'ailleurs en général peu correct, et fort négligé.

Le même écrivain a donné d'abord en trois volumes, ensuite en quatre, son Voyage d'Italie, sous le titre de *Nouvelles observations sur l'Italie et les Italiens*, par deux gentilshommes Suédois. On peut porter de cet ouvrage, à peu près le même jugement que du Livre précédent. Le quatrième volume de la nouvelle édition n'est pas composé, comme le prétendent quelques bibliographes, de l'ouvrage de Baretti, intitulé, *Les Italiens*, traduit de l'anglais par Freville, et imprimé en 1773, in-12 : il renferme différens opuscules de l'auteur, entre autres, sa Discussion historique et critique sur la Conjuration de Venise.

ANONIME.

On ignore le nom de l'auteur du *Voyage philosophique d'Angleterre*, fait en 1783 et 1784, imprimé à Paris en 1786, 2 vol. in-8°., et réimprimé en 1791, avec des Promenades d'automne en Angleterre, 3 vol. in-8°.

Ce Voyage, en forme de lettres, n'offre aucune description d'objets qui ne fussent déjà bien connus ; mais on y remarque une nouvelle manière de les voir et de les juger. Le style ne rappelle, sans doute, ni le pin-

ceau

ceau léger et satirique de Sterne, ni la plume facile et abondante du naïf Montagne; mais on reconnoît dans l'ensemble une méthode empruntée de ces deux hommes célèbres : comme le philosophe Français, l'auteur paroît avoir étudié l'homme dans l'intérieur de lui-même ; et comme l'écrivain Anglais, il observe les individus, non dans les grands mouvemens de l'âme, mais dans les déterminations les plus familières. Malheureusement le style de l'auteur n'a pas cette noble simplicité qui doit faire le cachet de la philosophie ; il est souvent recherché et presque toujours précieux et lourd.

M. FERRI.

Nous avons donné de justes éloges à l'ouvrage de M. Baert, intitulé : *Tableau de la Grande-Bretagne*. Quoique M. Baert, en homme éclairé, n'ait rien rejeté de ce qui étoit digne d'observation, ce sont plus particulièrement les rapports qui intéressent l'homme d'état, le publiciste et toutes les personnes qui veulent connoître le poids, la valeur et la physionomie de l'Angleterre, comme nation, qu'il s'est attaché à transmettre : M. Ferri, au contraire, dans son ouvrage, qui a pour titre, *Londres et les Anglais*, Paris, 1804, 4 vol. in-8°., sans omettre ces premières considérations, devenues indispensables dans l'état actuel des lumières, s'est plus attaché aux mœurs, aux usages, aux physionomies individuelles: ainsi chaque auteur a pris véritablement le titre qui convenoit plus spécialement à son ouvrage : le premier est plus le tableau de la Grande-Bretagne, et le second représente mieux Londres et les Anglais. Il en résulte aussi que la lecture du dernier convient mieux à l'universalité des lecteurs, qu'elle donne, par conséquent, plus de plaisir. Les rapports sous lesquels l'ouvrage de M. Ferri l'emportent sur le livre estimable de M. Baert, sont les détails de mœurs, d'habitudes, les notions relatives à l'état des sciences, des lettres et des arts, et à ceux qui les cultivent, aux opinions religieuses et politiques.

ARTHUR YOUNG.

Les Anglais ont senti le mérite du Voyage en Irlande par Arthur Young, contenant des observations sur l'étendue de ce pays, le sol, le climat, les productions, les différentes classes d'habitans, les mœurs, la religion, le commerce, etc., traduit en français par C. Millon, et suivi de recherches sur l'Irlande par le traducteur, Paris, 1800, 2 vol. in-8°.

Le parlement s'empressa de profiter des avis de l'auteur, et fit, dans le transport des blés, une réforme qui enrichit le trésor public de quarante mille livres sterlings par an. Comme tant d'autres bons écrivains Anglais, Young a mis un peu de confusion dans l'ordre et la distribution des matières de son ouvrage : le traducteur l'a ramené à une forme plus méthodique.

On trouve une nouvelle traduction de ce Voyage dans les tomes 7 et 8 de la collection française des Œuvres de l'auteur, publiées en 18 vol. in-8°., Paris, 1800 et 1801.

ÉTATS DU NORD.

M. CATTEAU.

Dans le Tableau des Etats Danois, envisagés sous les rapports du mécanisme social, par J.-P. Catteau, Paris, 1800, 3 vol. in-8°., l'auteur fait assez bien connoître le Danemarck, la Norwège, les Etats d'Allemagne qui dépendent de cette puissance, ses possessions dans l'Inde et dans l'Amérique, sous tous les rapports qu'indique le titre : on y trouve la description du pays et ses qualités physiques; la forme du gouvernement, celle de l'administration; la législation civile et criminelle ; enfin, des observations sur le caractère des peuples, leurs mœurs, leurs usages, etc.

M. TROÏL.

Les Lettres sur l'Islande, par M. Troïl, évêque de Linkœping, depuis archevêque d'Upsal, traduites du suédois par M. Lindblom, Paris, 1781, in-8°., contiennent, relativement au pays qu'il a examiné, beaucoup plus de détails qu'aucun autre ouvrage écrit précédemment sur le même sujet ; et comme l'auteur n'a pas voyagé seul, qu'il a communiqué ses observations à des personnes éclairées, tout nous porte à croire qu'il n'a rien dit qui ne soit conforme à la vérité. Pour donner à la traduction française toute la perfection dont elle étoit susceptible, Troïl lui-même a revu soigneusement l'ouvrage original, en suédois; il en a corrigé toutes les fautes, et l'a renvoyé ainsi épuré à Lindblom.

M. ACERBI.

Ce que nous avons de plus récent sur la Suède, est le Voyage au Cap Nord par la Suède, la Finlande et la Laponie, par Joseph Acerbi, Italien de nation; traduction d'après l'original anglais, par M. Petit-Radel, docteur en médecine, revue sous les yeux de l'auteur, par M. Joseph Lavallée, Paris, Levrault, 1804, 3 vol. in-8°. et atlas in-4°.

Ce Voyage nous fait connoître la Finlande, que presqu'aucun voyageur n'avoit décrite : il contient aussi des notions curieuses sur la Laponie Suédoise.

M. CATTEAU.

Le Tableau général de la Suède, par J.-P. Catteau, Lausanne, 1790, 2 vol. in-8°., a été rédigé dans le même esprit que l'a été depuis le Tableau des Etats Danois par le même auteur; mais ses observations sur la Suède annoncent qu'il a beaucoup plus vu par lui-même : son établissement et ses relations dans ce pays, lui ont procuré, d'ailleurs, des notions sur ce qu'il n'avoit pas pu observer personnellement.

M. PALLAS.

Le professeur Pallas a employé six années à parcourir presque toute la Russie européenne, et l'Europe a vu, avec surprise, un seul homme se montrer dans des excursions longues et pénibles; tout à la fois un savant profond, un naturaliste presque universel, un économiste éclairé, un observateur philosophe. Son Voyage dans différentes parties de l'empire de Russie, a été traduit de l'allemand, par Gaulthier de la Peyronie, Paris, 1788, 5 vol. in-4°. avec atlas in-4°.; on en possède une nouvelle édition avec des notes, par MM. Langlès et Lamarck, Paris, 1794, 8 vol. in-8°. avec atlas : celle-ci est inférieure à la précédente pour l'exécution typographique, mais elle la surpasse par les notes dont elle est enrichie.

On a, du même auteur, un Voyage dans les gouvernemens méridionaux de l'empire de Russie, pendant les années 1793 et 1794. MM. de la Boulaye et Tonnelier nous en ont procuré une traduction française, Paris, 1805, 2 vol. in-4°. avec atlas in-fol.

Ce second Voyage n'a pas le même intérêt que le premier pour la pluralité des lecteurs;

les recherches qui dégénèrent en dissertations sur la géologie, la minéralogie et la botanique, ne plairont qu'à ceux qui s'occupent de ces sciences.

M. DE REUILLY.

Les observations de cet estimable écrivain, dans son voyage en Crimée et sur les bords de la Mer Noire pendant l'année 1803, Paris, 1806, in-8°., sans avoir autant d'étendue et de profondeur que celles de Pallas, sont disposées dans un meilleur ordre. Il a eu l'avantage d'avoir dans la Crimée même, où Pallas a fixé son séjour dans son honorable vieillesse, les communications les plus intimes avec ce savant, de lui faire relire son ouvrage, et de recueillir les corrections et les notes dont a bien voulu l'enrichir l'aimable et obligeant vieillard.

TURQUIE, GRÈCE ET ILES ADJACENTES.

JACQUES DALLAWAY.

On doit à cet auteur, Constantinople ancienne et moderne, et Description des côtes et îles de l'Archipel et de la Troade, ouvrage traduit de l'anglais par M. l'abbé Morellet, Paris, 1799, 2 vol. in-8°.

Dallaway a plus observé les choses que les personnes, les arts que les lois, les beautés du pays que ses intérêts; mais il abonde en descriptions intéressantes : les antiquités qui se rencontrent à chaque instant sous ses pas, lui rappellent de grands événemens historiques; sous sa plume, toutes les ruines se relèvent, se repeuplent de leurs anciens habitans; on croit revoir les monumens élevés par les empereurs Romains, et Rome apparoît encore dans les beaux lieux que n'a pu goûter la barbarie musulmane. On sait gré à M. Morellet de s'être occupé de cette traduction : il a cherché, autant qu'il l'a pu, à réunir dans le même chapitre et sur le même sujet, des détails épars dans l'ouvrage, et il y a réussi en partie.

M. LE CHEVALIER.

Le jugement des savans les plus distingués de l'Europe a, depuis long-temps, prononcé sur l'ouvrage de M. le Chevalier, intitulé : *Voyage dans la Troade,* ou *Tableau de la plaine de Troye dans son état actuel.* Il parut d'abord dans les Mémoires de la Société d'Edimbourg :

d'Edimbourg : l'auteur en publia une seconde édition à Paris, en 1799 ; elle ne formoit qu'un volume in-8°. La troisième édition, revue, corrigée et considérablement augmentée, fut publiée en 1802 : elle présente trois volumes au lieu d'un seul. Ce Voyage mérite d'être dans les mains de tous les amateurs de la belle antiquité. L'auteur parcourut la plaine de Troye avec son Homère à la main, et y trouva bientôt ce qu'il désiroit. Les preuves par lesquelles M. le Chevalier fortifie sa découverte, sont ingénieuses ; son érudition est bien digérée et ne fatigue point le lecteur ; toujours Homère le seconde à souhait : aussi, dit-il, quand les anciens et les modernes ne m'auroient pas guidé dans la recherche de ces monumens, Homère m'en auroit dit assez pour me les faire connoître.

Le Voyage du même auteur dans la Propontide et le Pont-Euxin, Paris, 1800, 2 vol. in-8°., réveille aussi de grands souvenirs, et a obtenu un succès mérité.

M. LE BARON DE TOTT.

Les Mémoires de M. le baron de Tott sur les Turcs et les Tartares, Paris, 1784, 4 vol. in-8°., ou 1785, 2 vol. in-4°., ont eu le plus grand succès : on y trouve des documens qu'on chercheroit vainement ailleurs. M. le baron de Tott a été employé dans les affaires de la plus grande importance pendant la dernière guerre des Turcs avec les Russes : il a rendu aux premiers des services essentiels ; il a traité directement avec les ministres, avec le grand-seigneur lui-même ; il a acquis des connoissances particulières sur les mœurs, le gouvernement, la politique de cette nation, ainsi que des Tartares, et ce qu'il dit, il le rapporte comme ayant été presque toujours témoin oculaire.

M. de Peyssonnel a publié, en 1785, des Lettres à M. le marquis de ***, qui contiennent une critique curieuse de l'ouvrage du baron de Tott.

CHANDLER.

La traduction des Voyages faits par le docteur Chandler dans l'Asie mineure et en Grèce, étoit depuis long-temps désirée ; elle a enfin paru avec des notes géographiques, historiques et critiques, Paris, 1806, 3 vol. in-8°. On en est redevable à MM. Servois et Barbié du Bocage.

Chandler, suivant pas à pas Pausanias pour

la Grèce; Strabon pour cette contrée et l'Asie mineure; Pline l'ancien, pour ce qu'il a recueilli sur ces deux pays, et mettant même à profit les fragmens échappés aux dévastations des barbares et aux ravages du temps, recherche soigneusement les vestiges des cités de l'Asie mineure et de la Grèce, des temples, des théâtres, des cirques, des aquéducs, de tous les édifices, enfin, dont le luxe asiatique et la passion des Grecs pour les arts, avoient magnifiquement embelli ces deux contrées. Quant aux lieux qu'il ne lui a pas été permis de visiter, il rapporte ce que Spon, Wheler, Pococke, etc., ont recueilli de plus remarquable.

Les notes des traducteurs ajoutent de lumineuses recherches à celles du voyageur Anglais, et réforment ses erreurs en géographie.

M. GUYS.

Les Grecs, dans leur état actuel de dégradation, offrent encore des traits de caractère qui annoncent leur origine, et auxquels il est aisé de les reconnoitre. M. Guys, qui les a observés long-temps, assure qu'il les a retrouvés tels que les historiens peignent leurs ancêtres, c'est-à-dire, artificieux, vains, souples, inconstans, adulateurs, avides de gain, amateurs de la nouveauté, peu scrupuleux sur les sermens. Leurs usages sont encore à peu près les mêmes que ceux qui s'observoient du temps d'Homère et de Périclès ; ils s'y montrent attachés, et les regardent comme la seule propriété qui leur reste. Ces traits de ressemblance entre les Grecs modernes et les anciens étoient échappés à la plupart des voyageurs, qui, en parcourant les îles de l'Archipel, ont plus observé les lieux que les hommes. M. Guys a cru que la réunion de ces rapports pouvoit intéresser, et il en a fait la matière de son ouvrage intitulé : *Voyage Litéraire de la Grèce*, ou *Lettres sur les Grecs anciens et modernes*, avec un parallèle de leurs mœurs ; par M. Guys, de l'Académie des Sciences et Belles-Lettres de Marseille. Il y en a eu plusieurs éditions ; la dernière, avec figures, a paru en 1783, chez la veuve Duchesne, en quatre volumes in-8°.

Les observations que présente ce livre estimable, sont intéressantes, et annoncent qu'Homère, Euripide, Anacréon, Pausanias, ont été les fidèles compagnons de voyage de M. Guys. J'aurois cependant désiré qu'il eût un peu moins prodigué l'érudition grecque, et que, pour établir le rapport d'un usage moderne avec celui de l'antiquité, il se fût borné à une ou deux citations de passages anciens, sans trop les multiplier.

SAVARY.

M. Savary est venu à son tour nous parler de la Grèce; malheureusement la mort l'a empêché de compléter son ouvrage, intitulé, *Lettres sur la Grèce*, Paris, 1788, in-8°.: il n'y est question que de l'île de Rhodes, de la petite île de Casios, de l'île de Crète ou de Candie ; et à la fin du livre on trouve, comme par manière de *Postscriptum*, trois lettres qui ont pour objet l'île de l'Argentière et celle de Mélos.

M. POUQUEVILLE.

Nous n'avions sur la Morée que la Description de Coronelli, et quelques détails épars dans les Voyages de Spon, de Wheler, de Pococke, etc. Tout cela ne donnoit qu'une idée très-imparfaite d'une péninsule si célèbre dans l'antiquité, sous le nom de Péloponèse, et qui est encore aujourd'hui l'une des plus importantes possessions des Turcs dans la Grèce. Le Voyage de M. Pouqueville en Morée, à Constantinople, en Albanie, etc., Paris, 1805, 3 vol. in-8°., ne nous laisse plus rien à désirer pour la parfaite connoissance de cette péninsule : il est enrichi d'un précis historique et géographique de l'ancienne Epire, et de cartes dressées par M. Barbié du Bocage.

L'ABBÉ FORTIS.

Le Voyage en Dalmatie, traduit de l'italien de l'abbé Fortis, Berne, 1778, 2 vol. in-8°., fait bien connoitre l'état physique de la Dalmatie vénitienne ; car l'auteur ne s'y est point occupé des petites parties de la Dalmatie qui étoient sous la domination des Turcs et de la république de Raguse. Dans sa relation, il développe des connoissances très-profondes sur plusieurs branches de l'histoire naturelle, particulièrement en géologie, minéralogie et hydrographie : il nous donne aussi des notions précieuses sur l'histoire et les antiquités du pays, sur les différentes races d'habitans dont il est peuplé.

§ VIII. VOYAGES EN AFRIQUE.

DAPPER.

On estime encore *la Description de l'Afrique*, traduite du flamand d'Olfert Dapper, avec des cartes et des figures, in-fol., Amsterdam, 1686. Cette Description est très-exacte, fort détaillée, faite sur les relations de Voyages publiées avant l'auteur, et remplie de cartes et de plans très-instructifs.

MARMOL.

La Description de l'Afrique et l'histoire de ce qui s'y est passé de remarquable, depuis l'an 613 jusqu'en 1571, traduite de l'espagnol de Louis de Marmol, par Nicolas Perrot, sieur d'Ablancourt, est enrichie de cartes géographiques de Samson. On y trouve l'Histoire des chérifs et des royaumes de Maroc, de Fez, etc., depuis l'an 1502 jusqu'en 1578, traduite de l'espagnol de Diego Torres, par M. le duc d'Angoulême. Cette Description est in-4°., Paris, 1667, 3 vol. Quoique cet ouvrage soit fort historique, il il y a néanmoins bien des choses qui concernent la géographie et la description de cette partie du monde.

DEMANET.

Nous avons encore quelques écrits qu'il ne faut pas oublier : telle est *la Nouvelle Histoire de l'Afrique Française*, par l'abbé Demanet, 1767, 2 vol. in-12. L'auteur, qui a été curé dans cette partie de l'Afrique, a tout vu de ses yeux; et il paroît, par son livre, qu'il voyoit en homme intelligent. On y trouvera, en particulier, des observations sur les noirs, qui détromperont ceux qui imaginent que c'est une espèce différente de la nôtre.

M. LAMIRAL.

L'Afrique et le peuple Africain, considérés sous tous leurs rapports avec notre commerce et nos colonies, par M. Lamiral, ancien agent de commerce dans ce pays, Paris, 1789, in-8°., sont un ouvrage qui mérite une sérieuse attention, surtout depuis les malheurs qu'ont éprouvés nos colonies : il contient l'Histoire politique et morale des nègres, leur caractère, leur génie, leurs mœurs et leur gouvernement : on y trouve beaucoup d'anecdotes qui n'ont été rapportées par aucun voyageur. L'auteur entreprend d'y prouver

ver que la traite des nègres n'est pas même pour eux un malheur aussi grand que le pensent les amis des noirs : il donne des instructions aux négocians qui veulent bien faire le commerce du Sénégal. M. Lamiral peint avec force les inconvéniens des priviléges exclusifs, notamment de celui de la Compagnie du Sénégal.

LAUGIER DE TASSY.

On trouve dans l'Histoire du royaume d'Alger, par Laugier de Tassy, Amsterdam, 1725, in-12, des détails d'économie politique d'autant plus intéressans, que les voyageurs qui ont écrit après lui sont très-concis sur ces objets.

L'auteur y raconte des faits dont il a été témoin, et d'autres dont il s'est exactement informé dans le pays où ils se sont passés. L'amour de la vérité, qui caractérise cette Histoire, lui assure une authenticité incontestable. Dans les points qui concernent la politique, la marine et le commerce, on sent un homme instruit par l'expérience, et qui ne s'est pas moins appliqué à être utile à ses lecteurs, qu'à satisfaire leur curiosité.

L'ouvrage de Laugier de Tassy a été

réimprimé sous différens titres, dont on peut voir le détail dans un article que j'ai fourni au *Magasin Encyclopédique*, février 1805. Le même ouvrage a été traduit en plusieurs langues ; et ce qu'il y a de singulier, c'est que la version anglaise fut traduite en français par un médecin nommé Boyer de Pébrandié, sous ce titre : *Histoire des Etats barbaresques qui exercent la piraterie*, etc., Paris, 1757, 2 vol. in-12. Cette traduction est écrite d'un style aisé, coulant et naturel : on la lit avec plus de plaisir que l'Histoire de Laugier.

SHAW.

Thomas Shaw, chapelain de la factorerie d'Alep, s'est proposé deux objets principaux, la géographie et la physique, dans ses voyages en plusieurs provinces de la Barbarie et du Levant ; ouvrage traduit de l'anglais par un anonime, La Haye, 1743, 2 vol. in-4°. On y trouve mille traits concernant les antiquités de toute espèce, l'histoire sacrée et profane, l'histoire naturelle, la politique, la médecine et les langues ; il y a même des découvertes nouvelles sur chacune de ces sciences : l'auteur explique et éclaircit plusieurs passages des auteurs Grecs et Latins : il confirme ou rectifie, en plusieurs rencontres, les sentimens des itinéraires, des géographes et des voyageurs de tous les temps.

Thomas Shaw est mort en 1751.

M. L'ABBÉ POIRET.

M. l'abbé Poiret, dans son Voyage en Barbarie, Paris, 1789, 2 vol. in-8°., a décrit, d'une manière plus détaillée que Shaw, les animaux domestiques et féroces du pays, les oiseaux, et jusqu'aux insectes; mais la plus riche moisson qu'il ait faite dans les parties cultivées ou incultes, c'est celle d'une multitude de plantes dont il a donné la description, et qu'il a méthodiquement assujetties au système de Linnée : ce Voyage est donc principalement utile aux amateurs de l'histoire naturelle, et surtout à la botanique.

G. LAMPRIÈRE.

G. Lamprière avoit été envoyé comme chirurgien à Maroc, pour guérir le fils de l'empereur, qui étoit menacé de perdre la vue : il y a séjourné assez long-temps pour observer les mœurs et les usages de ce pays, et donner des renseignemens exacts sur le ca-

ractère des personnages qui y ont le plus
d'influence ; à la faveur de son état de chirurgien et de médecin, il a eu l'occasion de
pénétrer dans le harem de l'empereur. Aussi
son Voyage dans l'Empire de Maroc, traduit de l'anglais par M. de Sainte-Suzanne,
Paris, 1801, in-8°., présente-t-il de curieux
détails sur les femmes qu'il a trouvées dans
le harem. Ses observations se dirigent ensuite
sur les productions, le commerce, les dépenses, les revenus, et sur les forces de terre
et de mer de ce pays ; sur la religion, les
lois, les mœurs et coutumes des habitans ;
enfin, sur l'esclavage et l'abrutissement des
Maures en général, et sur le caractère du
prince alors régnant.

M. LABARTHE.

Le Voyage au Sénégal, pendant les années 1784 et 1785, d'après les Mémoires de
la Jaille, par P. Labarthe, Paris, 1802,
in-8°., offre des détails instructifs sur les établissemens situés le long de la côte, depuis
le Cap Blanc jusqu'à la rivière de Serra-
Leone, dans l'intérieur ; des états des mar-
chandises qui conviennent le mieux pour la
traite, et des productions que l'on peut ap-

porter en retour. On trouve, d'ailleurs, dans cet ouvrage, des observations inédites de Buffon sur les minéraux et les végétaux que doit offrir l'intérieur de l'Afrique.

M. GOLBERRY.

Les fragmens d'un Voyage en Afrique, fait pendant les années 1785, 1786 et 1787, par M. Golberry, ancien officier du génie, Paris, 1802, 2 vol. in-8°., offrent des aperçus nouveaux, des observations judicieuses, et des renseignemens exacts sur plusieurs objets de la plus haute importance, pour le commerce entre la France et l'Afrique : ils méritent d'être placés à côté des Voyages de Mungo-Park, de Bruce, et d'autres célèbres voyageurs. Ces fragmens donnent une idée très-favorable du grand ouvrage que l'auteur se propose de mettre au jour sur l'Afrique, et dont la publication a été retardée par des circonstances particulières.

ROBERT NORRIS.

Dans un Voyage au pays de Dahomé, par Robert Norris, traduit de l'anglais, et imprimé à Paris en 1790, in-8°., le voyageur trace le tableau d'une révolution politique très-importante, qui s'est opérée dans cette partie de l'Afrique, et qui n'a pas même été connue en Europe. Non-seulement le royaume de Juida, mais plusieurs autres Etats voisins sont tombés sous la domination des Dahomans, peuplade peu considérable et fort long-temps ignorée. Norris donne d'intéressans détails sur la population de la capitale, qu'il évalue à vingt-quatre mille âmes; sur les productions du pays; enfin, sur les travaux de la campagne, qui sont à la charge des femmes seules, les hommes passant tout leur temps à dormir et à fumer. On a ajouté à ce Voyage des observations sur la traite des nègres, avec une description de quelques parties de la côte de Guinée, durant un voyage fait en 1787 et 1788 par Wadstrom. Quoique Wadstrom combatte la traite des nègres, il n'en trace pas moins, avec les plus noires couleurs, le tableau de leur existence physique et morale dans leur propre pays.

M. DURAND.

La partie occidentale de l'Afrique offre, soit sur les bords de la mer, soit dans l'intérieur des terres, les plus grandes ressources, sous le double rapport du commerce et de l'agriculture. M. Durand, ancien directeur de la Compagnie du Sénégal, a cherché à rappeler, dans son *Voyage au Sénégal*, Paris, 1802, in-4°., ou 2 vol. in-8°. avec atlas, l'attention du gouvernement français sur ces possessions intéressantes : son travail a été commencé au Sénégal et fini à Paris, en 1788. Il l'a communiqué à des savans qui l'ont approuvé ; l'auteur convient cependant qu'il n'a pas tout vu, et qu'il a eu recours aux Voyages publiés avant le sien.

M. DE GRANDPRÉ.

Cet officier dans l'ancienne marine française, est auteur d'un Voyage à la côte occidentale d'Afrique, fait en 1786 et 1787, contenant la description des mœurs, usages, lois, gouvernement et commerce des Etats de Congo, fréquentés par les Européens, Paris, 1801, 2 vol. in-8°. Il y décrit d'une manière simple et naturelle ce qu'il a observé lui-même : ses observations annoncent un esprit éclairé et un jugement exercé ; son ouvrage est instructif pour les militaires et les marins ; on y trouve des détails sur la traite des nègres, sur leurs mœurs, leurs religions, leurs gouvernemens, et les religions de leur pays.

MM. LEDYARD ET LUCAS.

L'établissement de la Société anglaise d'Afrique, en 1788, nous a procuré la connoissance d'une partie de l'intérieur de l'Afrique. Les principaux Voyages qu'elle a publiés ont été traduits en français : on a fait un juste accueil à celui de MM. Ledyard et Lucas, traduit de l'anglais par M. Lallemant, membre de la Société française d'Afrique, instituée à Marseille, Paris, 1804, 2 vol. in-8°.

M. Ledyard, né en Amérique, avoit conçu, dès sa plus tendre jeunesse, un désir invincible de reconnoître par lui-même les régions du globe non encore découvertes, ou qui l'avoient été imparfaitement. La mission qui lui fut confiée par la Société d'Afrique, étoit de traverser de l'est à l'ouest, dans la latitude attribuée au Niger, tout le Continent de l'Afrique dans sa plus grande largeur. Une expédition de cette importance ne parut pas à cette Société au-dessus des forces d'un homme, qui, ayant accompagné Cook dans son second voyage autour du monde, avoit déployé des talens qu'on ne devoit pas attendre

tendre d'un simple caporal des troupes de la marine. Une maladie bilieuse mit Ledyard au tombeau. M. Lucas prit une autre route que Ledyard pour pénétrer dans l'intérieur de l'Afrique.

MUNGO-PARK.

Le Voyage de Mungo-Park dans l'intérieur de l'Afrique, fait en 1795, 1796 et 1797, traduit de l'anglais sur la seconde édition, par J. Castera, Paris, 1800, 2 vol. in-8°., est un des plus curieux qui aient paru dans ces derniers temps. A son arrivée en Afrique, Mungo-Park étudia la langue du peuple du Mandingue, l'idiome le plus répandu dans cette partie de l'Afrique. Il a décrit avec exactitude les contrées qu'il a parcourues, et tracé, avec fidélité, le tableau des mœurs, des usages, du gouvernement, de la religion de leurs habitans. Cet homme courageux a tenté un second voyage dans l'intérieur de l'Afrique : on a fait courir le bruit de sa mort ; mais une lettre écrite de Londres en 1806, porte qu'un roi l'a pris sous sa protection, et lui a permis d'acheter un bon canot.

HORNEMANN.

L'estimable *Société Africaine* qui s'est formée à Londres, poursuit la noble entreprise de reconnoître l'Afrique intérieure ; elle y envoie, à ses frais, des voyageurs éclairés et courageux ; ceux qui succombent sont remplacés par d'autres, également bien préparés pour cette mission. Hornemann s'offrit à elle en 1795 ; il fut d'abord envoyé à Gottingue pour y étudier l'arabe et les sciences les plus utiles : au mois de mars 1797, l'assemblée générale de la Société l'ayant jugé assez instruit, lui donna ordre de partir sans délai pour entrer en Afrique par l'ouest du Caire : en même temps Mungo-Park suivoit une autre direction de la même Société, et faisoit des découvertes dans la partie occidentale à l'est de la Gambie.

La guerre qui désoloit alors l'Europe, n'arrêta point la marche de Hornemann ; il passa par Paris, et y fut accueilli des savans. Lorsque les Français s'emparèrent de l'Egypte, MM. Berthollet et Monge le firent mettre en liberté, et le présentèrent au général Bonaparte, qui le traita avec toute sorte d'égards. Le voyageur s'en montra re_ connoissant dans une lettre écrite du Caire, le 30 août 1798, et qui est insérée dans la préface de son Voyage dans l'Afrique septentrionale, traduit de l'anglais par Labaume, Paris, 1803, 2 vol. in-8°. Ce Voyage contient des détails de mœurs très-curieux, quoique peu développés. Le voyageur n'a guere envoyé en Europe que des notes préliminaires, réservant pour son retour et à la fin de sa mission, les développemens nécessaires pour rassasier la curiosité : il paroît d'ailleurs aimer la vérité et ne rien hasarder légèrement. Le voyage est suivi d'éclaircissemens sur la géographie de l'Afrique par le major Rennel, et des remarques de sir W. Young, secrétaire de la Société africaine, sur la description des mines et des antiquités de Syouah par Hornemann ; il est accompagné de notes et d'un Mémoire sur les Oasis, composé principalement d'après les auteurs Arabes : ces trois Mémoires, ainsi que les notes étymologiques et critiques que M. Langlès a répandues en grand nombre dans les deux volumes, donnent beaucoup de prix à ce Voyage, déjà si intéressant par son objet.

On ne fait aucun cas de la première traduction française de ce Voyage, publiée en 1802, en un seul volume in-8°.

M. BORY DE SAINT-VINCENT.

M. Bory de Saint-Vincent, employé par le Gouvernement dans une expédition de découvertes importantes, a visité les îles Canaries : les résultats de son examen, et les secours qu'il a pu tirer, tant des auteurs qui en ont écrit, que des hommes éclairés qu'il a consultés sur les lieux, se sont liés à des méditations antérieures sur les Canaries, considérées sous les rapports de l'histoire, du commerce et des sciences naturelles, et même à un travail plus vaste, dont il amasse depuis long-temps les matériaux, et dont les considérations qui regardent cet archipel, ne sont qu'une portion détachée; il en est résulté un ouvrage, en partie historique et descriptif, et en partie systématique, rempli de recherches étendues et de vues ingénieuses, et qui a mérité, à ces deux égards, d'occuper l'attention publique. Cet ouvrage est intitulé : *Essais sur les îles Fortunées et l'antique Atlantique*, ou *Précis de l'Histoire générale de l'Archipel des Canaries*, Paris, 1803, in-4°.

SPARMANN.

Rien de plus intéressant que le Voyage au Cap de Bonne-Espérance, traduit de l'anglais du docteur A. Sparmann, par Le Tourneur, Paris, 1787, 2 vol. in-4°., ou 3 vol. in-8°. Ce voyageur donne une relation écrite du Cap de Bonne-Espérance, bien différente de celles fournies par Kolbe, Byron, Bougainville et plusieurs autres : son ouvrage porte l'empreinte de la vérité ; il contient les descriptions les plus instructives ; il est semé de récits curieux. La narration de l'auteur est enjouée, son style est agréable et n'a rien perdu en passant par la plume de Le Tourneur, qui, traducteur infatigable, a consacré ses veilles à enrichir notre langue des bons ouvrages que l'Angleterre produisit de son temps.

LE VAILLANT.

On sait que les deux Voyages de Le Vaillant dans l'intérieur de l'Afrique, pendant les années 1780—1785, imprimés à Paris, le premier en 1790, un vol. in-4°. ou 2 vol. in-8°., le second en 1795, 2 vol. in-4°. ou 3 vol. in-8°., ont été rédigés par Casimir

Varon, enlevé à la république des lettres à l'âge de 35 ans, en 1797. Peu de Voyages se font lire avec autant de plaisir. C'est qu'au mérite des observations rassemblées par Le Vaillant, le rédacteur a joint l'attention de ne négliger aucun détail capable d'attacher ou de plaire ; on lui reproche même de s'en être trop occupé ; on lui reproche aussi une sorte d'affectation à louer les sauvages et à critiquer certains inconvéniens inséparables de toute société civile.

JOHN BARROW.

Le Voyage de John Barrow, ex-secrétaire de lord Macartney, dans la partie méridionale de l'Afrique, fait dans les années 1797 et 1798 ; traduit de l'anglais par L. de Grandpré, Paris, 1801, 2 vol. in-8°., mérite une pleine confiance. La vérité des récits de ce voyageur, est en quelque sorte garantie par les notes de son traducteur, qui a séjourné comme lui dans la colonie du Cap, qui l'a lui-même décrite dans son Voyage à la Côte occidentale d'Afrique, et qui combat les observations de M. Barrow, lorsqu'elles ne lui paroissent pas parfaitement exactes. M. Barrow déchire le voile que Le Vaillant paroît avoir jeté sur l'indolence des Hollandais à la ville, et leur cruauté envers les Hottentots à la campagne.

On doit à M. Walknaer, la traduction du nouveau Voyage de M. Barrow dans la partie méridionale de l'Afrique, Paris, 1806, 2 vol. in-8°. Ce dernier Voyage contient la description du Cap de Bonne-Espérance la plus détaillée et peut-être la plus complète qu'on ait jusqu'à présent.

M. BERNARDIN DE SAINT-PIERRE.

Le Voyage à l'Ile de France, à l'Ile de Bourbon, au Cap de Bonne-Espérance, etc., par M. Bernardin de Saint-Pierre, Paris, 1773, 2 parties in-8°., a été pendant long-temps la seule relation qui nous ait procuré quelques lumières sur l'Ile de France, si propre à former une relâche aux vaisseaux. L'auteur, d'ailleurs, pouvoit mieux que personne nous faire connoître une île à laquelle il nous a si vivement intéressés, en y plaçant les tableaux enchanteurs, les scènes touchantes de *Paul et Virginie*.

M. BORY DE SAINT-VINCENT.

En intitulant un de ses ouvrages, *Voyage*

dans les quatre principales îles des mers d'Afrique, Paris, 1804, 3 vol. in-8°., et atlas in-4°., M. Bory de Saint-Vincent n'a pas eu égard à leur étendue, puisque l'île de Madagascar, dont la description n'est pas entrée dans son plan, est plus considérable elle seule, que ne le sont ensemble les quatre îles de Ténériffe, de Maurice, de la Réunion et de Sainte-Hélène, qui sont l'objet de sa relation. C'est sous les rapports physiques, agricoles, commerciaux et politiques, qu'il a qualifié, et avec raison, ces quatre îles, comme les quatre principales îles des mers d'Afrique : la lecture de ce Voyage est pleine d'intérêt.

BRUCE.

Le Voyage de cet auteur aux Sources du Nil, en Nubie et en Abyssinie, pendant les années 1769 — 1773, traduit de l'anglais par M. Castera, Paris, 1790, 5 vol. in-4°. ou 10 vol. in-8°., avec atlas in-4°., est un ouvrage qui, indépendamment d'une découverte dont l'illustre voyageur s'arroge tout l'honneur, présente à chaque pas des observations également intéressantes au commerce et aux sciences, enrichit et surprend l'ami de de la nature, le philosophe et le poëte, en même temps qu'il offre un grand fonds d'instruction et d'amusement à chaque classe de lecteurs.

Dans la préface de la nouvelle édition de son excellente traduction d'Hérodote, et dans une note de cette même traduction, le savant M. Larcher met en doute si les sources indiquées par Bruce sont les véritables sources du Nil ; et il emploie, pour réfuter le voyageur Anglais, des expressions qui ne sont rien moins que modérées.

M. Castera a joint à la traduction du Voyage de Bruce, celle du Voyage de Paterson chez les Hottentots et les Caffres.

Bruce est mort en 1794 : on cherche en vain son article dans le Dictionnaire Historique de M. Delandine.

LE PÈRE SICARD ET D'ANVILLE.

Avant de lire les Voyages faits en Egypte, il est essentiel de méditer différens ouvrages remplis d'érudition et de critique : les uns sont des Dissertations et des Lettres du Père Sicard, jésuite; on les trouve dans le cinquième volume de la nouvelle édition des Lettres édifiantes et curieuses ; d'Anville en fait un grand éloge ; les autres sont les Mémoires sur l'Egypte ancienne et moderne, par d'Anville lui-même, Paris, 1766, in-4°. L'auteur y établit, d'après un calcul qu'on doit supposer exact, que la vallée fécondée par le débordement du Nil, étant seule susceptible de culture, l'Egypte ancienne, dont la fertilité suffisoit à la subsistance d'un nombre incroyable d'habitans, ne contenoit que deux mille cent lieues carrées de terre propre au labourage, étendue qui n'est au plus que la douzième partie de celle de la France avant la révolution de 1789.

GRANGER.

On a publié à Paris, en 1745, un vol. in-12, contenant la Relation du Voyage fait en Egypte par le sieur Granger, en l'année 1730, où l'on voit ce qu'il y a de plus remarquable dans ce pays, particulièrement sur l'histoire naturelle. Cette Relation est autant un monument de la gloire passée de l'Egypte, qu'elle en est la description : l'auteur en donne une idée diamétralement opposée à celle qu'on puise dans les anciens. Il y a dans son ouvrage plusieurs inscriptions grecques qui sont si défectueuses, de l'aveu de l'éditeur, qu'elles sont entièrement défigurées. Le tome dixième des jugemens sur quelques ouvrages nouveaux, par l'abbé Desfontaines, renferme de judicieuses réflexions de l'abbé Bellanger, sur la Relation du Voyage de Granger.

MAILLET.

Il y a dans la Description de l'Egypte, rédigée par l'abbé le Mascrier, sur les Mémoires de Maillet, ancien consul de France au Caire, 1735, in-4°., ou 2 vol. in-12, des choses qui n'ont pu être remarquées que par un esprit très-attentif; tout ce qui peut intéresser la curiosité s'y trouve rassemblé : mœurs anciennes et modernes, monumens, coutumes, religions, gouvernemens, commerce, histoire, physique, tout cela est embelli par des traits historiques assez agréables, par de petites aventures remarquables, par des réflexions et par des peintures singulières ; voilà le fonds de l'ouvrage : à l'égard de la forme, je dirai qu'en approuvant le genre épistolaire, dont le réviseur ou le compilateur s'est servi, j'aurois voulu qu'il en eût proscrit l'enflure, l'affectation, la déclamation, le ton de collége, la superfluité des mots et les répétitions importunes ; ce qui n'empêche pas que le style en général ne soit assez bon.

SAVARY.

Les Lettres de Savary sur l'Egypte, Paris, 1786, 3 vol. in-8°., eurent un grand succès au moment où elles parurent; elles ont même été traduites en cinq langues ; aujourd'hui elles ne sont plus si estimées, et c'est peut-être à cause de la critique sévère qu'en a faite dans un journal de littérature orientale, M. Michaëlis, savant très-distingué par l'étendue et la variété de ses connoissances. M. Silvestre de Sacy a fait connoître cette critique par une lettre adressée aux auteurs du *Journal des Savans*, en 1787, et réimprimée dans *l'Esprit des Journaux*, et dans *les Tablettes d'un Curieux*.

M. VOLNEY.

M. Volney a pris pour épigraphe de son Voyage en Syrie et en Egypte, pendant les années 1783, 1784 et 1785, Paris, 1787, 2 vol. in-8°., cette sentence : *J'ai pensé que le genre des Voyages appartenoit à l'Histoire et non aux Romans.* Cette épigraphe est la condamnation de plusieurs Voyages, et annonce en même temps que M. Volney n'a voulu prendre pour guide que la vérité; le ton qui règne dans son ouvrage en est une preuve. On reconnoît, en le lisant, qu'il est versé dans la physique, l'histoire naturelle, la médecine même, les arts, le commerce, etc. Qu'on ne s'attende pas à y trouver les belles descriptions de l'Egypte, qui sont si séduisantes dans l'ouvrage du consul Maillet, et plus encore dans celui de M. Savary : on a de la peine à croire que ces auteurs décrivent le même pays, tant il y a de différence entre eux.

La troisième édition de cet excellent Voyage a paru en l'an VII (1799); elle est augmentée, 1°. de la notice de deux manuscrits arabes; 2°. d'un tableau exact de tout le commerce du Levant; 3°. des considérations sur la guerre des Russes et des Turcs, publiées en 1788; 4°. de gravures nouvelles représentant les pyramides et le sphinx.

NORDEN.

Le Voyage d'Egypte et de Nubie, par le Danois Frédéric-Louis Norden, est connu de tous les amateurs de l'antiquité; l'exactitude avec laquelle il a figuré, la naïveté avec laquelle il a décrit les monumens de l'Egypte, l'ont fait rechercher avec empressement par les savans et les curieux : plein de confiance dans un guide aussi sûr, le lecteur s'engage avec lui dans les canaux étroits des Pyramides pour arriver jusqu'à la chambre sépulcrale et au sarcophage : de leur sommet vous contemplez les campagnes verdoyantes du Delta, qui contrastent si fortement avec l'aride plaine des Momies.

Une mort prématurée enleva Norden à Paris, en 1742, à l'âge de 34 ans. Les savans chargés de la rédaction de son Voyage, s'en acquittèrent avec la plus grande fidélité : il fut publié en français, traduit du danois par l'abbé des Roches de Parthenay : le premier volume parut en 1752, et le second en 1755 ; ce sont deux volumes in-fol. sortis des presses de l'imprimerie royale de Copenhague, avec des cartes et des figures dessinées sur les lieux.

Un savant Anglais, Templeman, en entreprit la traduction, et l'a publiée en 1757, 2 vol. in-fol., ou 2 vol. in-8°. Cette édition splendide ne laisse rien à désirer, elle est peut-être même plus belle que l'édition originale; Templeman l'enrichit de notes courantes, dans lesquelles il rapporte ce qui pouvoit le plus illustrer son auteur; mais ces notes, quoique remplies d'érudition, prouvent qu'il n'étoit pas beaucoup plus savant que les éditeurs Danois, sans cela il auroit joint aux citations des auteurs grecs et latins, celles des nombreux ouvrages des Arabes sur l'Egypte.

C'est ce que M. Langlès a fait pour une nouvelle édition du Voyage de Norden, publiée en trois volumes in-4°., depuis 1795 jusqu'en l'an X (1801); il a respecté scrupuleusement le texte, mais il l'a rectifié dans des additions. Toutes les notes de Templeman ont été conservées, mais il les a rejetées vers la fin de l'ouvrage, avec celles qu'il a tirées d'Abulféda et d'autres.

On a eu pour les dessins le même respect que pour le texte; l'artiste s'est fait un devoir de n'ajouter aucun ornement et de ne supprimer aucun détail; nous devons cependant à la vérité d'avouer que leur exécution n'est pas en général assez soignée, et qu'il s'en faut bien qu'à cet égard l'édition de Paris puisse le disputer aux éditions danoise et anglaise.

Les additions de M. Langlès contiennent principalement les recherches qu'il a faites dans la riche collection des manuscrits de la Bibliothèque Impériale ; elles consistent dans des Mémoires plus ou moins étendus sur les bibliothèques d'Alexandrie, sur le canal de Cléopatre, appelé aussi canal de Canope ; sur la colonne de Pompée, sur les pyramides, etc. A la suite de ces morceaux, se trouve une table des auteurs Orientaux et des savans orientalistes cités dans les notes et éclaircissemens de l'éditeur. Cette table, outre les renvois à l'ouvrage même, contient encore plusieurs renseignemens sur les auteurs dont il y est parlé, et est regardée comme une excellente histoire littéraire des auteurs Orientaux qui ont écrit sur l'Egypte.

Ces importantes additions font rechercher cette nouvelle édition par ceux même qui possèdent l'ancienne.

W.-G. BROWNE.

M. Castera, avantageusement connu par plusieurs traductions importantes et par quelques ouvrages historiques très-recommandables, a fait paroître, en 1800, la traduction du nouveau Voyage dans la Haute et Basse Egypte, par Browne, avec des notes critiques sur les ouvrages de Savary et de
M.

M. Volney, 2 vol. in-8°. enrichis de cartes et de plans. Le traducteur convient que Browne n'a pu que glaner dans la partie de la relation qui concerne l'Egypte et la Syrie ; on y trouve néanmoins des détails curieux, et dont quelques-uns même sont neufs.

LE GÉNÉRAL REYNIER.

Quelqu'ait été le premier but et le principal objet de l'expédition d'Egypte, la France s'en étoit promis de grands avantages, que des circonstances malheureuses lui ont fait perdre : mais il lui en restera toujours la gloire dont la brave armée d'Orient s'est couverte dans cette expédition brillante, et qu'elle a conservée pure, même dans ses revers ; une expérience en grand de civilisation et d'amélioration sociale, faite sur un peuple presque barbare, au milieu des opérations militaires et du tumulte des armes ; enfin, une connoissance plus exacte et plus étendue qu'on ne l'avoit eue jusqu'ici de ce pays, digne de l'attention des politiques autant que de celle des savans.

Tandis qu'une Commission tirée de celle des Sciences et des Arts, qui accompagna l'armée et forma l'Institut d'Egypte, se prépare à publier, par ordre du Gouvernement, les recherches faites en Egypte sur ses anciens monumens, son histoire naturelle, son gouvernement, ses usages, les mœurs, les militaires se sont particulièrement occupés de la gloire même de l'armée. Le général Berthier a publié la relation de tous les combats qu'elle soutint, c'est-à-dire, de toutes les victoires qu'elle remporta depuis son établissement en Egypte jusqu'à la bataille d'Aboukir. C'est sur les Mémoires qu'aura sans doute laissés le général Kléber, que cette relation pourra être continuée jusqu'à la bataille d'Héliopolis : le général Reynier l'a reprise depuis cette époque jusqu'à la fin de l'expédition, dans le volume intitulé : *de l'Egypte après la bataille d'Héliopolis, et considérations générales sur l'organisation physique et politique de ce pays*, Paris, 1802, in-8°. Cet ouvrage curieux a été traduit en plusieurs langues.

A l'article des *Voyages pittoresques*, nous parlerons du beau Voyage de M. Denon dans la Haute et Basse Egypte.

§ IX. VOYAGES EN ASIE.

SOCIÉTÉ ÉTABLIE AU BENGALE.

Une Compagnie commerçante, devenue, en peu d'années, puissance territoriale, et à ce titre, obligée d'entretenir un nombre considérable d'employés de tout grade, a transporté dans le Bengale des hommes déjà munis de l'instruction européenne, et dont l'activité sait rendre utiles les momens de loisir que leur laissent leurs fonctions civiles ou militaires.

Vingt-sept d'entre eux, frappés des avantages littéraires qu'ils pouvoient retirer de leur séjour dans une contrée qui a long-temps passé pour le berceau des sciences et des arts, se réunirent le 15 janvier 1784, pour former une Société savante, sous la protection de sir Warren Hastings, gouverneur général des membres du conseil du fort William, dépositaire de l'autorité exécutive dans les possessions de la Compagnie.

Le célèbre William Jones, qui avoit conçu le plan de l'établissement, fut nommé président, et la Société, sur sa proposition, prit le nom *d'Asiatique*, pour faire connoître qu'elle avoit le dessein d'étendre ses recherches sur toutes les parties de l'Asie.

Déjà huit volumes in-4°. de ses Mémoires ont paru, et à l'édition originale de Calcutta ont succédé deux ou trois nouvelles éditions faites à Londres.

M. Adrien Duquesnoy, qui, pendant sa trop courte existence, a lié son nom à beaucoup d'institutions philantropiques, jaloux de faire jouir la France d'une collection qui mérite l'attention des hommes éclairés, s'est proposé d'en donner une édition française, et il a eu la satisfaction de voir concourir à ses desseins plusieurs de nos académiciens les plus distingués, qui ont bien voulu se charger de revoir les traductions et d'y ajouter tous les éclaircissemens qu'exigeoient une littérature nouvelle, et les détails relatifs, soit aux sciences exactes, soit à l'histoire naturelle.

Les deux premiers volumes sont sortis, en 1807, des presses de l'imprimerie impériale, sous ce titre : *Recherches Asiatiques, ou Mémoires de la Société établie au Bengale,* pour faire des recherches sur l'histoire et les antiquités, les arts et la littérature de l'Asie, traduits de l'anglais par A. Labaume, revus et augmentés de notes, pour la partie orientale, physiologique et historique, par M. Langlès; et pour la partie des sciences exactes et naturelles, par MM. Cuvier, Delambre, Lamarck et Olivier, tous membres de l'Institut; in-4°., avec des planches gravées en taille-douce.

Ces deux volumes contiennent les travaux de la Société Asiatique, pendant les sept premières années de son institution; ils sont composés d'environ soixante Mémoires, qui se partagent naturellement en deux classes.

La partie typographique de cet ouvrage est très-soignée; elle est digne, à tous égards, du magnifique établissement où il a été exécuté. Les passages arabes, turcs, persans, indiens, éthiopiens, tartares-mantchous, répandus dans les notes de M. Langlès, sont imprimés en caractères originaux de la plus grande beauté. Félicitons les savans assez heureux pour avoir à leur disposition d'aussi nombreux et d'aussi puissans moyens, et votons un tribut de reconnoissance au Gouvernement protecteur des lettres qui a formé le plus riche muséum typographique qui ait jamais existé, en augmente chaque jour les richesses, et en facilite l'accès aux personnes capables d'en faire un digne usage.

TAVERNIER.

Tavernier connoissoit bien la Perse, où il avoit fait six Voyages, qui ont été publiés in-4°., Paris, 1676, en trois volumes, et réimprimés ensuite en six volumes in-12. On y trouve des choses curieuses; mais il se trompe quelquefois. Ses Voyages sont surtout précieux aux joailliers, pour le détail qu'ils renferment sur le commerce des pierreries.

CHARDIN.

Le chevalier Chardin, qui faisoit le même négoce, passe encore pour plus sincère que Tavernier. Le recueil de ses Voyages, traduit en anglais, en flamand et en allemand, est en dix volumes in-12, Rouen, 1723, et en 4 volumes in-4°., Amsterdam, 1735. Cette dernière édition est la plus complète et la plus recherchée. Ces Voyages sont à la fois très-curieux et très-vrais; et l'on doit bien les distinguer de ceux de tant d'autres voyageurs, qui n'ont couru le monde que pour en rapporter des ridicules et des mensonges.

Chardin donne une idée complète de la Perse, de sa religion, de ses usages, de ses mœurs, de ses coutumes, etc. La description qu'il fait des autres pays orientaux qu'il a parcourus, n'est ni moins exacte ni moins curieuse.

L'ABBÉ MARITI.

Les Voyages de M. l'abbé Mariti dans l'île de Chypre, la Syrie et la Palestine, publiés à Turin en 1769, en italien, sont composés de cinq volumes in-8°.; ils jouissent d'une estime méritée.

La traduction française, publiée en 1791, 2 vol. in-12, ne représente que les deux premiers volumes de l'original.

La description de l'île de Chypre contenue dans le premier volume, est d'un véritable intérêt; sur les villes dont la description forme le second volume, nous avons des relations plus satisfaisantes que celles de l'abbé Mariti.

NIEBUHR.

La description de l'Arabie par Niebuhr, ingénieur-géographe, traduite de l'allemand en français par M. Mourier, Copenhague,

1773, in-4°., ou Paris, 1779, 2 vol. in-4°.; renferme deux parties : dans la première, l'auteur décrit l'Arabie en général, ses différens climats, leur température, la religion des Arabes, leurs différentes sectes, leurs mœurs, leurs coutumes ; il y ajoute des notions très-curieuses sur leur langue et leur écriture, sur leur astronomie, leur chronologie, leurs sciences, leurs arts, le genre de leur éloquence et de leur poésie ; enfin, sur l'agriculture, la zoologie, l'insectologie de l'Arabie. La seconde partie est particulièrement consacrée à l'Arabie Heureuse. Niebuhr y donne la solution du problème qu'offre le peu de célébrité dont jouit aujourd'hui l'Arabie, tandis qu'elle en avoit une si grande dans les temps anciens. Une vaste érudition, une saine critique se font remarquer dans toutes les parties de la description.

Ces observations s'appliquent également au Voyage du même auteur, en Arabie et dans d'autres pays circonvoisins, Utrecht, 1776 et 1780, 2 vol. in-4°.

Dans la description de l'Arabie, Niebuhr résout ou s'efforce de résoudre plusieurs des *questions proposées* par le savant docteur de Gottingue, M. Michaëlis, dont nous

avons

avons une traduction française, par M. Mérian, Francfort, 1763, in-8°., ou Amsterdam, 1774, in-4°.

GEORGE FORSTER.

M. George Forster, Anglais de nation, a suivi pour se rendre des bords du Gange à ceux de la Mer Caspienne, une route qu'aucun autre voyageur n'avoit encore parcourue avant lui : il a été par terre du Bengale à la Mer Caspienne, et de là par la route ordinaire sur le Volga à Saint-Pétersbourg, en 1783 et 1784; il parcourut sous le costume oriental, et dans la compagnie des Asiatiques, une immense étendue de pays musulman, dont les naturels haïssent les étrangers, autant par jalousie que par fanatisme. Nous avons la relation de ses courses, sous le titre de *Voyage du Bengale à Saint-Pétersbourg, à travers les provinces septentrionales de l'Inde*, etc., traduit de l'anglais avec des additions considérables, par L. Langlès, Paris, 1802, 3 vol. in-8°. (1).

Il ne faut pas confondre l'auteur de cette

---

(1) A Paris, chez Duminil-Lesueur, rue de la Harpe, N°. 78.

relation avec un autre G. Forster, Allemand d'origine, qui a publié un Voyage sur les rives du Rhin et en Angleterre. Ils sont morts tous deux; mais ce dernier mourut à Paris en 1794, tandis que l'autre termina sa carrière en 1792, à la cour maratte de Maypour, où il avoit été envoyé ambassadeur.

LE MAJOR RENNEL.

La Description historique et géographique de l'Indostan, traduite de l'anglais du major James Rennel, par M. Boucheseiche, sur la septième édition, Paris, 1800, 3 vol. in-8°., a obtenu un succès bien mérité; car ce pays, si intéressant pour l'Europe et principalement pour l'Angleterre, n'a été connu jusqu'ici que très-imparfaitement. L'auteur, en nous donnant dans cet ouvrage un système perfectionné de la géographie de ce pays, a eu soin d'y joindre le récit des événemens et des changemens qui y ont eu lieu depuis les temps les plus reculés jusqu'à nos jours. Cette partie de l'ouvrage qui présente une esquisse de l'histoire de l'Indostan et de celle des Marattes, est précieuse par les détails sur les conquêtes faites dans ce pays par les Mahométans; sur celles des puissances européennes depuis la chute de l'Empire du Mogol ; sur sa division actuelle et sur la religion, les mœurs et le caractère de ses habitans.

M. LE GENTIL.

Il y a peu de Voyages qui aient le double mérite d'être écrits par un savant, et d'être le fruit d'un long séjour dans les pays éloignés. Le passage de vénus sur le soleil, qui devoit arriver en 1761, ayant conduit M. le Gentil aux Indes orientales, et les circonstances l'ayant empêché d'arriver à temps, il attendit celui de 1769, que le mauvais temps lui a cependant dérobé : mais il a porté ses vues sur tout ce qui pouvoit être utile à la perfection de la physique, de la marine, de la géographie et de l'histoire ; aussi son Voyage dans l'Inde, Paris, 1779 et 1780, 2 vol. in-4°., intéresse-t-il également les astronomes, les physiciens, les érudits, et surtout les philosophes. M. le Gentil n'a porté dans l'Inde aucun préjugé d'aucune espèce : ni la vanité de dire des choses extraordinaires, ni l'attachement exclusif à un système qui y fait rapporter les choses qui s'y rapportent le moins, ne se montrent dans l'ouvrage de M. le Gentil.

M. LE GOUX DE FLAIX.

On sait gré à M. le Goux de Flaix, ancien officier du génie, d'avoir fait imprimer les Observations que vingt ans de séjour dans l'Indostan, ses conférences avec les Brames, ses entretiens et ses relations avec les négocians les plus accrédités, et la faveur auprès du célèbre Hyder Aly-Khan, l'ont mis, plus qu'un autre, à même de recueillir; son ouvrage est intitulé : *Essai historique, géographique et politique sur l'Indostan, avec le tableau de son commerce, pris dans une année moyenne, depuis 1702 jusqu'en 1770*, Paris, 1807, 2 vol. in-8°., et un petit volume de planches.

M. le Goux de Flaix nous invite à naturaliser chez nous plusieurs graminées, plusieurs plantes exotiques, et plusieurs arbres indigènes des bords de l'Indus et du Gange, tels que des palmiers de plusieurs genres, et surtout le cocotier; mais la plante qu'il voudroit voir cultiver dans nos provinces méridionales, est la canne à sucre, qu'il présume, non sans raison, être originaire de l'Indostan, où elle croît spontanément comme dans les Antilles. Ces vues d'un bon citoyen, appuyées sur des connoissances physiques et locales, et que des essais heureux peuvent accréditer, ne sont pas des rêves comme ceux de l'abbé de Saint-Pierre. La culture de la canne à sucre prospère dans les royaumes de Valence et de Grenade; et sous l'ancien régime, le défaut d'encouragement l'a seul empêchée de réussir dans le Bas-Languedoc et la Provence. L'ouvrage de M. le Goux de Flaix est bien pensé, mais il pourroit être mieux écrit.

INNIGO DE BIERVILLAS.

M. Boucher de la Richarderie, dans le tome cinquième de la Bibliothèque universelle des Voyages, présente comme traduit du portugais, le Voyage d'Innigo de Biervillas à la côte de Malabar, Goa, Batavia et autres lieux des Indes occidentales, imprimé à Paris en 1736, in-12 : il ajoute en note, que l'original, qu'il n'a pu se procurer, est ancien. Dans la préface de ce volume, l'auteur assure que son père, nommé Yvelin de Biervillas, étoit Français de nation et originaire de Normandie. Après la mort de ce père, il fut envoyé, par sa mère, à Goa. Par un mouvement de modestie assez rare dans les auteurs, il déclare qu'il ne fera pas l'éloge de son Voyage, n'ayant pas assez de vanité pour croire que la diction française y soit dans sa pureté et dans sa perfection : il demande grâce pour un homme d'épée et un jeune étranger. Si j'en crois une note manuscrite déposée sur l'exemplaire que j'ai sous les yeux, l'homme d'épée seroit un abbé Saunier, sur lequel je n'ai pu encore me procurer aucun renseignement; du reste, ce Voyage à la côte de Malabar fut loué dans les journaux littéraires du temps; c'est, en effet, une production intéressante, variée et écrite avec beaucoup de netteté.

BERNIER.

Le médecin Bernier, disciple et abréviateur de Gassendi, puisa dans les écrits de ce philosophe célèbre, cet esprit méthodique, ce talent pour l'observation, qui placent sa Relation parmi les bons ouvrages de ce genre; elle est intitulée : *Voyage de François Bernier, contenant la description des Etats du Grand Mogol, de l'Indoustan, du royaume de Cachemire,* etc., où il est traité des richesses, des forces, de la justice, et des causes principales de la décadence des Etats de l'Asie, et de plusieurs événemens considérables ; le tout enrichi de cartes et de figures, Amsterdam, 1711, 2 vol. in-12.

On trouve dans le premier volume, l'histoire de la révolution qui arriva dans les Etats du Grand Mogol, lorsqu'Aureng-Zeb monta sur le trône. Cette révolution dura cinq ou six ans, c'est-à-dire, depuis 1655 ou environ, jusqu'à 1660 ou 1661.

BOLTS.

L'Etat civil, politique et commerçant du Bengale, ou Histoire des conquêtes et de l'administration de la Compagnie Anglaise dans ce pays, ouvrage traduit de l'anglais de M. Bolts, alderman ou juge de la cour du maire de Calcutta, par M. Demeunier, Paris et La Haye, 1775, 2 parties in-8°., contient le tableau humiliant des vexations, de la tyrannie et des cruautés sans nombre exercées dans l'Inde par la Compagnie Anglaise. M. Bolts, qui en avoit été long-temps le témoin, de retour dans sa patrie, eut le courage et l'humanité de les dénoncer à ses compatriotes. Son livre fit la plus vive sensation dans la Grande-Bretagne ; et le parlement, en conséquence, prit la résolution d'examiner, avec soin, l'état de cette Compagnie de commerce et les abus de son administration. Les recherches et les découvertes ne furent pas en faveur de la Compagnie, et les rapports ont justifié les accusations de M. Bolts. Le style de la traduction est pur et correct.

STAVORINUS.

Cet officier Hollandais a servi pendant quarante ans, avec distinction, sur les vaisseaux de sa patrie : il a publié en hollandais, 1°. un Voyage par le Cap de Bonne-Espérance, à Batavia, à Bantam et au Bengale en 1768, 69, 70 et 71 ; 2°. un Voyage par le Cap de Bonne-Espérance et Batavia, à Samarang, à Macassar, à Amboine et à Surate en 1774, 1776, 1777 et 1778. Ces deux Voyages ont été traduits en français par M. Jansen, l'un en un vol. in-8°., 1798, et l'autre en 2 vol. in-8°., 1799. Quoique nous ayons beaucoup de Relations sur les pays parcourus par Stavorinus, et que plusieurs soient très-instructives, néanmoins celle de cet officier se lit avec autant d'intérêt

térêt que de profit : il entre dans des détails curieux sur les usages, les mœurs et le commerce de ces belles contrées; ses récits sont simples et inspirent de la confiance : il ne dissimule pas le despotisme qu'exercent les Anglais dans l'Inde sur le commerce des autres nations.

M. DE GRANDPRÉ.

Le Voyage de M. de Grandpré dans l'Inde et au Bengale, fait dans les années 1789 et 1790, Paris, 1801, 2 vol. in-8°., offre un grand nombre de faits, de notions et de détails sur les mœurs, le commerce et les habitudes des peuples qu'il a visités en allant de l'Ile de France au Bengale. L'auteur croit avoir remarqué que l'esprit de révolution paroît agir même sur le fanatisme des Indiens. Des trois principales fêtes, celle de la *chasse des Dieux* se célèbre avec moins de pompe; à celle du Char, les dévots sont moins empressés à se faire écraser sous les roues du *Char*; et la coutume des veuves des Brames, de se brûler vives sur le cadavre de leurs maris, paroît s'affoiblir. M. de Grandpré essaya cependant d'en sauver une; mais on l'avoit trompé d'un jour, et le sacrifice étoit déjà consommé à son arrivée.

LE MAJOR SIMES.

L'Empire des Birmans ou d'Ava est situé à l'est du royaume d'Arracan, et confine à la Chine et au royaume de Siam. En Europe, on ignoroit jusqu'à son nom, quoique dans la dernière moitié du dernier siècle, cette nation ait conquis une grande partie de la péninsule qui sépare le golfe du Bengale des mers de la Chine.

La Relation de l'Ambassade anglaise, envoyée en 1790 dans le royaume d'Ava, ou l'Empire des Birmans, par le major Michel Symes, traduite de l'anglais, avec des notes par J. Castera, Paris, 1801, 2 vol. in-8°., et atlas grand in-4°., remplit un grand vide dans la géographie de l'Inde : elle contient des détails authentiques sur l'histoire des Birmans, des Péguans, et de quelques autres peuples ; elle montre de quelle importance est pour les Anglais le commerce qu'ils font dans l'Empire Birman, puisque c'est à une seule branche de ce commerce, celle du bois de construction des royaumes d'Ava et de Pégu, qu'ils doivent l'établissement et l'entretien d'une marine qui fait une très-grande partie du cabotage de l'Inde, et dont plusieurs vaisseaux sont déjà arrivés en Europe ; on voit, enfin, quels soins se sont donnés les Anglais pour nous faire perdre la prépondérance que nos missionnaires et navigateurs nous avoient dès long-temps acquise au Pégu et dans quelques autres parties de l'Asie orientale.

LE CHEVALIER DE CHAUMONT, L'ABBÉ DE CHOISY ET LE PÈRE TACHARD.

Le prosélytisme nous procura, dans le dix-septième siècle, plusieurs Relations sur la Chine. Louis XIV, dit M. Boucher de la Richarderie, se laissa persuader par un aventurier, nommé Constantin Faulcon, né à Céphalonie, et parvenu à une haute faveur à la cour de Siam, que le roi de ce pays étoit disposé à embrasser la religion chrétienne, et à la faire embrasser à ses sujets : dans cette confiance, on envoya le chevalier de Chaumont en ambassade à Siam : on fit partir avec lui l'abbé de Choisy, qui devoit succéder à Chaumont dans cette légation, et plusieurs jésuites initiés dans la connoissance des mathématiques, de l'astronomie, de la géographie, etc.

La Relation du chevalier de Chaumont, Paris, 1687, in-12, est celle d'un homme de qualité, qui s'attache moins à la beauté et à la pureté du style qu'à la vérité des faits; pour tâcher de remplir le but de son ambassade, il prioit Dieu les trois quarts du jour et faisoit le carême dans la plus grande rigueur.

Le journal du Voyage de l'abbé de Choisy, Paris, 1687, in-4°., et Amsterdam, 1687, in-12, est écrit avec beaucoup d'agrément; c'est son seul mérite, car il est fort superficiel, et ne renferme sur le royaume de Siam, que quelques particularités d'un assez médiocre intérêt.

Le premier et le second Voyage des jésuites ont été rédigés par le Père Tachard, Paris, 1686 et 1689, 2 vol. in-4°. ou in-12. Tout ce que ces deux Voyages renferment d'observations astronomiques, géographiques et physiques, est assez exact; mais l'importance qu'il s'agissoit de donner à un pays, l'objet d'une conquête apostolique, a fait employer, par le Père Tachard, dans la peinture qu'il a faite de Siam, beaucoup de touches exagérées et trop flatteuses.

LALOUBÈRE.

Laloubère ne resta que trois mois à Siam, et cependant il rassembla des notions si exactes sur l'histoire et la nature du pays, sur l'origine, la langue, les usages, les mœurs, l'industrie et la religion des habitans, que la Relation qu'il en publia à son retour, sous le titre *de Description du royaume de Siam*, Paris, 1691, ou Amsterdam, 1714, 2 vol. in-12, quoique précédée de trois ou quatre autres, fut bientôt regardée comme l'unique. On s'étoit attendu à trouver dans cette Relation des choses merveilleuses, presque incroyables, et l'auteur s'exprime avec la candeur et la simplicité d'un homme qui ne seroit jamais sorti de son pays.

M. JOHN BARROW.

De tous les Anglais qui ont voyagé, nul, sans en excepter le célèbre Cook, n'a plus vu de pays, et n'en a plus décrit que John Barrow, membre de la Société royale de Londres. Nous avons de cet infatigable coureur, des Voyages en Afrique, en Chine, en Amérique, et tout récemment en Cochinchine : en lisant ses ouvrages, on s'étonne, malgré soi, et de tous les pays qu'il a vus, et de toutes les connoissances qu'il déploie dans ses Descriptions, car rien ne lui paroît étranger ; politique, histoire naturelle, religion, critique, il parle de tout. Son Voyage à la Cochinchine a été traduit de l'anglais, avec des notes et des additions, par M. Malte-Brun, Paris, 1807, 2 vol. in-8°. Des deux volumes dont cet ouvrage se compose, il n'y en a pas la moitié du second employée à décrire les mœurs, les usages et le commerce des Cochinchinois. Mais nous conviendrons avec le traducteur, que dans ce petit nombre de pages, M. Barrow a su jeter tant de vues profondes et tant de détails curieux, qu'on ne sauroit trop acheter le plaisir de les lire. On lit avec intérêt, dans ce Voyage, l'histoire d'un missionnaire Français, nommé Adran, qui, dans le temps qu'une affreuse révolte éclata en Cochinchine (en 1774), étoit l'ami et le conseil du roi, et le précepteur de son fils unique, héritier de son trône. Les rebelles s'emparèrent du roi, et le firent mourir avec une partie de sa famille ; Adran trouva le moyen d'enlever la reine, le jeune prince son fils, son épouse et leur enfant, et il se sauva avec eux. Le courageux missionnaire arriva en France en l'année 1787, avec le jeune prince; il retourna en Cochinchine et y arriva en 1790.

Le style du traducteur n'est pas toujours très-correct; mais il est souvent élégant, et ses notes sont curieuses et instructives.

L'ABBÉ RICHARD.

L'Histoire naturelle et civile du Tunkin, par l'abbé Richard, Paris, 1788, 2 vol. in-12, a été rédigée sur les Mémoires de l'abbé de Saint-Phalte, missionnaire au Tunkin, et sur les Relations précédentes de ce royaume. L'auteur donne des renseignemens satisfaisans sur la population, les lois, le gouvernement, la religion, la langue, les sciences, les arts, le commerce, les coutumes et les usages de cette contrée : c'est l'objet du premier volume ; le second est uniquement consacré à l'histoire des missions dans le Tunkin.

M. PERCIVAL.

Le Voyage dans l'île de Ceylan, fait dans les années 1797 à 1800, par Robert Percival, officier au service de S. M. Britannique, traduit de l'anglais par M. Henry, Paris, 1803, 2 vol. in-8°., renferme les connoissances en tout genre qu'on pouvoit désirer d'avoir sur cette île. Au tableau des conquêtes qu'ont successivement faites à Ceylan les Portugais, les Hollandais, les Anglais qui en sont enfin restés les maîtres, le Voyageur fait succéder une Description générale des établissemens situés sur les côtes; celle de ses ports surtout est du plus grand intérêt.

Le gouvernement est purement despotique; mais il existe des lois fondamentales auxquelles le roi lui-même est tellement soumis, que s'il les violoit, il s'exposeroit à être déposé ou mis en jugement et puni de mort : il y en a plusieurs exemples. L'une de ces lois rend la monarchie élective dans le cas qui vient d'être énoncé; le peuple peut choisir le successeur dans les branches les plus éloignées de la famille régnante, ou appeler même un étranger.

WILLIAM MARSDEN.

L'île de Sumatra paroît avoir été inconnue aux anciens; leurs découvertes, ou plutôt leurs conjectures, n'alloient pas au delà de Ceylan. M. Marsden pense que Sumatra est
la

la même île à laquelle les voyageurs Arabes qui, en 1173, pénétrèrent dans les Indes et à la Chine, ont donné le nom de Ramni, et que le Vénitien Marc Paul appelle *la Petite Java*. On doit à M. Marsden une bonne Histoire de cette île ; elle a été traduite de l'anglais sur la seconde édition, par M. Parraud, Paris, 1788, 2 vol. in-8°. L'auteur y traite du gouvernement, du commerce, des arts, des lois, des coutumes, des mœurs de ses habitans, des productions naturelles, et de l'ancien état politique du pays ; tout y est exposé avec soin par un témoin oculaire, par un homme qui a résidé long-temps dans le pays, par un homme instruit, par un observateur intelligent. Cet ouvrage est le premier qui donne une connoissance détaillée de l'île de Sumatra et de ses habitans.

LE CAPITAINE WOODARD.

L'île de Célébes ou Macassar, est divisée entre plusieurs nations ou tribus, et les Hollandais sont plutôt en possession de quelques ports particuliers, avec un pouvoir limité, que du gouvernement général de l'île: on la connoît assez bien en lisant la Relation des malheurs et de la captivité, pendant deux ans et cinq mois, du capitaine Woodard et de quatre de ses compagnons dans l'île de Célèbes, sous la ligne équinoxiale, traduite de l'anglais sur la troisième édition, Paris, 1805, un volume in-8°. Après avoir observé que la forme de cette île diffère beaucoup de celle qui lui a été donnée jusqu'à présent dans les descriptions qu'on en a faites, parce qu'elle a été peu fréquentée, Woodard essaye d'en donner une légère esquisse, soit d'après ses propres observations, quant à la partie occidentale qu'il a parcourue, soit d'après les renseignemens qu'il a recueillis chez les personnes les plus instruites parmi les Malais.

THUNBERG.

Un séjour de dix-huit mois a suffi à Thunberg pour étudier et connoître le système politique, l'histoire naturelle et civile, la religion, les sciences, les arts, les usages et le commerce du Japon; c'est ce que prouve le Voyage de ce Suédois au Japon par le Cap de Bonne-Espérance, les îles de la Sonde, etc., traduit, rédigé et augmenté de notes par M. Langlès, et revu, quant à la partie d'histoire naturelle, par M. Lamark, Paris, 1796, 2 vol. in-4°. ou 4 vol. in-8°.

Quoique le Japon ait été le but du voyage de Thunberg, il n'a pas négligé d'examiner et de décrire les pays situés sur sa route; l'histoire naturelle forme une partie considérable de son ouvrage. M. Langlès en a fait disparoître le désordre et les répétitions, et il y a ajouté d'excellentes notes.

M. SONNERAT.

Habile dessinateur, naturaliste distingué, M. Sonnerat, commissaire de la marine, fut envoyé par Louis XV au fond de l'Asie, non pas pour y acheter des mousselines et du coton, mais pour y étudier les hommes, les animaux et les plantes; il a rempli, avec succès, les vues du gouvernement. Son Voyage aux Indes orientales et à la Chine, Paris, 1782, 2 vol. in-4°., enrichis de cent quarante planches dessinées sur les lieux, jouit d'une réputation méritée sous le rapport de l'histoire naturelle. M. Langlès reproche cependant à ce voyageur, d'avoir hasardé beaucoup de faits dont il n'étoit pas sûr, ou au moins de ne s'être pas toujours exprimé avec la précision convenable. Sur les révolutions de l'Inde, dit le même M. Langlès, il n'a pas eu soin de marquer les époques précises de plusieurs événemens qu'il cite : cette inexactitude lui a attiré une vigoureuse réfutation bien motivée de la part de M. Law de Lauriston, dans le neuvième volume des Mémoires concernant l'histoire, les sciences et les arts des Chinois.

Dès 1783, l'ingénieux et savant Foucher d'Obsonville, dans un *Supplément au Voyage de M. Sonnerat, par un ancien marin*, brochure in-8°., avoit prouvé, par de nombreuses citations, que la majeure partie des faits racontés par M. Sonnerat, étoit ou triviale, ou erronée, ou prise dans d'autres auteurs.

Le public n'a pas accueilli favorablement la nouvelle édition du Voyage de Sonnerat, publiée à Paris en 1806, 4 vol. in-8°.

LORD MACARTNEY ET ÆNÉAS SANDERSON.

Le commerce de l'Angleterre avec la Chine étoit languissant, contrarié ; les agens étoient vexés, même insultés ; les plaintes qu'ils étoient en droit de faire, n'étoient point écoutées, et ne parvenoient pas à l'empereur; ce fut dans cette position que les commissaires de la Compagnie des Indes orientales engagèrent le gouvernement anglais à envoyer une ambassade à Pékin. Lord Macartney, connu par des talens exercés, par l'habitude des affaires, par une sagesse de conduite qui lui avoit obtenu les éloges de tous les partis parlementaires, fut choisi pour cette mission, aussi délicate qu'honorable; il l'a remplie à la satisfaction des amis des sciences de tous les pays, et si elle n'a pas été de plus longue durée, il faut s'en prendre au charlatanisme du gouvernement anglais, qui crut tromper l'empereur de la Chine, en lui envoyant comme une nouveauté, comme un chef-d'œuvre créé par le génie anglais, un planétaire exécuté dans la ville de Herford en Allemagne, vers 1750. La supercherie ayant été découverte, le lord Macartney fut aussitôt congédié.

Le Voyage dans l'intérieur de la Chine et en Tartarie, fait dans les années 1792, 1793 et 1794, par ce lord, et la Relation de son ambassade, par sir Georges Staunton, de la Société royale de Londres, et secrétaire de l'ambassade d'Angleterre, ont été très-bien traduits en français par M.

Castera, Paris, 1798, 4 vol. in-8°.; 1799 et 1804, 5 vol. in-8°.

Les additions contenues dans la seconde et la troisième édition, forment un volume, qui se vend séparément pour compléter la première.

En examinant les observations que lord Macartney et les savans qui l'accompagnoient, eurent occasion de faire, soit pendant leur séjour à Pékin, soit en traversant le vaste royaume de la Chine, on est convaincu combien ceux qui ont voulu nous instruire sur la religion, le gouvernement, les mœurs, les usages, les sciences, les arts de cet ancien peuple, depuis Marc Paul jusqu'à Sonnerat, les ont imparfaitement connus. Ce Voyage est instructif, agréable, et peut être utile à la navigation, à l'astronomie et à la géographie; il est la critique la plus complète qu'on pût faire d'une autre prétendue Relation en deux volumes, publiée par Ænéas Sanderson, qui étoit employé dans l'ambassade anglaise, mais qui, sans doute, ne remplissoit qu'un emploi subalterne : aussi on ne trouve dans ses deux volumes, traduits en français en 1796, ni détail intéressant, ni aperçu philosophique, ni connoissance exacte de la nation, au milieu de laquelle il s'est trouvé, et du gouvernement singulier auquel elle doit sa tranquillité et la constance de son bonheur.

JOHN BARROW.

Le Voyage en Chine, formant le complément du Voyage de lord Macartney, par John Barrow, traduit de l'anglais par M. Castera, Paris, 1805, 3 vol. in-8°., est du plus grand intérêt, et quiconque ne l'a pas lu, ne connoît pas la Chine : l'auteur a tout vu en observateur impartial et exact ; il prouve combien on doit ajouter peu de foi au récit des missionnaires, qui ont été souvent forcés, par les circonstances, à déguiser la vérité. On trouve dans ce Voyage les détails les plus curieux et les plus intéressans sur la vie privée des Chinois, sur l'administration, les établissemens publics, les fêtes, les amusemens, la littérature, les arts, les sciences et les métiers, l'agriculture, etc.

La traduction est écrite avec la correction et la pureté qui caractérisent les ouvrages du même genre qui ont déjà été publiés par M. Castera : en donnant cette nouvelle production, il a rendu un grand service à ceux qui aiment les notions vraies et les solides connoissances.

SAMUEL TURNER.

Le gouvernement anglais du Bengale, jaloux d'étendre les relations, le commerce et l'influence de sa nation dans les différentes contrées de l'Asie, y a envoyé des ambassadeurs, dont les relations sont extrèmement curieuses. Au commencement de 1783, M. Samuel Turner fut envoyé, par M Hastings, au Thibet, pays fameux par son gouvernement théocratique et son grand Lama. La relation de l'ambassade de M. Turner, traduite de l'anglais, avec des notes, par M. de Castera, Paris, 1801, 2 vol. in-8°., avec un atlas in-4°., est l'ouvrage d'un homme d'esprit et d'un bon observateur : elle est traduite avec soin, avec élégance; la lecture n'en est pas moins agréable qu'instructive : on y voit que le peuple Thibétain est livré à beaucoup de pratiques superstitieuses, grand amateur de cérémonies religieuses et de processions.

L'ABBÉ

L'ABBÉ CHAPPE ET KRACHENIN-NIKOW.

Les Russes, renfermés dans leurs contrées au commencement du dix-huitième siècle, n'avoient aucune liaison avec l'Europe civilisée ; on savoit à peine qu'il existoit dans la partie Asiatique de ces climats, des peuples ignorans et grossiers. L'influence actuelle de la Russie dans le système politique de l'Europe, montre assez les avantages que l'on peut tirer de la connoissance de ces peuples et des pays qu'ils habitent. L'abbé Chappe entreprit d'ajouter de nouvelles connoissances à celles que nous avions déjà acquises sur l'histoire civile, morale et politique des Russes. Son intéressant Voyage en Sibérie, fait par ordre du roi en 1761, a été imprimé à Paris en 1768, 2 vol. in-4°., qui se relient souvent en trois, avec un atlas grand in-fol.; cet ouvrage est imprimé avec magnificence. Marc-Michel Rey en a fait, en 1769, à Amsterdam, une édition abrégée en 2 vol. petit in-8°. ; elle est moins coûteuse et aussi utile au plus grand nombre des lecteurs.

Le second volume de la belle édition du

Voyage de l'abbé Chappe, contient la traduction française de la description du Kamtchatka, composée en russe par Kracheninnikow, professeur de l'académie des sciences de Saint-Pétersbourg. On est redevable de cette traduction à M. de Saint-Pré, employé dans les affaires étrangères, qui avoit été envoyé en Russie pour étudier la langue russe. M. Michel Rey l'a aussi réimprimée en 2 vol. petit in-8°., 1770.

Dès 1767, Eidous avoit fait paroître à Lyon, en 2 vol. in-12, une mauvaise traduction de la Description de Kamtchatka, faite sur la version anglaise de James Grieve.

L'abbé Chappe avoit dit dans son Voyage, que le vaste Empire de Russie offroit plus de marais et de déserts, que de villes peuplées et de campagnes florissantes; ses observations, et d'autres aussi sévères, mais justes en grande partie, lui attirèrent une violente critique de la part de l'impératrice Catherine II, aidée de son favori Schwalow et de la comtesse d'Aschow: cette critique fut imprimée à Saint-Pétersbourg, même en 1770, 2 vol. grand in-8°., sous le titre d'Antidote, ou Examen du mauvais livre superbement imprimé, intitulé : *Voyage en Sibérie*, etc.

Le libraire Rey la réimprima en 1771, et elle forme les tomes cinq et six de son édition du Voyage en Sibérie.

M. LESSEPS.

Le journal historique du Voyage de M. Lesseps, consul de France, employé dans l'expédition de Lapeyrouse en qualité d'interprète du roi, Paris, 1790, 2 vol. in-8°., donne de nouvelles notions sur le Kamtchatka et ses habitans; il fait connoître aussi d'autres peuples de l'Asie septentrionale, beaucoup plus ignorés que les Kamtchadales. Ce n'est pas sans frémissement, dit M. Boucher de la Richarderie, qu'on voit l'intrépide voyageur faire passer ses traîneaux attelés de chiens, et passer lui-même sur une corniche de glace, formée à la suite des débordemens, et suspendue sur le vaste abîme de la mer. Cette étonnante résolution lui fut inspirée par l'empressement d'apporter en France les dépêches de l'infortuné Lapeyrouse, dont il s'étoit séparé au Kamtchatka.

HENRI ELLIS.

Le but principal de M. Ellis, dans son *Voyage de la Baie de Hudson*, traduit en français par Sellius, Paris, 1749, 2 vol. in-12, est de prouver que pour aller aux grandes Indes, il y a un passage beaucoup plus court et plus aisé que ceux que nous connoissions déjà, et qu'on est presque parvenu à le découvrir. Il prétendoit que cette découverte seroit suivie de celle d'une très-grande étendue de pays que nous ignorions, et qu'elle nous feroit connoître, en même temps, de nouveaux peuples, dont aucune relation ne nous avoit encore parlé.

Ce n'est point sur de simples Mémoires, ni sur le récit des voyageurs, que M. Ellis a écrit son livre; il a tout vu par lui-même; il a été dans tous les endroits dont il parle; et ce n'est qu'après les observations les plus exactes, l'examen le plus scrupuleux des lieux où il a passé, la recherche la plus étudiée de tout ce que d'autres avant lui avoient découvert en cette matière, qu'il établit son sentiment sur ce qui fait l'objet principal de son livre. Pour mettre le lecteur plus au fait, l'auteur reprend les choses de plus haut, et fait un abrégé exact de toutes les expéditions faites antérieurement pour la découverte de ce passage.

S. MULLER.

La relation des Voyages et Découvertes faites par les Russes le long des côtes de la Mer Glaciale, et sur l'Océan oriental, tant au Japon que vers l'Amérique, ouvrage traduit de l'allemand de Muller, par C.-G-F. Dumas, Amsterdam, 1766, 2 vol. in-12; cette relation, dis-je, a excité toute l'attention du public, par la singularité des faits et l'utilité dont elle pouvoit être pour la géographie. On a toujours été curieux de savoir si l'Asie tient vers le nord-est à l'Amérique; les recherches de Muller prouvent qu'il est assez inutile de rechercher de quelle manière l'Amérique a été peuplée; elle s'approche si fort du continent de l'Asie, qu'il a été aisé de passer d'un continent à l'autre, surtout si l'on observe que le détroit qui les sépare est encore rempli d'îles.

COXE.

Les Voyages publiés par Muller et autres, n'ont fait qu'augmenter les doutes que l'on avoit sur le détroit qui sépare l'Asie de l'Amérique. Muller s'étoit arrêté à l'expédition de Béring, en 1741. Coxe a publié des

Mémoires d'expéditions faites jusqu'en 1769; et il finit par présumer que le passage aux Indes et à l'Amérique par le Nord, n'est pas encore prouvé. Son ouvrage a été traduit en français par M. Demeunier, sous le titre de *Nouvelles Découvertes des Russes entre l'Asie et l'Amérique*, avec l'histoire de la conquête de la Sibérie, et du commerce des Russes et des Chinois, Paris, 1781, in-4°.

LE CAPITAINE MEARES.

Les voyageurs intrépides qui ont fait les premières découvertes dans la Mer du Sud, furent tous éclipsés par le célèbre et infortuné capitaine Cook; mais il y reste encore, après lui, des découvertes à faire, des positions à vérifier, des connoissances à acquérir sur les mœurs des sauvages de ces contrées septentrionales, sur les ressources que peut trouver chez eux le commerce d'Europe, et sur la nature des dangers qui menacent les navigateurs, dans les mers lointaines. Le capitaine Meares est un de ceux dont les observations doivent le plus ajouter, sur tous ces points importans, à la masse de celles qu'ont faites ses prédécesseurs : on trouve en lui tout ce qui caractérise le navigateur habile, le philosophe éclairé, l'historien judicieux et véridique; en un mot, comme l'affirme, avec raison, M. Billecocq, qui a traduit de l'anglais du capitaine J. Meares, les Voyages de la Chine à la côte nord-ouest d'Amérique, faits dans les années 1788 et 1789, Paris, 1795, 3 vol. in-8°., avec atlas in-4°.; ces Voyages sont un ouvrage précieux, qu'il est indispensable de joindre à la collection des Voyages de Cook. La traduction est d'un homme de lettres qui a fait ses preuves par d'autres ouvrages estimés; elle est accompagnée de notes et précédée d'une préface, qui prouvent que M. Billecocq sait écrire et penser.

SAMUEL HEARNE.

On avoit cru assez généralement, et très-long-temps, que la Compagnie de la Baie de Hudson étoit ennemie des découvertes et qu'elle n'ambitionnoit nullement d'étendre son commerce : pour prouver la fausseté de cette opinion, on pourroit citer les sommes immenses que cette Compagnie a dépensées à différentes époques, et sans succès, pour établir des pêcheries; mais il suffit de lire l'extrait du troisième Voyage de Cook, imprimé à la tête du Voyage de Samuel Hearne, du fort du Prince de Galles dans la Baie de Hudson, à l'Océan du nord, entrepris par ordre de la Compagnie de la Baie de Hudson, dans les années 1769, 1770, 1771 et 1772, et exécuté par terre pour la découverte d'un passage au nord-ouest, traduit de l'anglais par M. Lallemant, Paris, 1797, un vol. in-4°., ou 2 vol. in-8°. C'est à l'infortuné Lapeyrouse qu'on doit la publication de ce Voyage, puisqu'on en a trouvé le manuscrit parmi les papiers du gouvernement du fort du Prince de Galles, lorsque Lapeyrouse se rendit maître des établissemens anglais dans la Baie de Hudson.

LE COMMODORE BILLINGS.

Le Voyage fait par ordre de l'impératrice Catherine II, dans le nord de la Russie Asiatique, etc., depuis 1785 jusqu'en 1794, par le commodore Billings, rédigé par M. Sauer, secrétaire interprète de l'expédition, et traduit de l'anglais par M. Castera, Paris, 1802, 2 vol. in-8°., fait suite aux découvertes de Muller et de Coxe.

Il prouve le zèle que les Russes ont mis à étendre leurs recherches et leurs relations vers la pointe du nord-est de l'Asie et la pointe du nord-ouest de l'Amérique.

LE CAPITAINE BROUGTON.

A la tête du Voyage de Découvertes dans la partie septentrionale de l'Océan Pacifique, traduit de l'anglais du capitaine Brougton, par J.-B. E*** (Eyriès), Paris, 1807, 2 vol. in-8°., est une introduction qui roule sur l'utilité des voyages de découvertes, et dans laquelle l'auteur en faisant, sous ce rapport, un éloge de sa nation, qui ne sera pas contesté, rend néanmoins justice à plusieurs navigateurs Français, et particulièrement à Lapeyrouse.

Le navigateur Anglais s'est plus avancé vers le Nord que Lapeyrouse; en outre, il a examiné de plus près les côtes septentrionales et orientales du Japon. Plusieurs de ses observations sont importantes et nouvelles, de même que les notices qu'il donne sur le sol de l'île d'Insu, ordinairement appelée *Jesso*, sur ses habitans, ses productions, sur le gouvernement du Japon, etc.

§ X. VOYAGES EN AMÉRIQUE.

AMÉRIQUE SEPTENTRIONALE.

LAS CASAS.

Le nom de Las Casas, est un de ceux auxquels se rattachent tous les sentimens nobles, parce qu'il rappelle les généreux efforts faits par celui qui le porta, pour dérober les Indiens aux cruautés qu'on exerçoit sur eux : c'est ce qui fait lire avec intérêt l'ouvrage intitulé : *Tyrannie et cruauté des Espagnols, perpétrées aux Indes occidentales*, décrites par Bartholomée de Las Casas, évêque de Chiappa, traduites en français par Jacques de Miggrode, Anvers, 1579, in-8°., ou Rouen, 1630, petit in-4°. On a une autre traduction anonime du même ouvrage, sous le titre *d'Histoire des Indes occidentales*, Lyon, 1642, in-8°.

L'abbé de Bellegarde en publia une sous le titre *de la Découverte des Indes occidentales* par les Espagnols, Paris, 1697, in-12, ou Amsterdam, 1698, petit in-8°. Cet abbé prévient qu'il a adouci, en quelques endroits, des choses qui paroissoient trop cruelles et qui auroient pu faire de la peine aux personnes délicates. C'est ainsi qu'il avoit fait beaucoup de retranchemens ou mis beaucoup d'adoucissemens dans les morceaux des Pères de l'Eglise, qu'il a traduits en français.

M. Grégoire, ancien évêque de Blois, a publié en 1802, in-8°., une éloquente apologie de Las Casas; il le venge contre ceux qui l'accusent d'avoir introduit le premier la traite des nègres, ou d'avoir proposé de substituer des Africains aux Indiens.

HERRERA.

On lit encore avec fruit l'Histoire générale des Voyages et conquêtes des Castillans, dans les îles et terre ferme des Indes occidentales, traduite de l'espagnol d'Antoine de Herrera, historiographe, par Nicolas de la Coste, Paris, 1660, 1666 et 1671, 3 vol. in-4°. Gérard-Jean Vossius, dans un Traité des Sciences mathématiques, fait un grand éloge de la Description des Indes occidentales, que l'auteur a placée en tête de son ouvrage: cette partie a été traduite séparément en latin, en français et en hollandais.

La meilleure édition de l'original espagnol de l'Histoire générale des Indes, est celle de Madrid, 1601 — 1616, 8 vol. in-fol., qui se relient ordinairement en quatre.

WILLIAM BARTRAM.

M. William Bartram est fils de John Bartram, botaniste du roi d'Angleterre et membre de la Société royale de Londres. On peut donc croire qu'un voyage entrepris par un tel homme, excitera l'attention des botanistes; aussi trouve-t-on beaucoup d'objets d'histoire naturelle décrits et figurés dans le Voyage aux parties-sud de l'Amérique septentrionale; savoir : les Carolines septentrionale et méridionale, la Georgie, etc., traduit de l'anglais de W. Bartram, par P. - V. Benoist, Paris, 1797, 2 vol. in-8°. L'auteur décrit les mœurs, les coutumes, les fêtes des Européens en Amérique, et surtout des Indiens de ce continent, qu'il a beaucoup visités. La carte bien gravée qui est jointe à l'ouvrage, facilite au lecteur les moyens de suivre l'auteur plus facilement dans son intéressant Voyage.

CARVER.

M. Boucher de la Richarderie, après avoir

cité l'édition originale du Voyage dans l'intérieur du nord de l'Amérique, pendant les années 1766, 1767 et 1768, par Jonathan Carver, ajoute qu'il a été très-bien traduit en français, Paris, 1784, in-8°.; il suffit de dire, pour confirmer ce jugement, que la traduction est du célèbre et laborieux Montucla.

Carver a donné des détails fort curieux sur plusieurs nations américaines, que les Européens ne connoissoient que de nom, et dont la physionomie morale n'avoit point été altérée par la communication avec les peuples d'Europe : il trace un tableau très-intéressant de l'origine, du langage, des mœurs, des usages et de la religion des différentes peuplades qu'il a visitées.

J. LONG ET H. TIMBERLAKE.

Un Européen sorti, dès sa jeunesse, du pays qui l'a vu naître, pour aller trafiquer avec les sauvages ; engagé par les besoins même de sa profession, à vivre long-temps au milieu d'eux ; doué d'ailleurs de cet esprit d'observation nécessaire à celui qui visite des climats habités par les *hommes de la nature* ; cet Européen, dis-je, n'a pu composer qu'un journal singulièrement curieux : telle est l'Histoire de J. Long, trafiquant et interprète de langues indiennes, auteur de Voyages chez différentes nations sauvages de l'Amérique septentrionale, traduits de l'anglais avec des notes intéressantes, par M. Billecocq, Paris, 1794, in-8°.

Le style de l'auteur est toujours celui qui appartient au sujet qu'il a traité ; ses descriptions sont pittoresques comme les lieux mêmes, ses discussions remplies d'intérêt : la morale, la politique, l'histoire naturelle, tout est de son ressort ; toujours quelqu'anecdote, touchante ou récréative, est entremêlée au récit de ses Voyages ; souvent encore il arrête et fixe l'attention du lecteur par des réflexions pleines d'une douce morale, qui reposent l'âme et plaisent à l'esprit.

M. Billecocq a traduit de l'anglais, en 1797, in-18, un Voyage de Henri Timberlake, chargé, dans l'année 1760, de conduire en Angleterre trois sauvages de la tribu des Cherokées : il en avoit inséré quelques morceaux dans la traduction du précédent Voyage.

MAKENSIE.

Les Voyages d'Alexandre Makensie dans l'intérieur de l'Amérique septentrionale, faits en 1789, 1792 et 1793, traduits de l'anglais par J. Castera, avec des notes, Paris, 1802, 3 vol. in-8°., n'ont pas intéressé autant en France qu'en Angleterre, où la politique est étroitement liée au commerce, et où la traite des pelleteries, qui est le principal motif de ces voyages, forme une branche considérable de bénéfices; d'ailleurs, ils n'offrent que peu d'alimens à la curiosité ordinaire; point d'aventures étrangères, et même peu de faits remarquables, au moins pour le commun des lecteurs. M. Makensie lui-même en convient; mais quand il considère l'importance de l'objet qu'il s'est proposé, les périls auxquels il a échappé, les obstacles qu'il a surmontés, il espère que cet ouvrage excitera l'intérêt et l'estime de ceux qui le liront.

Nous partageons la modeste espérance de l'auteur. Il résulte de ses deux Voyages, que le commerce des pelleteries qui le lui a fait entreprendre, se fait dans un espace de trois à quatre mille milles, à travers soixante grands lacs, et en remontant un très-grand nombre de rivières ; qu'on ne se sert pour cela que de légers canots d'écorces d'arbres, etc. L'estimable traducteur qui a déjà enrichi notre littérature d'un grand nombre d'excellens ouvrages étrangers, a ajouté à celui-ci un itinéraire qu'il doit à l'estime et à la confiance du vice-amiral Bougainville.

ISAAC WELD.

On a de cet auteur un Voyage au Canada, pendant les années 1795, 1796 et 1797, traduit en français par un anonime, Paris; 1800, 3 vol. in-8°. M. Weld, alarmé des troubles et des déchiremens politiques dont l'Irlande, sa patrie, étoit menacée, conçut le projet de passer la Mer Atlantique, pour examiner, par lui-même, quelles ressources l'Amérique septentrionale pourroit offrir à ceux de ses compatriotes qui n'espérant plus trouver ni paix, ni bonheur, ni liberté dans leur terre natale, iroient les chercher au loin dans une terre étrangère : ce but, très-louable, indique assez l'esprit qui a dirigé l'auteur dans ses recherches, et l'on trouve, en effet, dans sa relation, des détails intéressans sur l'agriculture et le commerce, les lois et les mœurs des pays qu'il a parcourus.

Après

Après une longue et périlleuse navigation, notre voyageur revint en Angleterre, très-satisfait d'avoir visité le continent de l'Amérique, mais préférant sa patrie à tout autre lieu du monde.

Le style du traducteur a de la facilité dans la narration, et il est toujours clair, souvent animé et pittoresque dans les descriptions.

ÉTATS-UNIS D'AMÉRIQUE.

LE MARQUIS DE CHASTELLUX.

Cet ingénieux écrivain passa en Amérique en 1780, comme maréchal de camp, faisant les fonctions de major-général de l'armée de Rochambeau. Il profita de deux intervalles où sa présence étoit moins nécessaire à l'armée, pour aller parcourir l'intérieur de l'Amérique. Il a publié, en 1786, 2 vol. in-8°., contenant la relation de ses deux Voyages : on y trouve des détails curieux sur la physique et l'histoire naturelle du pays, sur les établissemens et les mœurs des Américains, et sur le caractère des personnages les plus célèbres. Les Anglo-Américains se sont plaints que l'auteur amusoit quelquefois ses lecteurs à leurs dépens : Brissot a pris leur défense dans un Examen critique des Voyages dans l'Amérique septentrionale de M. le marquis de Chastellux, Londres (Paris), 1785, in-8°.

Brissot a composé lui-même un Voyage dans les Etats-Unis de l'Amérique septentrionale; j'en ai parlé ci-devant, *pag.* 185.

M. DE CREVECŒUR.

Les âmes sensibles ont lu avec plaisir les *Lettres d'un Cultivateur Américain*, troisième édition, Paris, 1787, 3 vol. in-8°.; y-a-t-il, en effet, un spectacle plus intéressant pour l'humanité, que celui d'un peuple nombreux et florissant, qui, après avoir fertilisé des déserts et des forêts sauvages, jouit des fruits de son industrie à l'abri des lois et de la liberté, heureux par sa simplicité et par ses mœurs, et ne devant ses richesses qu'à son travail? Et c'est l'Amérique, cette contrée long-temps inconnue au reste du monde, si malheureuse depuis sa découverte, si maltraitée de la nature, qui nous offre ce phénomène. Le principal mérite du cultivateur Américain, c'est d'être grand peintre et doué d'une exquise sensibilité. Son ouvrage est un drame immense, rempli de scènes intéressantes et pathétiques.

Le même auteur a fait paroître en 1801, un ouvrage qui peut être regardé comme une suite du précédent; c'est un Voyage dans la Haute-Pensylvanie et dans l'Etat de New-Yorck, traduit de l'anglais, 3 vol. in-8°. M. de Crevecœur donne ce livre pour un extrait de différens manuscrits recueillis après un naufrage, et dont l'auteur est inconnu : il suppose que ces manuscrits sont des fragmens quelquefois incomplets et toujours détachés l'un de l'autre ; on y trouve des notions de politique, d'agriculture, de géographie, de commerce; des descriptions, des anecdotes, de petits romans détachés, des discours, des mémoires, enfin, des morceaux de littérature et de morale.

J.-F.-D. SMITH.

Cet auteur publia à Londres, en 1784, et en 2 vol. in-8°., un Voyage dans les Etats-Unis de l'Amérique, contenant une description de leur population, de leur agriculture, du commerce, des mœurs de leurs habitans, des nations Indiennes, et des principales rivières. Cet ouvrage est remarquable par son exactitude ; la traduction française qui en a été publiée à Paris, en 1791, deux parties in-8°., est de M. de Barentin-Montchal, qui s'est fait connoître depuis par une Géographie, dont nous avons rendu compte.

M. LA ROCHEFOUCAULT-LIANCOURT.

Huit volumes in-8°., publiés à Paris, en 1799, par cet estimable philantrope, sont le résultat de ses Voyages dans les Etats-Unis d'Amérique, faits en 1795, 1796 et 1797 ; ils embrassent tout le continent de ce pays : c'est un journal très-circonstancié et peut-être trop minutieux pour le public, de tous les pas que l'auteur a faits dans cette immense contrée. Ceux qui désirent connoître les développemens politiques et industriels qui se sont opérés au milieu de cette fédération de l'intérêt public, depuis la crise qui l'a placée au rang des Etats-Libres, trouveront encore à s'y instruire.

M. VOLNEY.

Les deux volumes in-8°., offerts au public en 1803, par M. le sénateur Volney, sous le titre de *Tableau du climat et du sol des*

Etats-Unis d'Amérique, ne sont qu'un démembrement d'un ouvrage plus considérable qu'il avoit projeté. La partie géographique, qui fait le fonds de ce livre, sera toujours remarquable, sinon par la justesse ou la nouveauté des observations, du moins par la méthode qu'a suivie l'auteur, par la multitude infinie d'objets auxquels il a étendu ses remarques, par la manière dont il les a distribués et classées, par la lumière qu'il fait réfléchir de toutes les parties sur un grand ensemble. Dans la partie morale et politique, on a trouvé (qu'il nous soit permis de le redire) de l'humeur, de l'injustice, des paradoxes; mais cette humeur est celle d'un homme de bien ; cette injustice est ordinairement celle d'un ami de l'humanité; ces paradoxes sont en général ceux d'un esprit libre des préjugés dominans. A l'égard du style, les beautés de l'ouvrage couvrent une grande partie de ses incorrections. Le talent de l'écrivain se fait encore sentir au milieu de ses négligences. L'auteur réussit mieux à faire des tableaux d'histoire naturelle qu'à manier les idées morales et politiques; mais dans toutes les parties, la méthode est belle ; partout la distribution des faits et des idées est heureuse; tous ses développemens ont de la grandeur.

M. MICHAUX.

M. Michaux, fils d'un voyageur très-distingué, qui a consacré sa vie à l'étude des sciences naturelles, et est mort, en 1802, à Madagascar, victime de son zèle; M. Michaux, dis-je, héritier des connoissances et du courage de son père, s'est dévoué, à son exemple, à la pénible profession de naturaliste-voyageur; le Gouvernement, qui apprécie ses talens et sait les mettre à profit, l'a chargé, en l'an X, de faire un voyage dans les Etats de l'Ohio, du Kentucki et du Tennessée, c'est-à-dire, dans les contrées de l'Amérique septentrionale, qui sont les moins anciennement habitées par les Européens, et que par conséquent les relations nous ont le moins fait connoître jusqu'à présent : c'est ce Voyage qui a été publié sous le titre de *Voyage à l'ouest des Monts Alléghanis, dans les Etats de l'Ohio, du Kentucki et du Tennessée, et retour à Charlestown par les Hautes-Carolines, contenant des détails sur l'état actuel de l'agriculture*, etc., Paris, 1804, in-8°. M. Michaux a rempli son but avec tout le talent qu'on devoit attendre d'un homme qui joint l'amour de la science à l'amour de la vérité, le talent d'observer au talent de décrire. Si cet excellent livre obtient, comme nous n'en doutons point, les honneurs d'une seconde édition, il lui sera facile de corriger tout ce qui peut s'y trouver de répréhensible du côté du style : un homme un peu exercé dans l'art d'écrire lui en éviteroit la peine sans en prendre beaucoup lui-même.

LE PAGE DU PRATZ.

Cet auteur d'une *Histoire de la Louisiane*, publiée à Paris en 1758, 3 vol. in-12, séjourna seize ans dans ce pays; c'est une raison très-propre à donner du poids aux descriptions géographiques qu'il en fait, et aux particularités historiques et morales qu'il en rapporte. Quant aux moyens qu'il suggère pour la perfection de cette colonie, c'est aujourd'hui l'affaire des Américains et non la nôtre. La correction du style et la beauté du plan ne sont point deux choses essentielles à un ouvrage tel que celui-ci : l'auteur paroît honnête homme, bon observateur, encore meilleur citoyen ; et l'objet de ses trois volumes est véritablement curieux.

LE CAPITAINE BOSSU.

On trouve beaucoup d'intérêt dans *les Nouveaux Voyages aux Indes occidentales*, contenant une relation des différens peuples qui habitent les environs du grand fleuve Saint-Louis, appelé vulgairement le Mississipi, leur religion, leur gouvernement, leurs mœurs, leurs guerres et leur commerce, par M. Bossu, capitaine dans les troupes de la marine, deux parties in-12, 1768, à Paris, chez le Jay. L'auteur a fait des observations exactes sur les pays qu'il a parcourus, et dans lesquels il a passé plusieurs années. La partie de l'histoire naturelle de ces contrées nous a paru bien remplie; le style en est simple, et tel qu'il convient à un officier.

On a du même auteur la relation de ses Nouveaux Voyages dans l'Amérique septentrionale, Amsterdam, 1777, in-8°.

M. BAUDRY DES LOZIÈRES.

Dans son premier Voyage à la Louisiane, publié en un volume in-8°., Paris, 1802, l'auteur donna sur la Louisiane des détails qui pouvoient devenir intéressans au moment où cette partie de l'Amérique alloit nous être rendue

rendue par l'Espagne. Aujourd'hui qu'elle fait partie des Etats-Unis Américains, elle devient moins curieuse, moins nécessaire à connoître pour les Français; aussi deux nouveaux volumes, annoncés en 1803 comme un second Voyage dans cette contrée si favorisée de la nature, ne contiennent presque rien sur ce qu'ils promettent; cependant tout ce qu'on y lit sur l'île de Saint-Domingue, sur les moyens de soumettre entièrement les nègres, sur la législation qui convient à cette colonie, est très-instructif. On trouve aussi dans le second volume quelques tableaux d'armemens, de cargaisons et des objets qui doivent les composer, dont les négocians, les personnes qui sont attachées à l'administration de la marine et les colons peuvent profiter.

LES PP. VENEGAS ET BURRIEL.

Il y a des détails curieux et intéressans dans l'Histoire naturelle et civile de la Californie, traduite de l'anglais par Eidous, Paris, 1767, 3 vol. in-12.

L'original de cet ouvrage a été écrit en langue espagnole par le savant Père André-Marc Burriel, sur les Mémoires manuscrits composés au Mexique en l'année 1739, par le Père Michel Vénégas; il parut à Madrid en 1758, 3 vol. in-4°. La traduction française a été faite sur une version anglaise publiée en 1759, 2 vol. in-8°.

DE SOLIS.

Don Antoine de Solis s'est acquis une grande réputation par son Histoire de la conquête du Mexique, ou de la Nouvelle Espagne, traduite de l'espagnol en français par Citry de la Guette, Paris, 1691, in-4°., et 1730, 2 vol. in-12 : les faits y sont placés dans un bel ordre et accompagnés de judicieuses réflexions de morale et de politique. L'historien a jugé à propos de terminer son Histoire à la conquête du Mexique, pour ne pas ternir la gloire de Fernand Cortès, son héros, par le récit des cruautés qu'il exerça; mais le traducteur, qui n'étoit pas obligé aux mêmes égards, les a décrites en peu de mots dans sa préface, et y a fait un abrégé du reste de la vie de ce conquérant.

Il est à regretter que le traducteur ait retranché de son original la partie la plus instructive, sinon la plus attachante; ce sont les renseignemens économiques sur la population et les accroissemens de la colonie du Mexique.

On reproche à l'auteur d'avoir jeté dans sa narration beaucoup de faits hasardés et d'en avoir exagéré d'autres; il a, comme Quinte-Curce, tout sacrifié à son héros, même l'exactitude, même la vérité.

LE PÈRE DU TERTRE.

Le Père Jean-Baptiste du Tertre, dominicain, missionnaire aux îles françaises de l'Amérique, mort en 1687, est connu par son Histoire générale des Antilles habitées par les Français, Paris, 1667 — 1671, 4 vol. in-4°., avec figures gravées par Sébastien Le Clerc; il la commence à l'année 1627, qui est le temps où les Français commencèrent à s'établir dans l'île de Saint-Christophe, et raconte ce qui s'y est passé depuis; il confirme ce qu'il avance par quantité d'actes et de pièces authentiques; il donne ensuite l'histoire naturelle de ce pays. Le Père Labat, dans son Voyage aux îles de l'Amérique, remarque que le Père du Tertre n'a rempli son ouvrage que des différends qu'il y a eus entre les Compagnies qui ont commencé les premiers établissemens dans ces îles, et qu'il a parlé fort superficiellement des productions de la nature et de ce qui fait aujourd'hui la richesse du pays.

Il faut joindre aux quatre volumes que nous venons de citer, un autre volume du même auteur, intitulé : *Histoire générale des îles de Saint-Christophe, de la Guadeloupe*, etc., Paris, 1654, in-4°.

M. BRYAN ÉDOUARD.

M. Soulès a publié, en 1801, un volume in-8°., intitulé, *Histoire civile et commerciale des colonies anglaises dans le Indes occidentales*, traduit de l'anglais; c'est un abrégé de l'Histoire des îles anglaises par M. Bryan Edouard, c'est-à-dire, par l'auteur qui a écrit avec le plus d'étendue et avec le plus de connoissance des faits sur les colonies de la Grande-Bretagne dans les Indes occidentales : son ouvrage fait autorité en Angleterre, et M. Baert avoue qu'il y a puisé la plupart des renseignemens coloniaux qu'il a employés dans son excellent ouvrage, ayant pour titre : *Tableau de la Grande-Bretagne*, etc.

Le traducteur n'a pris dans l'immensité de lois, de règlemens et d'ordonnances qui se trouvent dans l'original, composé de 3 vol.

in-4°., et qui n'auroient pas été supportables pour des lecteurs Français, que la substance des principaux de ces actes législatifs ou réglémentaires qu'il faut connoître pour bien entendre le système colonial de l'Angleterre.

La masse de l'ouvrage se compose de l'histoire de la découverte, de la conquête, de l'organisation sociale de ces îles, des tableaux de leur population, de leurs productions, importations et exportations, du nombre d'hommes et de vaisseaux employés à ces échanges, tableaux dressés d'après des pièces officielles ; enfin, d'un assez grand nombre de détails curieux sur la traite des nègres, sur les mœurs, les usages, le caractère, les superstitions de ces Africains, et sur leur traitement dans les Indes occidentales.

L'on se tromperoit fort, si l'on croyoit que Raynal, ayant traité la même matière, dispense de lire Bryan Edouard ; car outre que celui-ci a été à portée de recueillir des faits plus nombreux et plus précis, il conduit presque jusqu'au moment présent ; et les Mémoires, ainsi que les Tableaux de Raynal, s'arrêtent aux années 1775 et 1778.

Le traducteur mérite de la reconnoissance pour nous avoir transmis le meilleur ouvrage qui existe sur un sujet aussi intéressant; mais on pourroit désirer qu'il eût soigné davantage son style.

LE PÈRE DE CHARLEVOIX ET LE PÈRE NICOLSON.

L'Histoire de l'Ile Espagnole ou de Saint-Domingue, écrite particulièrement sur des Mémoires manuscrits du P. J.-B. le Pers, par le Père de Charlevoix, Paris, 1732, 2 vol. in-4°., et Amsterdam, 1733, 4 vol. in-12, est un ouvrage également curieux et instructif : la première partie comprend l'Histoire de Saint-Domingue depuis sa découverte par les Espagnols en 1492, jusqu'à l'entier dépérissement de cette colonie pour les Espagnols en 1606; la seconde commence au premier établissement des Français dans les îles Antilles en 1625, et raconte tout ce qui les a concernés dans celle de Saint-Domingue jusqu'en 1714. Cette Histoire est enrichie de plusieurs cartes géographiques ou topographiques.

On peut joindre à cette importante production, l'Essai sur l'Histoire naturelle de Saint-Domingue, par le Père Nicolson, Paris, 1776, in-8°.

M. MOREAU DE SAINT-MÉRY.

Si l'on désire avoir des notions certaines sur le dernier état de la colonie de Saint-Domingue, avant la funeste insurrection qui l'a couverte de ruines et comme abreuvée de sang, il faut lire deux ouvrages de M. Moreau de Saint-Méry, intitulés, l'un, *Description de la partie française de l'île de Saint-Domingue*, en anglais et en français, Philadelphie, 1797, 2 vol. in-4°.; et l'autre, *Description topographique et politique de la partie espagnole de l'île de Saint-Domingue*, en anglais et en français, Philadelphie, 1796, 2 vol. in-8°.

LE PÈRE LABAT.

Ce célèbre voyageur, pendant douze ans qu'il a demeuré dans les îles de l'Amérique, les a étudiées avec une si grande attention et en donne des détails si circonstanciés dans son nouveau Voyage aux îles de l'Amérique, Paris, 1722, 6 vol. in-12, et 1742, 8 vol. aussi in-12, qu'après avoir lu ses relations, on connoît ces îles comme si on y avoit été soi-même : sa manière de conter est naturelle, et à quelques minuties près, son style est exact. Dans sa préface, il passe en revue les auteurs qui ont déjà traité son sujet, et en porte son jugement.

CHANVALLON.

Le Voyage à la Martinique, de M. Thibault de Chanvallon, membre du conseil supérieur de la Martinique, et ensuite intendant de Cayenne, Paris, 1763, in-4°., contient trois parties : dans la première, se trouvent les observations météorologiques faites par l'auteur pendant les six derniers mois de 1751 ; dans la seconde, l'auteur a décrit la Martinique, la situation de ses côtes, la nature de ses divers terrains et des différentes productions auxquels ils sont propres; c'est dans la troisième qu'il s'est occupé des mœurs; la peinture qu'il fait de celles des colons a le caractère de l'impartialité et annonce un esprit philosophique.

AMÉRIQUE MÉRIDIONALE.

LE PÈRE GUMILLA.

L'Histoire naturelle, civile et géographique de l'Orénoque et des principales rivières qui s'y jettent, traduite de l'espagnol du Père

Père Gumilla, jésuite, supérieur des missions de l'Orénoque, Avignon et Paris, 1758, 3 vol. in-12, est un ouvrage bon, instructif, et qui méritoit de passer dans notre langue, avec des retranchemens. M. Eidous lui a rendu ce double service; mais il eut pu traduire l'original avec plus de fidélité et faire encore plus de retranchemens; en effet, dès qu'il s'est permis d'abréger le Père Gumilla, que ne supprimoit-il plusieurs dissertations peu intéressantes, ou même tout-à-fait inutiles, qu'il a cependant traduites? Son ouvrage, diminué d'un tiers, en eût été plus agréable à lire; on n'y seroit pas arrêté si souvent par des digressions étrangères et qui n'apprennent rien: on lui auroit sûrement pardonné la suppression de l'endroit où l'auteur Espagnol déclare, en zélé péripatéticien, que la nature a horreur du vide.

M. DE PONS.

Le Voyage à la partie orientale de la terre ferme de l'Amérique méridionale, fait pendant les années 1801, 1802, 1803 et 1804, par M. F. de Pons, ex-agent du Gouvernement Français aux Caracas, Paris, 1806, 3 vol. in-8°., est dicté par un esprit de modération et de sagesse : il nous fait connoître une partie de la terre ferme de l'Amérique, sur laquelle nous n'avions que des notions fausses ou très-imparfaites.

Dans une introduction, M. de Pons relève les principales erreurs commises par les lexicographes ou autres écrivains, sur la géographie des pays qu'il a parcourus; il y donne aussi une très-bonne analise des onze grands chapitres dont son ouvrage est composé; peut-être ce résultat eut dû être renvoyé à la fin des trois volumes, car il ne faut pas trop avertir ses lecteurs de ce qu'ils vont lire ; cela leur inspire quelquefois des préventions, dont ils ont ensuite de la peine à se débarrasser ; au lieu que le même résultat qui termine un ouvrage, de quelque nature qu'il soit, en rappelant les choses les plus remarquables, les grave mieux dans la mémoire, et fait apercevoir davantage l'esprit qui a dirigé l'auteur, et le but qu'il s'est proposé.

M. FERMIN.

M. Philippe Fermin, docteur en médecine, s'est attaché, dans son Tableau historique et politique de l'état ancien et actuel de la colonie.

de Surinam, Maëstricht, 1778, in-8°., aux principaux événemens qui ont donné naissance à cette colonie : il décrit la situation du pays, les qualités du sol, la nature de son gouvernement politique et militaire, les troubles et les guerres qui ont ravagé successivement cette contrée, le véritable état de son commerce d'importation; cet ouvrage est rempli de détails curieux. Avant que de tracer le tableau de la colonie de Surinam, l'auteur y a fait un séjour de dix ans; il s'est assuré des faits, et s'est profondément instruit de tout ce qui concerne les établissemens de commerce, et l'administration politique de cette contrée.

LE CAPITAINE STEDMAN.

En 1772, la colonie de Surinam fut attaquée par un corps si nombreux de nègres sortis des forêts, elle se vit si près de sa perte, qu'elle implora le secours des Etats de Hollande; entre autres corps envoyés par les Etats pour cette expédition, commandée en chef par un colonel Suisse, fut embarqué un corps de volontaires, dans lequel un officier Anglais de la brigade écossaise, alors au service de la Hollande, demanda et obtint d'être admis. Cet officier est le capitaine Stedman, auteur du Voyage à Surinam et dans l'intérieur de la Guyane, publié seulement en 1796 à Londres, et traduit en français par M. Henry, Paris, 1799, 2 vol. in-8°., avec une collection de 44 planches in-4°.

Stedman ne regarda ce voyage que comme un moyen d'avancement; mais ce qui est rare parmi ses pareils, il dessinoit parfaitement; et tout en remplissant ses devoirs militaires, il trouva, pendant le cours de son expédition, le temps non-seulement de rassembler beaucoup de notes et d'observations, mais de retracer dans un grand nombre de dessins, les animaux, les productions végétales et les sites qui le frappoient le plus dans cette contrée, où tout avoit pour lui le piquant de la nouveauté : ce qui est plus rare encore, il porta dans une mission, dont le but n'étoit rien moins que philantropique, des sentimens d'humanité qui lui faisoient blâmer et combattre, lorsqu'il en avoit le pouvoir, les cruautés qu'il vit trop souvent exercer par des colons féroces, et qui l'ont depuis engagé à dénoncer publiquement ces cruautés dans son ouvrage.

Ce Voyage se lit avec intérêt, malgré les incorrections que l'on peut reprocher au traducteur ; il mérite d'être conservé parmi les nombreux Voyages qui ont paru dans ces derniers temps, et qui ont beaucoup ajouté à nos connoissances historiques, géographiques et morales.

Le texte de Stedman n'ayant rapport qu'à la partie hollandaise de la Guyane, des détails instructifs sur la partie française, ont été fournis au libraire-éditeur par M. Lescallier, ancien ordonnateur de la Guyane, déjà connu par un ouvrage sur cette colonie, intitulé : *Exposé des moyens de mettre en valeur et d'administrer la Guyane*, nouvelle édition, Paris, 1798, in-8°. Ces deux productions réunies ne laissent rien à désirer pour la connoissance d'un pays qui, toute circonstance à part, doit fixer les regards du Gouvernement Français. Les influences du climat peuvent y être adoucies, la culture s'y perfectionner, le commerce y prendre une grande extension, la ville de Cayenne devenir florissante, toute la colonie être administrée avec force et avec douceur ; les moyens n'en paroissent pas très-difficiles, M. Lescallier les indique.

LA CONDAMINE.

Curieux de donner à nos lecteurs une idée de l'intérêt que doit inspirer la Relation abrégée d'un Voyage fait dans l'intérieur de l'Amérique méridionale, par le célèbre la Condamine, Paris, 1745, ou Maëstricht, 1778, in-8°., qu'il nous soit permis d'abandonner un moment les sources où nous avons coutume de puiser pour emprunter le pinceau de M. Delille, qui remplaça la Condamine à l'Académie française : « Je ne vous le peindrai pas abandonné au courant de ce fleuve immense (la rivière des Amazones); ici, heurtant contre des rocs escarpés ; là, entraîné par des tourbillons d'eau ; tantôt arrêté par une branche qui traverse son radeau, et suspendu sur les eaux qui décroissent à vue d'œil ; tantôt franchissant le fameux détroit du Pongo, où les eaux, plus rapides et plus profondes, roulant sous la voûte obscure et tortueuse de ces bords rapprochés, avec un mugissement entendu de plusieurs lieues, lancèrent son radeau comme un trait à travers les saillies des arbres et les pointes menaçantes des rochers.

» Je ne vous le représenterai point, après

un trajet de cinq cents lieues sur la rivière des Amazones, s'enfonçant dans la rivière de Para, large de trois lieues, échouant contre un banc de vase, obligé d'attendre sept jours les grandes marées, remis à flot par une vague plus terrible que celle qui l'avoit fait échouer, et sauvé par où il devoit périr. Je ne vous peindrai point les tempêtes qu'il essuya, les nations inconnues qu'il traversa, tous les dangers, enfin, menaçant ses jours, tandis que lui, tranquille observateur, seul au milieu de ces déserts, avec trois Indiens maîtres de sa vie, tenoit tour à tour le baromètre, la sonde et la boussole.... Les tableaux variés qu'offroient à ses yeux les fleuves et leurs bords; là, des animaux inconnus; ici, des plantes nouvelles; tantôt des peuples également bizarres dans leurs parures et dans leurs mœurs, tantôt les débris de ces nations, jadis si florissantes, épars dans des déserts qui furent des Empires; tant d'objets nouveaux exposés en silence à ses yeux dans ces immenses solitudes, où la philosophie voyageoit pour la première fois, tout payoit un tribut à sa curiosité. »

Cette prose harmonieuse et pittoresque vaut une tirade de beaux vers.

LE PÈRE DE CHARLEVOIX.

Le Paraguay est un grand pays situé dans l'Amérique méridionale, et arrosé par un grand fleuve qui lui a donné son nom; il s'étend jusqu'au détroit de Magellan, et il a été rempli de missions établies par les jésuites. Quoique ce pays ne soit habité que par des sauvages, l'histoire des établissemens que les Castillans y ont faits, ceux des missionnaires, qui étoient des espèces de républiques chrétiennes, fondées dans le centre de la plus féroce barbarie, offre au public un tableau capable d'instruire et de plaire, et il a été tracé avec beaucoup d'habileté par le Père de Charlevoix, dans son Histoire du Paraguay, Paris, 1756, 3 vol. in-4°., ou 6 vol. in-12. Personne n'étoit plus en état que lui d'entreprendre et d'exécuter heureusement un ouvrage de cette espèce, qui a tant de relation avec ceux qu'il avoit déjà donnés.

GARCILLASSO DE LA VEGA.

Cet auteur étoit fils d'un des premiers conquérans du Pérou; son Histoire des Incas de ce pays, traduite de l'espagnol par Baudouin, Paris, 1633, 2 vol. in-4°., a été souvent

vent réimprimée avec des révisions et des corrections. La plus belle édition est celle de J.-Frédéric Bernard, Amsterdam, 1737, 2 vol. in-4°., avec des figures de Bernard Picart.

La variété et la nouveauté des choses que renferme cette histoire, la rendent fort agréable : il seroit à désirer que l'auteur y eût suivi une méthode plus régulière, et que le style de la traduction fût plus élégant et plus correct, même dans les dernières éditions. Dalibard, physicien et botaniste du siècle dernier, a publié une nouvelle traduction de cet ouvrage, Paris, 1744, 2 vol. in-12. L'histoire y est mise dans un meilleur ordre, et le traducteur y a joint des notes et des détails sur l'histoire naturelle du pays.

Un autre ouvrage très-curieux de Garcillasso de la Véga, et qui est comme la suite du précédent, a pour titre : *Histoire des guerres civiles des Espagnols dans les Indes, entre les Piçarres et les Almagres qui les avoient conquises*, traduite de l'espagnol par J. Baudouin, Amsterdam, 1706, 2 vol. in-12 : la traduction a été retouchée en plusieurs endroits dans cette édition.

MARION.

M. de Bougainville, dans son Voyage autour du Monde en 1768 et 1769, avoit amené en France un Indien de l'île de Taïti, située dans la Mer du Sud. Cet Indien, transplanté à Paris, avoit intéressé par sa franchise et par ses bonnes qualités. Le Gouvernement l'avoit renvoyé à l'Ile de France, avec ordre aux administrateurs de lui procurer son retour dans sa patrie. M. Marion Dufresne, habile officier de mer, saisit avec ardeur l'occasion de se distinguer par un voyage nouveau et par des découvertes dans des mers très-peu connues. Il offrit à l'administration de la colonie de transporter, à ses frais, l'Indien de Taïti dans sa patrie. Le but de ce voyage étoit d'avancer assez dans le Sud pour tenter d'y découvrir les îles ou le continent qui devoient se trouver dans cette partie australe de notre globe. La mort de l'Indien dérangea ces projets; mais le voyage de M. Marion offre des traits curieux. M. l'abbé Rochon l'a publié sous c etitre : *Nouveau Voyage à la Mer du Sud*, commencé sous la conduite de M. Marion, capitaine de brûlot, et achevé après la mort de cet officier, sous celle de M. le chevalier Duclesmeur, garde de la marine. Cette Relation a été rédigée d'après les plans et journaux de M. Crozet : on a joint à ce Voyage un extrait de celui de M. de Surville, dans les mêmes parages, Paris, 1783, in-8°.

A cette époque, M. l'abbé Rochon étoit bien éloigné d'imaginer que la terre des Arsacides, découverte le 7 octobre 1769 par le capitaine Surville, appartenoit à ce vaste et grand archipel, qu'Alvarès de Mendana nomma, en 1567, *Iles Salomon*. Ses nouvelles réflexions le déterminèrent à publier, en 1800, chez Barrois l'aîné, une nouvelle édition des Voyages de Marion et Surville, augmentée de l'extrait des deux Voyages d'Alvarès de Mendana aux îles Salomon, en 1567 et 1595, et de celui du Voyage de Fernand de Quiros, aux îles Quiros et à la terre du Saint-Esprit, en 1605 et 1606.

J.-B. DE LABORDE.

L'Histoire abrégée de la Mer du Sud, par feu M. de Laborde, Paris, 1791, 3 vol. in-8°., ornés de 12 cartes et de trois planches, contient toutes les nouvelles découvertes faites au nord de l'Amérique, depuis la mort du célèbre Cook.

La Harpe a fait, dans le Mercure de France, le plus grand éloge de cet ouvrage, dont l'auteur, toujours modeste, déclaroit, dans un avertissement, ne l'avoir entrepris que dans l'intention, 1°. de rassembler en peu de volumes les choses nécessaires à savoir, qui se trouvent éparses dans plus de cinquante volumes in-4°., de difficile et coûteuse acquisition, surtout pour de jeunes marins qui veulent s'instruire; 2°. de faire servir cet ouvrage d'explication à la grande carte de la Mer du Sud, qui lui avoit coûté dix ans de travail.

GEORGES KEATE.

La Relation des Iles de Pelew, situées dans la partie occidentale de l'Océan Pacifique, traduite de l'anglais de Georges Keate, membre de la Société royale, Paris, 1793, un vol. in-4°. ou deux vol. in-8°.; cette Relation, dis-je, mérite d'être distinguée; ce n'est pas qu'on y trouve ce qui fait valoir ordinairement ces sortes d'ouvrages, la variété des événemens et des descriptions, la singularité des coutumes; mais si quelque chose peut attirer l'attention des observateurs philosophes, c'est sans doute un peuple qui, placé au milieu de cette vaste Mer du Sud, si fréquentée par les navigateurs Européens, non-seulement étoit encore absolument inconnue, mais ignoroit même qu'il y eût au monde d'autres habitans que les insulaires de son archipel : telle étoit la situation des peuples de Pelew, lorsque le capitaine Anglais, Wilson, fit naufrage sur leurs côtes en 1783. Tout ce qui n'étoit pas eux, étoit nouveau pour ces hommes, qui se croyoient les seuls enfans de la création. On ne sauroit être plus près de la nature primitive : et qu'on se figure de quel étonnement ils furent frappés, et quelle foule d'idées nouvelles vint assaillir leur antique et profonde ignorance, à la vue de tout ce que nous avoient appris tant de siècles écoulés inutilement pour cette peuplade isolée et perdue, pour ainsi dire, dans l'immensité de l'Océan et séparée du genre humain ! Jamais il n'y eut une plus belle occasion d'étudier l'espèce humaine près de son berceau ; et heureusement elle se montre ici sous des traits fort intéressans, et beaucoup meilleure qu'on ne la vit généralement dans le Nouveau Monde, où elle a paru plus avancée, et par conséquent plus corrompue que dans l'hémisphère austral. Cette Relation est écrite avec beaucoup de méthode, de clarté et d'intérêt; plusieurs morceaux sont pleins de l'éloquence du cœur, et respirent l'amour de la vertu et de l'humanité. La traduction est digne de l'original, et ne paroît pas avoir été confiée à des mains vulgaires; aussi l'attribue-t-on assez généralement au célèbre comte de Mirabeau.

DOM PERNETTY.

La partie historique du *Voyage de dom Pernetty aux Iles Malouines*, Paris, 1770, 2 vol. in-8°., se réduit à très-peu de chose: son titre annonçoit plus d'observations intéressantes. Des îles récemment découvertes, une nation colossale, dont nous révoquions en doute l'existence, sembloient promettre des détails neufs et piquans; mais dom Pernetty n'a point vu les Patagons; et ce qu'il en dit se borne aux Relations de deux ou trois navigateurs, témoins de quelques apparitions de ces géans sur les côtes. L'existence des Patagons constatée, leur histoire reste encore à faire. Des journaux exacts de plusieurs voyages aux îles Malouines et au détroit de Magellan, et un grand nombre de remarques sur les diverses productions que présente cette partie australe du monde, auroient peut-être rendu ce livre utile aux marins et aux amateurs de l'histoire naturelle, si l'auteur eut écrit avec plus d'ordre, plus de goût et moins de prolixité.

LE PRÉSIDENT DE BROSSES.

L'Histoire des navigations aux Terres Australes, par le célèbre président de Brosses, Paris, 1756, 2 vol. in-4°., renferme d'excellens extraits des anciens Voyages faits aux Terres Australes. Cet ouvrage a répandu de grandes lumières sur des contrées beaucoup moins connues alors qu'elles ne le sont aujourd'hui ; aussi est-il généralement estimé des savans, tant nationaux qu'étrangers.

LE CAPITAINE FORREST.

La première découverte de la Nouvelle Guinée, ou Terre des Papons, a été faite en 1511, par Antoine Ambreu et François Serrano : on dit qu'elle fut découverte une seconde fois par Alvaro de Saavedra en 1527, et qu'il lui donna le nom de *Nouvelle-Guinée*, parce qu'elle forme les antipodes du pays d'Afrique, appelé *Guinée.* Quoi qu'il en soit, il s'en faut de beaucoup que ce pays, situé à l'est des Moluques, soit aussi connu qu'il mérite de l'être; les Moluques elles-mêmes ne le sont qu'imparfaitement, grâce à la jalousie des Hollandais, qui ont induit volontairement les autres peuples en erreur relativement à la position des Moluques, aux bancs de sables, et autres difficultés de la navigation de ces parages; ils ont même fabriqué de fausses cartes pour tromper les navigateurs des autres nations. Le capitaine Forrest a rectifié ces cartes et dévoilé les manœuvres des Hollandais; non-seulement son Voyage aux Moluques et à la Nouvelle-Guinée fait sur la galère *la Tartare*, en 1774, 1775 et 1776, traduit de l'anglais par M. Demeunier, Paris, 1780, in-4°., perfectionne la géographie de cette partie de l'Inde, et offre des découvertes aux navigateurs, mais on y trouve encore des détails très-piquans sur les peuples et les productions des pays dont il y est question. La traduction de cet ouvrage est donc un service essentiel, dont on doit savoir beaucoup de gré au traducteur et à l'éditeur Panckoucke.

M.

M. DE FLEURIEU.

Ce savant auteur des découvertes des Français en 1768 et 1769, dans le sud-est de la Nouvelle-Guinée, etc., Paris, 1790, in-4°., a puisé dans les sources originales tout ce qu'il a rapporté des anciennes navigations, et il s'est attaché à traduire littéralement le récit des particularités qui peuvent donner lieu à des rapprochemens faits pour acquérir de l'intérêt, lorsque des voyageurs anciens traitent des mêmes objets qui ont fixé l'attention des voyageurs modernes.

M. de Fleurieu fit paroître cet ouvrage sous le voile de l'anonime : chargé d'une grande place à l'époque où on l'imprimoit, il a craint sans doute que le public ne le soupçonnât d'avoir dérobé quelques instans à ses devoirs, pour les consacrer à ses occupations favorites : nous devons lui faire à ce sujet le reproche de n'avoir pas bien jugé l'opinion publique.

LE GOUVERNEUR PHILLIP.

Un événement aussi nouveau que celui d'un Voyage à Botany-Bay, pour former un établissement aussi extraordinaire que celui qui en a fait le grand objet, devoit naturellement exciter la curiosité publique : aussi le Voyage du gouverneur Phillip, publié à Londres en 1785, in-4°., excita-t-il un intérêt si général, qu'il s'en fit deux nouvelles éditions en 1790. M. Millin l'a traduit en français dès 1790, en un vol. in-8°.; il est probable qu'il publia cette traduction avant de connoître les nouvelles éditions de l'original, où l'on a corrigé plusieurs défauts dans l'arrangement des matières : l'histoire naturelle y est beaucoup mieux disposée.

M. PÉRON.

Un *Voyage de Découvertes aux Terres Australes*, fut ordonné en 1800, avec le dessein d'en opposer les résultats à ceux des travaux successifs des Banks, Solander, Sparmann, des deux Forster, qui avoient appelé si vivement l'intérêt et les méditations de tous les amis des sciences sur la Nouvelle-Hollande.

Napoléon, alors Premier Consul, apprécia toute l'importance d'une semblable expédition, l'ordonna dans le temps même où l'armée de réserve alloit s'ébranler pour franchir les Alpes et vaincre sous ses ordres.

Cette expédition forma une colonie de savans se dirigeant vers des contrées lointaines, en important avec elle, comme moyens de conquêtes et de découvertes, les lumières et les arts de la vieille Europe.

La beauté et la richesse que l'on remarque dans l'exécution du premier volume de ce Voyage, publié en 1808, in-4°., répondent à son importance. L'intérêt qu'inspire la lecture de ce volume, est d'un bon augure pour ceux qui doivent le suivre.

§ XI. VOYAGES PITTORESQUES.

M. HOUEL.

Un intérêt égal et des soins soutenus, recommandent aux amateurs les différens objets qui ont successivement occupé le crayon et la plume de M. Houel, dans son *Voyage pittoresque des îles de Sicile, de Malte et de Lipari*, Paris; Didot jeune, 1782—1787, 4 vol. gros in-fol. Ses travaux et ses études ne se sont pas bornés aux monumens de l'antiquité ; il a donné une attention particulière aux divers usages du pays qu'il a parcourus et aux branches les plus intéressantes de son commerce. En général, il y a de la chaleur dans le style de M. Houel ; on le liroit peut-être avec plus de plaisir, s'il y avoit moins de prétentions dans des détails qui n'en comportoient guère.

J.-BENJAMIN DE LABORDE.

Les amis des arts regrettent que *les Tableaux topographiques, pittoresques, physiques, historiques, moraux, politiques et littéraires de la Suisse et de l'Italie*, n'aient pas été continués. On s'est empressé, en 1780, d'accueillir le commencement d'un ouvrage qui en multipliant, par la gravure, les beaux sites de la Suisse et de l'Italie, a pour objet de faire connoître des contrées où la nature a pris plaisir à rassembler les contrastes imposans de sa magnificence et de ses horreurs, de sa richesse et de son aspérité ; d'en donner l'histoire et de peindre les mœurs de leurs habitans.

Laborde s'associa, pour les détails de cette entreprise, les graveurs Née et Masquellier, et le baron de Zurlauben se chargea de la partie historique ; il a paru 4 vol. in-fol. de ce bel ouvrage.

Dans la *Description générale et particulière de la France*, l'auteur entreprit de faire pour son pays ce qu'il avoit fait pour la Suisse.

On peut voir par ce titre et par celui qu'il adopta pour son ouvrage sur la Suisse, que ses plans étoient vastes et ne se bornoient pas seulement à satisfaire la curiosité du public par des images, il cherchoit à l'instruire; il vouloit, notamment pour la France, que sa Description la fit connoître par la fertilité de son sol, les ressources que présentoient à son commerce ses manufactures et l'industrie de ses habitans, ses grands hommes dans tous les genres, ses sites, ses monumens, et les motifs d'émulation qu'elle présentoit à l'agriculture, à tous les arts de luxe et d'agrément comme aux arts industriels et de nécessité. M. Lamy, libraire, promet depuis long-temps la suite de cet ouvrage, commencé dès 1780, et dont il existe 89 livraisons, formant 11 ou 12 vol. grand in-fol.; il ne faudroit pour le compléter que 13 livraisons, qui comprendroient les départemens de la Belgique et de la rive gauche du Rhin; on y ajoutera aussi le Voyage pittoresque des nouveaux départemens formés dans le Piémont.

L'ABBÉ DE SAINT-NON.

Cet amateur distingué exécuta une partie du plan que s'étoit tracé M. de Laborde, et au grand regret des connoisseurs, il se réduisit au seul *Voyage pittoresque de Naples et de Sicile*, Paris, 1781, 5 vol. grand in-fol.

Ce Voyage, tel qu'il a été conçu et exécuté, étoit au-dessus des moyens d'un simple particulier. Plusieurs riches amateurs s'étoient réunis pour cette entreprise ; mais bientôt, fatigués des soins et des dépenses qu'elle entraînoit, ils l'abandonnèrent. Tout le faix retomba sur l'abbé de Saint-Non, qui seul alors remplit les engagemens de la Société envers le public, y consacra toute sa fortune et celle de son frère, et conduisit à sa perfection ce monument, que dix ans de travaux et de soins assidus purent à peine élever à la gloire des arts.

L'auteur, sans négliger ce qui concerne les mœurs, le gouvernement, le commerce, s'est particulièrement attaché, ainsi que l'annonce le titre de son livre, à décrire les richesses de la nature et les chefs-d'œuvres des arts : nulle part la nature n'est plus prodigue, ni l'art plus imposant que dans le pays qu'il a parcouru. Il a fait dessiner toutes les vues les plus pittoresques, les sites les plus curieux, les monumens et tous les restes précieux de l'antiquité qu'on rencontre à chaque pas dans cet heureux climat. L'ouvrage est de la plus riche et de la plus parfaite exécution, et nous ne craignons pas de dire que c'est un des plus superbes monumens que l'amour passionné du beau, le goût et la magnificence surtout dans un simple citoyen, aient jamais consacré à la gloire des arts dans aucun pays du monde.

M. DE CHOISEUL-GOUFFIER.

Parmi les Voyageurs éclairés qui se sont distingués par les découvertes qu'ils ont faites des monumens de l'antiquité, on citera toujours avec éloge le nom de M. de Choiseul-Gouffier. A l'âge de 22 ans, il quitta le séjour de Paris pour aller parcourir la Grèce et rechercher les vestiges de son ancienne splendeur; il visita toutes les îles de l'Archipel, les côtes de l'Asie Mineure, la Troade, et revenant ensuite de Constantinople à Athènes., il remonta vers le Nord par le détroit des Thermopyles, la plaine de Pharsale, la vallée de

Tempé jusqu'en Dalmatie. C'est le Voyage de Grèce le plus complet qui ait encore été fait, et la première expédition de ce genre qu'aucun Français eût tentée. Il en a publié en 1782, grand in-fol., le premier volume, sous le titre de *Voyage pittoresque de la Grèce*; tous ceux qui chérissent les nombreux et brillans souvenirs que nous offre cette terre classique, l'ont accueilli avec enthousiasme; le second, attendu depuis long-temps, ne tardera pas à paroître.

MOURADJA D'HOSSON.

Cet auteur fit paroître en 1789 et 1790, son *Tableau général de l'Empire Ottoman*, 2 vol. in-fol. Cet ouvrage fut extrêmement remarqué; il satisfit pleinement l'attente qu'il avoit excitée; le luxe typographique, la beauté et le nombre des gravures en élevèrent considérablement le prix, sans couvrir toutefois, par le débit, les dépenses de l'entreprise. Mallet du Pan a eu part à la rédaction du texte. La mort est venue surpendre l'auteur, au moment où il préparoit à donner au public le fruit de quarante-cinq années de travaux, dans un ouvrage intitulé : *Tableau historique*

historique de l'Orient. Il n'en a paru que deux vol. en 1804.

MM. CASSAS ET LAVALLÉE.

Le Voyage pittoresque et historique de l'Istrie et de la Dalmatie, rédigé d'après l'itinéraire de M. L.-F. Cassas, peintre, par M. J. Lavallée; Paris, Treuttel et Würtz, 1802, grand in-fol., est une des plus grandes entreprises que l'art du peintre, le talent du littérateur et celui du graveur réunis, aient tentées depuis plus de quinze années : suite naturelle et nécessaire des Voyages de Suisse, de Grèce, d'Italie, etc., il ne leur est inférieur en aucun point, et n'offre pas moins d'intérêt aux amateurs de la littérature, qu'aux amis des arts et de l'antiquité.

Le double titre de Voyage pittoresque et historique, se trouve complétement rempli par la réunion du texte que M. Lavallée a joint aux dessins; il en résulte que ce volume, outre l'agrément d'un Voyage pittoresque, présente une utilité que l'on ne trouve pas dans les autres Voyages, où l'on n'a traité que les parties de l'art.

M. DENON.

Ami des beaux-arts et admirateur éclairé des chefs-d'œuvres que les anciens nous ont laissés, M. Denon dut saisir avec avidité l'occasion de visiter un pays depuis si long-temps fameux, et qui, jusqu'ici, n'avoit pu être convenablement observé. Il s'embarqua donc avec joie pour cette expédition mémorable, qui devoit nous donner une colonie plus florissante que celles dont les troubles de la révolution et les intrigues de l'Angleterre nous avoient en partie privés.

M. Denon revint de l'Egypte enrichi de dessins précieux et de curieuses observations; il s'est empressé d'offrir à ses concitoyens, et à l'Europe savante, le fruit de ses veilles, de ses fatigues et de ses talens. Les grands souvenirs attachés à son ouvrage, les actions célèbres qu'il retrace, et l'intérêt avec lequel les matières y sont traitées, lui assureront une place importante dans les bibliothèques choisies, et un succès dont rien ne peut limiter la durée, parce qu'il ne tient point aux circonstances. Le bel ouvrage de M. Denon est intitulé : *Voyage dans la Basse et la Haute Egypte, pendant la cam-*

pagne du général Bonaparte, Paris, Didot l'aîné, an X — 1802, 2 vol. grand in-fol.; l'un contient le texte et l'autre les planches. Le texte a été réimprimé en 2 vol. in-4°., avec un vol. in-fol. de planches, et en 3 vol. in-12, sans figures.

Le fameux Peltier a publié, à Londres, une édition française de ce Voyage, avec des additions.

M. MELLING.

Dans *le Voyage pittoresque de Constantinople et des rives du Bosphore*, par M. Melling, l'art et les antiquités ne tiennent point la première place; ce que les auteurs s'y sont proposés, c'est surtout d'offrir dans une parfaite imitation et comme vivantes, les beautés diverses que réunit une contrée célèbre, l'un des points du globe où la nature s'est plu à déployer toutes ses richesses, toute sa grâce et sa majesté. Le texte descriptif est rédigé avec le plus grand soin. Il a sur celui de la plupart des autres ouvrages de ce genre un avantage particulier, c'est que la matière principale en a été fournie par un voyageur Français, qui ayant résidé à Constantinople, a pu observer lui-même chaque site, chaque point, chaque circonstance des tableaux de M. Melling. Cet ouvrage sera composé de quarante-huit estampes, et se vend par souscription : les deux premières livraisons ont déjà paru.

M. ALEXANDRE DE LA BORDE.

Les livraisons *du Voyage pittoresque et historique d'Espagne*, par M. Alexandre de la Borde, qui ont été publiées dans les derniers mois de 1807, et dans les premiers de 1808, offrent le plus vif intérêt par la perfection des planches, et par le texte, dont le style est singulièrement varié. Dans la notice historique sur l'Espagne, qui sert d'introduction à l'ouvrage, il est comme les idées, noble et majestueux; il est simple et facile dans la description des mœurs de l'Espagne; il est pittoresque dans le tableau des montagnes, des sites.

§ XII. VOYAGES AMUSANS.

On nous permettra sans doute de donner, dans *la Bibliothèque d'un Homme de Goût*, un article particulier aux Voyages Amusans, c'est-à-dire, aux Voyages mêlés de prose et de vers, dont les auteurs cherchent plutôt à amuser les lecteurs qu'à les instruire. Chapelle et Bachaumont ont donné le premier modèle de ces Voyages, et ils ont eu une foule d'imitateurs plus ou moins heureux.

On trouve dans un volume in-12, bien imprimé en 1782, le Voyage de Chapelle et Bachaumont, celui de le Franc de Pompignan, celui de Desmahis, etc.; le volume est terminé par le joli poëme de la Harpe, intitulé : *Tangu et Félime*.

Le libraire Couret de Villeneuve publia, en 1783 et 1787, un recueil amusant de Voyages en vers et en prose, 9 vol. in-12 : outre les précédens, on y trouve ceux de La Fontaine, de Bertin, de M. de Boufflers, de M. de Parny, etc., etc.

On a joint à ce recueil un choix des épîtres, contes et fables morales qui ont rapport aux Voyages.

Plusieurs exemplaires ne contiennent que 7 volumes, parce que l'on a séparé du recueil tout ce qui a rapport à la Provence : cette partie a été recueillie sous le titre de *Soirées Provençales*; c'est une production médiocre de M. Bérenger, et elle étoit assez mal placée à côté des charmans opuscules des

Chapelle, des le Franc de Pompignan, des Bertin, etc.

M. la Mesangère a publié, en 1798, un choix de Vóyages en France, ornés de gravures, par le Mire, Berthault et Gaucher, 4 vol. in-18 : ceux qui aiment le luxe typographique et les gravures bien exécutées, peuvent se procurer cette charmante collection.

Enfin nous avons vu paroître, en 1808, un recueil de Voyages en France et autres pays, 5 vol. in-18, ornés de 36 planches : on y trouve les Voyages de Racine, La Fontaine, Regnard, Chapelle et Bachaumont, Hamilton, Voltaire, Piron, Gresset, Fléchier, le Franc de Pompignan, Marmontel, Bertin, Desmahis, Bérenger, Bret, le Père Venance, Damin, Bernardin de Saint-Pierre, Parny et Boufflers.

Les *Soirées Provençales* ont été insérées par extrait dans cette collection.

Nous parlerons à l'article *Romans*, des Voyages imaginaires.

FIN DU TOME IV.

TABLE

DES CHAPITRES ET SOMMAIRES

DU QUATRIÈME VOLUME.

CHAP. I. *Histoire de la Révolution de 1789, et des Assemblées nationales, jusqu'à la création de l'Empire*, pag.	1	Vincent Carloix. pag.	12
		Le duc de Nevers.	13
		Simon Goulart.	14
		P. Le Roy.	ib.
Rabaut-Saint-Etienne.	ib.	De l'Estoile.	15
M. Lacretelle le jeune.	2	M. de Pouilli.	ib.
Madame Roland.	ib.	M. Bernardi.	ib.
M. Beauchamp.	3	Cayet.	16
M. De Vauban.	4	Villeroy.	ib.
Règne de L'EMPEREUR NAPOLÉON.	5	Sully.	ib.
		L'abbé Montempuis, et l'abbé Goujet.	17
Vies et Mémoires particuliers.	6		
Dubellay.	ib.	Brantôme.	ib.
Guyard de Berville.	ib.	Mornay.	18
Boivin de Villars.	8	D'Aubigné.	ib.
Fr. de Rabutin.	ib.	Le duc d'Estrées.	ib.
Le Président de la Place.	ib.	Mézerai.	19
Condé.	9	Bassompierre.	ib.
Castelnau.	ib.	Dupleix.	ib.
Le Laboureur.	ib.	Rohan.	20
Montluc.	ib.	Zurlauben.	ib.
Charles IX.	10	Vittorio Siri.	21
De l'Estoile.	ib.	Trad. *Requier.*	ib.
Le Quien de la Neufville.	ib.	Henri de Campion.	ib.
Bouillon.	11	Le cardinal de Retz.	22
La Vieilleville.	ib.	M. Musset-Pathay.	ib.

Joly.	pag. 23	Madame de Maintenon. pag.	45
Mademoiselle de Montpensier.	ib.	Caraccioli.	46
La Rochefoucauld.	ib.	Rulhière et le baron de Breteuil.	
Lenet.	24		ib.
Madame de Motteville.	ib.	Le baron d'Espagnac.	48
De Ramsay.	ib.	Le maréchal de Richelieu.	50
Désormeaux.	ib.	Galerie des aristocrates militaires.	
L'abbé Raguenet.	25		52
La Fare.	ib.	De Saint-Germain et Richelieu.	53
L'abbé de Choisy.	ib.	Bernis et Paris du Verney.	ib.
De Bordeaux.	26	Le duc de Choiseul.	54
L'abbé Arnauld.	27	Le duc d'Aiguillon.	ib.
Le maréchal de Tessé.	28	Le comte de Maurepas.	55
Court de Gebelin.	29	Collé.	56
Le maréchal de Tourville.	ib.	Collection de Mémoires particuliers.	
Hamilton.	30		58
Bussy-Rabutin.	32	M. Duchesnay.	60
Gourville.	ib.	Duchesne.	ib.
Ch. Perrault.	ib.	Les Bénédictins.	ib.
Madame de Caylus.	33	Ch. Perrault.	62
Saint-Simon.	34	Du Castre d'Auvigny.	63
Anquetil.	36	L'abbé Pérau.	64
Le maréchal de Villars.	ib.	Turpin.	ib.
Le chevalier de Piossens.	37	Le Nécrologe des Hommes célèbres de la France.	
Charlotte-Elisabeth de Bavière.	38		65
Trad. M. *de Maimieux.*	ib.	Dreux du Radier.	66
Massillon.	39	De Maubuy.	67
Le maréchal de Noailles.	40	Le Père Lelong.	ib.
Le maréchal de Berwick.	41	Fevret de Fontette.	ib.
Forbin.	42	*Histoire d'Espagne.*	69
Reboulet.	ib	Le Père d'Orléans.	ib.
Du Gay-Trouin.	ib.	Mariana.	ib.
De Beauchamps.	ib.	Trad. *Le Père Charenton.*	ib.
Madame de Staal.	ib.	Ferreras.	71
Vie de Ninon de Lenclos, par Bret.		Trad. *D'Hermilly.*	ib.
	43	Desormeaux.	ib.
— par Douxmenil.	44	Macquer.	73
			Le

Le président Hénault.	pag. 74	Le docteur Henry.	pag.	91
L'abbé Bertoud.	ib.	Trad. M. *Boulard*, notaire,		
Flechier.	ib.	et *Cantwel*.		92
Marsollier.	ib.	Madame Macaulay.		93
Robertson.	75	Trad. *Le comte de Mirabeau*		
Trad. M. *Suard*.	ib.	et *Guiraudet*.		94
Léti.	77	L'abbé Millot.		ib.
Watson.	ib.	Du Tertre.		95
Trad. *Le comte de Mirabeau*		Gaillard.		96
et *Durival*.	ib.	L'abbé Raynal.		98
La Clede.	ib.	Le père d'Orléans.		99
Vertot.	78	Clarendon.		ib.
Rob. Southwel.	ib.	M. Boulay de la Meurthe.		100
Trad. *L'abbé Desfontaines*.	ib.	M. B. Constant.		ib.
Le chevalier d'Oliveyra.	ib.	Bacon.		101
Le marquis de Pombal.	81	Trad. *Latour Hotman*.		102
Histoire d'Hollande.	82	Marsollier.		ib.
Grotius.	ib.	Fréron et l'abbé de Marsy.		ib.
Trad. *L'Héritier*.	ib.	Leti.		ib.
Strada.	83	Mademoiselle de Keralio.		103
Trad. *Du Ryer*.	84	L'abbé Prévost.		ib.
Bentivoglio.	ib.	Genest.		104
Trad. *L'abbé Loiseau*.	ib.	M. Baert.		ib.
Le Clerc.	85	M. Colquhoun.		106
Basnage.	ib.	Trad. M. *le Coigneux de Be-*		
Du Jardin et Sellius.	ib.	*labre*.		ib.
L'abbé Raynal.	86	Buchanan.		107
Histoire d'Angleterre.	87	Robertson.		108
Rapin de Thoyras.	ib.	Trad. *Besset de la Chapelle*.		ib.
Falaiseau.	ib.	M. Ma-Geoghegan.		109
Smolett.	88	*Histoire d'Allemagne et de*		
Trad. *M. Targe*.	ib.	*Hongrie*.		111
Hume.	89	Le Père Barre.		112
Trad. *L'abbé Prevost et mad.*		Voltaire.		113
Belot.	90	Pfeffel.		114
Olivier Goldsmith.	ib.	L'abbé Brenner.		ib.
Trad. *Brissot*.	ib.	M. de Montigny.		115

TOME IV.

Mallet.	pag. 115	Tscharner et Mallet. pag.	139
Histoire de Prusse.	116	Le baron de Zurlauben.	ib.
Frédéric II, roi de Prusse.	117	D'Alt de Tiefenthal.	140
Le comte de Mirabeau.	118	Philibert.	141
M. de Ségur.	119	Besset de la Chapelle.	ib.
Thiébault.	120	M. Muller.	142
Histoire d'Italie.	122	Trad. MM. *Boileau et Griffet*	
De Saint-Marc.	ib.	Labaume.	143
Sigonius.	124	Mallet.	ib.
Muratori.	ib.	Spon.	144
Jove.	ib.	George Keate.	ib.
L'Arétin.	125	Trad. M. *Lorovich.*	ib.
M. Targe.	126	Béranger.	ib.
Guichardin.	128	Le général Doppet, *état de la*	
Trad. *Favre et Georgeon.*	ib.	*maison de Savoie.*	146
M. Denina.	129	*Histoire du Nord.*	ib.
Trad. M. *l'abbé Jardin.*	ib.	M. Lacombe.	147
MM. Jubé et Servan.	131	Mallet.	149
Bembe.	132	M. Levesque.	151
De la Houssaye.	ib.	Leclerc.	152
L'abbé Laugier.	ib.	Masson.	153
De Brequigny.	133	M. Lacombe.	154
M. l'abbé Germanes.	135	Voltaire.	155
M. de Pommereuil.	136	Rulhière.	156
Machiavel.	ib.	M. Castera.	157
Trad. MM. *Guiraudet et Ho-*		L'abbé de Vertot.	158
chet.	ib.	Celsius.	159
William Roscoe.	137	Trad. M. *Genet le fils.*	ib.
Trad. M. *Thurot.*	ib.	Voltaire.	160
De Burigny.	ib.	Norberg.	161
D'Egli.	ib.	D'Alembert.	162
Giannone.	139	M. Lacombe.	163
Trad. M. *Desmonceaux*, sui-		Solignac.	ib.
vant les uns, et M. *J. Bedde-*		M. Monnier.	164
vole, suivant M. *Senebier.*	ib.	Rulhière.	165
Histoire de Suisse, de Genève		M. Malte-Brun.	167
et de Savoie.	ib.	L'abbé Coyer.	168

DES CHAPITRES.

De Guignes.	pag. 169	Trad. *Le Père de Livoy*.	pag. 196
Histoire de Turquie, de Perse, du Mogol, de la Chine, etc.	173	Goguet.	ib.
		M. l'abbé Andrès.	197
		Trad. M. *Ortolani*.	198
L'abbé de Marsy.	ib.	L'abbé d'Hébrail.	ib.
L'abbé Mignot.	174	L'abbé de la Porte.	ib.
William Eton.	175	M. Ersch.	200
Trad. M. *Lefèvre*.	ib.	M. Palissot.	201
Le Père du Halde.	ib.	M. L'abbé Sabatier de Castres.	ib.
Le Père Jouve.	176	M. Desessarts.	202
Le Père Mailla.	177	L'abbé Irailh.	203
M. l'abbé Grosier.	178	*Histoire Bibliographique*, ou *Histoire des Livres*.	205
Batteux et de Bréquigny.	179		
Le Père Charlevoix.	ib.	M. Peignot.	ib.
Kœmpfer.	180	M. Boulard, libraire.	206
Trad. *Naudé*.	ib.	M. Achard.	ib.
L'abbé Raynal.	181	Debure le jeune.	ib.
Robertson.	182	L'abbé Duclos, Cailleau et M. Brunet fils.	208
Trad. MM. *Suard et Jansen*.	183		
Trad. M. *l'abbé Morellet*.	ib.	F.-J. Fournier.	ib.
Hilliard d'Auberteuil.	184	M. de la Serna-Santander.	209
L'abbé de Longchamps.	185	M. Barbier.	210
Brissot de Warville et Clavière.	ib.	*Catalogues de Bibliothèques*.	211
Ramsay.	186	Martin, libraire.	212
Trad. *Lefort*.	ib.	Prosper Marchand.	ib.
MM. Morse et Pictet-Diodati.	ib.	François Barrois.	ib.
M. Jefferson.	187	M. Debure l'aîné et M. Van Praët.	213
Trad. M. *l'abbé Morellet*.	ib.		
De Chenier le père.	188	Nyon l'aîné.	ib.
Histoire littéraire.	190	M. Barbier.	ib.
Le Père Niceron.	ib.	*Dictionnaires Historiques*.	215
Dom Rivet et dom Clémencet.	191	Juigné.	ib.
L'abbé Lambert.	192	Moreri.	216
Tiraboschi.	193	Bayle.	218
Abréviateur. M. *Landi*.	ib.	Chaufepié.	220
Juvenel de Carlencas.	194	Marchand.	221
M. Denina.	196	Ladvocat.	222

L'abbé Barral. pag. 223	Géographie moderne. pag. 250
Dom Chaudon. 224	L'abbé de la Croix. ib.
M. Delandine. 225	Busching. ib.
L'abbé de Feller. 226	Trad. MM. *Gérard et Kilg*.
De Bonnegarde. ib.	250 et 251
M. Lacombe de Prezel. 228	Guthrie. 251
M. La Croix. ib.	M. Pinkerton. 252
Madame Briquet. 231	Trad. M. *Walcknaër*. ib.
La Chesnaye des Bois. 232	M. Lacroix. 254
Chap. IV. *De la Chronologie*	M. François de Neufchâteau. ib.
et de la manière d'écrire	M. Mentelle. 255
l'Histoire. 234	M. Munier. 256
Le Père Petau. ib.	MM. Mentelle, Malte-Brun,
Lenglet du Fresnoy. ib.	Herbin, etc. ib.
M. Koch. 235	*Dictionnaires géographiques*
Lucien. 236	*et Atlas*. 259
Trad. MM. *Massieu et Belin*	La Martinière. ib.
de Ballu. ib.	L'abbé Ladvocat, sous le nom
J. Racine. ib.	de Vosgien. ib.
Rapin. 237	M. Gallais. 260
Saint-Réal. ib.	M. Boiste. ib.
Le Père Griffet. ib.	Buy de Mornas. 261
L'abbé de Mably. 238	M. Brion. 263
M. Gudin. ib.	D'Anville. ib.
M. de Volney. 239	Robert de Vaugondy. 264
Chap. V. *Géographie ancienne*. 241	M. Hérisson. ib.
Lenglet du Fresnoy. ib.	Chap. VI. *Voyages*. 266
M. Gossellin. ib.	*Traités Préliminaires sur les*
Strabon. 242	*Voyages*. 268
Trad. MM. *de la Porte du Theil*,	M. Boucher de la Richarderie. ib.
Coray et Gossellin. 243	Baudelot Dairval. 270
Pomponius Méla. 244	Le comte de Berchtold. 271
Trad. M. *Fradin*. 245	Trad. M. *de Lasteyrie*. ib.
D'Anville. ib.	*Voyages des Anciens*. 272
M. Barentin de Montchal. 247	Scylax. ib.
Le Père Colome. 248	Trad. M. *Poncelin*. ib.
Le Père Romain Joly. 249	Néarque. ib.

DES CHAPITRES.

Arrien. pag. 272	Byron, Carteret, Wallis, Cook et Hawkesworth. pag. 289
Le docteur *Vincent*. 273	
Trad. M!. *Billecoq*. ib.	Trad. MM. *Suard* et *Demeunier*. 290
Pausanias. ib.	
Trad. *L'abbé Gedoyn*. 274	Berenger. 293
Annonce d'une nouvelle trad., par M. Clavier. 275	Lapeyrouse. 294
	Editeur. M. *Milet-Mureau*. ib.
Histoires génér. des Voyages. ib.	Etienne Marchand. 295
L'abbé Prévost. ib.	Editeur. M. *de Fleurieu*. 296
M. Chompré. 276	M. Labillardière. ib.
Querlon, Surgy et Delcyre. ib.	Vancouver. 297
La Harpe. 277	Trad. MM. *Morellet* et *Demeunier*. 298
Victor Comeyras. ib.	
Collections de Voyages. 278	Autre trad. M. *Henry*. ib.
Camus. ib.	*Voyages en différentes parties du Monde*. 299
L'abbé de la Porte, l'abbé de Fontenay ēt Domairon. 279	
	Paul Lucas. ib.
M. Campe. 281	Le Bruyn. 300
M. Breton. ib.	Tournefort. ib.
M. Langlès. 282	Le Père Villotte. 301
Voyages autour du Monde. ib.	Flachat. 302
Pigafetta. ib.	Milady Montague. 303
Trad. M. *Amoretti*. 283	Trad. *Le Père Brunet*. ib.
M. de Murr. 284	Autres. MM. *Anson* et *Germain Garnier*. 305
Trad. M. *Jansen*. ib.	
Gemelli Carreri. ib.	Maihows. ib.
Trad. *Le Noble*. ib.	Trad. *De Puisieux*. ib.
G. Dampier. ib.	Pockocke et autres. 306
Lyonel Wafer. 285	Trad. *La Flotte*. 307
Wood. ib.	*De Puisieux*. ib.
Couley. ib.	Poivre. 308
Wood-Rogers. ib.	M. Olivier. ib.
George Anson. 286	Le baron de Riedesel. 309
Trad. *L'abbé de Gua de Malves*. ib.	Trad. M. *Frey des Landres*. ib.
	M. Irwin. 310
M. de Bougainville. 287	Trad. M. *Paraud*. ib.
M. de Pagès. 288	Les Jésuites (*Lettres édi-*

fiantes et curieuses. pag.	311	M. Bourrit. pag.	328
Voyages en différentes parties de l'Europe.	313	M. Campenon.	ib.
		Hollande.	ib.
M. Reichard.	ib.	Pilati de Tassulo.	ib.
Brussel.	314	*Espagne et Portugal.*	329
De Silhouette.	ib.	Swinburne.	330
Rolland de la Platière.	315	Trad. *De Laborde.*	ib.
Moore.	316	Peyron.	331
Trad. *Henri Riou.*	ib.	M. Bourgoing.	ib.
Anonime.	ib.	M. Fischer.	332
Le comte d'Albon.	317	Trad. *Cramer.*	333
Le chevalier de la Tremblaye.	318	Tableau de Lisbonne.	334
William Coxe.	319	Cormartin.	335
Trad. *Mallet.*	ib.	M. Bourgoing.	ib.
M. Fortia de Piles.	320	M. Linck.	336
George Forster.	321	M. Conthur.	ib.
Trad. *Charles Pougens.*	ib.	M. Le comte de Hoffmansegg.	ib.
France.	322	*Italie.*	ib.
Piganiol de la Force.	ib.	L'abbé Richard.	ib.
M. Dulaure.	323	M. de la Lande.	337
Arthur Young.	ib.	L'abbé Coyer.	ib.
Trad. MM. *Soulès et de Casaux.*	ib.	M. Brydone.	338
M. Dubois.	324	Trad. M. *Démeunier.*	ib.
Piganiol de la Force.	325	Duclos.	340
L'abbé Pérau.	ib.	Dupaty.	341
D'Argenville.	ib.	L'abbé Barthelemy.	ib.
M. Villiers.	326	Swinburne.	342
M. Philippon-la-Madelaine.	327	Trad. *Laborde.*	ib.
L'abbé Papon.	ib.	M. Denon.	343
Dusaulx.	ib.	Le comte de Borch.	ib.
Pasumot.	ib.	M. l'abbé Gaudin.	344
Cambri.	ib.	*Suisse.*	ib.
Le Grand d'Aussy.	ib.	M. Ebel.	ib.
M. l'abbé de Pradt.	328	Trad. M. *Frey des Landres.*	ib.
M. Lequinio.	ib.	Coxe.	345
M. Millin.	ib.	Trad. MM. *Ramond et le Bas.*	ib.
Camus.	ib.	*Allemagne et Hongrie.*	346

Risbeck.	pag. 346	du Bocage.	pag. 362
M. Mangourit.	348	M. Guys.	363
M. le chevalier de Bray.	349	Savary.	365
Townson.	350	M. Pouqueville.	ib.
Trad. M. *Cantwel.*	ib.	L'abbé Fortis.	366
Le baron de Born.	ib.	*Voyages en Afrique.*	367
Trad. M. *Monnet.*	ib.	Dapper.	ib.
Angleterre, Ecosse et Irlande.	351	Marmol.	ib.
		Trad. *Perrot d'Ablancourt.*	ib.
Grosley.	ib.	Diego Torres.	ib.
Anonime.	352	Trad. *Le duc d'Angoulême.*	ib.
M. Ferri.	353	L'abbé Demanet.	368
Arthur Young.	354	M. Lamiral.	ib.
Trad. M. *Millon.*	355	Laugier de Tassy.	369
Etats du Nord.	ib.	Thomas Shaw.	370
M. Catteau.	ib.	M. l'abbé Poiret.	371
M. Troïl.	356	G. Lamprière.	ib.
Trad. M. *Lindblom.*	ib.	Trad. M. *De Sainte-Suzanne.*	372
M. Acerbi.	357	M. Labarthe.	ib.
Trad. MM. *Petit-Radel et Joseph Lavallée.*	ib.	M. Golberry.	373
		Robert Norris.	ib.
M. Catteau.	ib.	M. Durand.	374
M. Pallas.	358	M. De Grandpré.	375
Trad. M. *Gaulthier de la Peyronie*, MM. *Langlès et Lamarck*, et MM. *de la Boulaye et Tonnelier.*	ib.	MM. Ledyard et Lucas.	376
		Trad. M. *Lallemant.*	ib.
		Mungo-Park.	377
		Trad. M. *Castera.*	ib.
M. De Reuilly.	359	Hornemann.	378
Turquie, Grèce et Iles adjacentes.	ib.	Trad. M. *Labaume.*	379
		M. Bory de Saint-Vincent.	380
Jacques Dallaway.	ib.	Sparmann.	381
Trad. M. *Morellet.*	360	Trad. M. *Le Tourneur.*	ib.
M. Le Chevalier.	ib.	Le Vaillant.	ib.
Le baron de Tott.	361	John Barrow.	382
De Peyssonnel.	362	Trad. M. *Walknaër.*	383
Chandler.	ib.	M. Bernardin de Saint-Pierre.	ib.
Trad. MM. *Servois et Barbié*		M. Bory de Saint-Vincent.	ib.

Bruce.	pag. 384	Stavorinus.	pag. 408
Trad. M. *Castera*.	ib.	Trad. M. *Jansen*.	ib.
Paterson.	385	M. de Grandpré.	409
Trad. M. *Castera*.	ib.	Le major Simes.	410
Le Père Sicard.	ib.	Trad. M. *Castera*.	ib.
D'Anville.	ib.	Le chevalier de Chaumont,	
Granger.	386	l'abbé de Choisy et le Père	
Maillet et l'abbé le Mascrier.	387	Tachard.	411
Savary.	388	Laloubère.	413
M. Volney.	ib.	M. John Barrow.	ib.
Norden.	389	Trad. M. *Malte-Brun*.	414
Trad. *L'abbé des Roches de Parthenay et M. Langlès*.	391	L'abbé Richard.	415
		M. Percival.	ib.
Browne.	392	Trad. M. *Henry*.	416
Trad. M. *Castera*.	ib.	William Marsden.	ib.
Le général Reynier.	393	Trad. M. *Parraud*.	417
Voyages en Asie.	395	Le capitaine Woodard.	ib.
Mémoires de la Société établie au Bengale.	ib.	Thunberg.	418
		Trad. M. *Langlès et M. Lamark*.	ib.
Adrien Duquesnoy.	396		
Tavernier.	398	M. Sonnerat.	419
Chardin.	ib.	Foucher d'Obsonville.	420
L'abbé Mariti.	399	Lord Macartney et Æneas Sanderson.	ib.
Niebuhr.	ib.		
Trad. M. *Mourier*.	ib.	Trad. M. *Castera*.	422
Michaëlis.	400	John Barrow.	423
Trad. *Mérian*.	401	Trad. M. *Castera*.	ib.
George Forster.	ib.	Samuel Turner.	424
Trad. M. *Langlès*.	ib.	Trad. M. *Castera*.	ib.
Le major Rennel.	402	L'abbé Chappe.	225
Trad. M. *Boucheseiche*.	ib.	Krachennikow.	ib.
M. le Gentil.	403	Trad. M. *de Saint-Pré*.	426
M. le Goux de Flaix.	404	M. Lesseps.	427
Innigo de Biervillas.	405	Henri Ellis.	ib.
Bernier.	406	Trad. *Sellius*.	428
Bolts.	407	S. Muller.	429
Trad. M. *Demeunier*.	ib.	Trad. *Dumas*.	ib.
			Coxe

Coxe.	pag. 429	Le Page du Pratz.	pag. 447
Trad. M. *Demeunier*.	430	Le capitaine Bossu.	448
Le capitaine Meares.	ib.	M. Baudry des Lozières.	ib.
Trad. M. *Billecocq*.	431	Les PP. Vénégas et Burriel.	449
Samuel Hearne.	ib.	De Solis.	450
Trad. M. *Lallemant*.	432	Trad. *Citry de la Guette*.	ib.
Le commodore Billings.	ib.	Le Père du Tertre.	451
Trad. M. *Castera*.	ib.	Le Père Labat.	ib.
Le capitaine Brougton.	433	M. Bryan Edouard.	452
Trad. M. *Eyriès*.	ib.	Trad. M. *Soulès*.	ib.
Voyages en Amérique.	434	Le Père de Charlevoix et le	
Amérique septentrionale.	ib.	Père Nicolson.	454
Las Casas.	ib.	M. Moreau de Saint-Méry.	455
Trad. *De Miggrode*.	ib.	Le Père Labat.	ib.
L'abbé de Bellegarde.	ib.	Chanvallon.	456
M. Grégoire.	435	*Amérique méridionale*.	ib.
Herrera.	ib.	Le Père Gumilla.	ib.
Trad. *De la Coste*.	ib.	Trad. *Eidous*.	457
William Bartram.	436	M. de Pons.	ib.
Trad. M. *Benoist*.	ib.	M. Fermin.	458
Carver.	ib.	Le capitaine Stedman.	459
Trad. *Montucla*.	437	Trad. M. *Henry*.	460
J. Long et H. Timberlake.	ib.	M. Lescallier.	461
Trad. M. *Billecocq*.	438	La Condamine.	462
Makensie.	439	Le Père de Charlevoix.	464
Trad. M. *Castera*.	ib.	Garcillasso de la Véga.	ib.
Isaac Weld.	440	Trad. *Baudouin*.	ib.
Etats-Unis d'Amérique.	441	Marion.	466
Le marquis de Chastellux.	ib.	M. l'abbé Rochon.	ib.
M. de Crevecœur.	442	J.-B. de la Borde.	467
Smith.	443	Georges Keate.	468
Trad. M. *de Barentin-Montchal*.	444	Trad. *Le comte de Mirabeau*.	470
		Dom Pernetty.	ib.
M. La Rochefoucault-Liancourt.	ib.	Le président de Brosses.	471
		Le capitaine Forrest.	ib.
M. Volney.	ib.	Trad. M. *Demeunier*.	472
M. Michaux.	446	M. De Fleurieu.	473

TOME IV.

Le gouverneur Phillip. pag.	473
Trad. M. *Millin.*	474
M. Péron.	ib.
Voyages pittoresques.	475
M. Houel.	ib.
J.-Benjamin de La Borde.	476
L'abbé de Saint-Non.	478
M. de Choiseul-Gouffier.	479
Mouradja d'Hosson.	480
Mallet du Pan.	ib.
MM. Cassas et Lavallée.	481
M. Denon.	482
M. Melling.	483
M. Alexandre de la Borde. pag.	484
Voyages amusans.	ib.
Chapelle et Bachaumont, le Franc de Pompignan, Desmahis, La Fontaine, Bertin, Boufflers, M. de Parny.	485
Racine, Regnard, Hamilton, Voltaire, Piron, Gresset, Fléchier, Marmontel, Béranger, Bret, le Père Venance, M. Damin et M. Bernardin de Saint-Pierre.	486

FIN DE LA TABLE DU TOME QUATRIÈME.

www.ingramcontent.com/pod-product-compliance
Lightning Source LLC
Chambersburg PA
CBHW050607230426
43670CB00009B/1298